AS FORMAS DA ALEGRIA

INGRID FETELL LEE

AS FORMAS DA ALEGRIA

O surpreendente
poder dos objetos

Tradução
Lígia Azevedo

Grafia atualizada segundo o Acordo Ortográfico da Língua Portuguesa de 1990, que entrou em vigor no Brasil em 2009.

TÍTULO ORIGINAL Joyful: The Surprising Power of Ordinary Things to Create Extraordinary Happiness

CAPA David Eldridge/Two Associates

PREPARAÇÃO Mariana Zanini

REVISÃO Thaís Totino Richter e Renata Lopes Del Nero

Dados Internacionais de Catalogação na Publicação (CIP)
(Câmara Brasileira do Livro, SP, Brasil)

Lee, Ingrid Fetell
  As formas da alegria : o surpreendente poder dos objetos
/ Ingrid Fetell Lee ; tradução Lígia Azevedo. — 1ª ed. — São
Paulo : Fontanar, 2021.

  Título original: Joyful : The Surprising Power of Ordinary Things to Create Extraordinary Happiness.
  ISBN 978-85-8439-166-0

  1. Autorrealização (Psicologia) 2. Emoções 3. Felicidade
4. Seres humanos – Efeito do ambiente I. Título.

20-34223   CDD-152.4

Índice para catálogo sistemático:
1. Emoções : Psicologia aplicada   152.4

Cibele Maria Dias – Bibliotecária – CRB-8/9427

Para Albert

Sem emoção não há beleza.
Diana Vreeland

Sumário

Introdução

Eu estava em frente à bancada de professores, sentindo o estômago gelar. Enquanto examinavam a pequena coleção de objetos expostos atrás de mim — um abajur em forma de estrela-do-mar, um conjunto de xícaras de chá de fundo redondo e um trio de banquinhos feitos de camadas de espuma colorida —, mantinham o rosto severo. Não pude deixar de pensar que talvez tivesse cometido um erro ao abandonar uma carreira promissora no marketing e voltar à faculdade para estudar design. Depois de um longo silêncio, um professor quebrou o gelo. "Seu trabalho me passa alegria", ele disse. Os outros assentiram.

De repente, todos estavam sorrindo. Senti uma onda de alívio. Tinha passado na minha primeira avaliação no programa de desenho industrial do Instituto Pratt. Mas o alívio logo cedeu lugar à confusão. Alegria era um sentimento efêmero e vago. Não se podia ver ou tocar. Como objetos tão simples — um abajur, uma xícara, um banquinho — podiam transmitir alegria? Tentei fazer com que os professores explicassem melhor, mas eles só pigarrearam, gaguejaram e gesticularam. "Eles simplesmente transmitem", responderam. Agradeci, mas, enquanto guardava minhas coisas, não conseguia parar de pensar a respeito.

Como algo tangível podia criar a sensação intangível de alegria?

A princípio, a resposta pareceu evidente: não podia. É claro que há certo prazer nas coisas materiais, mas sempre tinha sido levada a crer que se tratava de itens superficiais e de vida curta, não de uma fonte significativa de alegria. Em todos os livros sobre felicidade que havia consultado ao longo dos anos, ninguém tinha sugerido que ela podia estar escondida no guarda-roupa ou nos armários da cozinha. Inúmeros especialistas concordam que o tipo de alegria que importa não está à nossa volta, mas dentro de nós. Essa perspectiva tem raízes em tradições filosóficas ancestrais. Os ensinamentos de Buda, por exemplo, indicam que a felicidade consiste em se desapegar das coisas terrenas. Na Grécia antiga, os filósofos estoicos ofereciam uma prescrição similar, baseada na abnegação e no controle rigoroso dos próprios pensamentos. A psicologia moderna também foca suas lentes no interior, sugerindo que para ser feliz é preciso mudar a maneira como olhamos para o mundo e para o nosso lugar nele. De mantras a meditação, terapia e mudança de hábitos, a verdadeira alegria é um exercício da mente sobre a matéria, e não o contrário.

Nas semanas e meses que se seguiram à minha avaliação, entretanto, notei muitos momentos em que as pessoas pareciam encontrar alegria de verdade no mundo material. Olhando para seu quadro favorito no museu ou construindo um castelo de areia na praia, elas sorriam e gargalhavam, imersas no momento. Também diante da luz alaranjada do pôr do sol ou de um cachorro peludo com galochas amarelas. E não pareciam se alegrar apenas com o mundo à volta: muitas se esforçavam bastante para tornar o ambiente imediato mais agradável. Cultivavam rosas, colocavam velas em bolos de aniversário, penduravam luzinhas de Natal. Por que fariam essas coisas se elas não tivessem nenhum efeito real sobre a felicidade?

Está emergindo um campo de pesquisa que demonstra uma clara ligação entre o ambiente e a saúde mental. Por exemplo, estudos mostram que pessoas que trabalham em um ambiente ensolarado dormem melhor e riem mais do que aquelas que passam o dia em escritórios mal iluminados.[1] E que flores melhoram não só o humor, mas também a memória.[2] Conforme eu mergulhava mais fundo nessas descobertas, a alegria começou a se tornar menos amorfa e abstrata e mais tangível e real. Não me parecia mais ser algo difícil de alcançar, resultado de anos de introspecção e prática disciplinada. Passei a ver o mundo como um reservatório de positividade ao qual podia recorrer a qualquer momento. Descobri que certos lugares inspiram alegria de viver — um café de esquina, uma lojinha de lãs e fios, um quarteirão com casas de tijolo aparente e floreiras cheias à janela — e comecei a mudar minha rotina para passar por eles com maior frequência. Descobri pequenas coisas que poderiam me animar nos dias ruins, em que talvez me sentisse sobrecarregada e desamparada. Comecei a incorporar à minha casa o que havia aprendido e a experimentar certa animação ao enfiar a chave na fechadura a cada noite. Com o tempo, ficou claro que a sabedoria convencional estava errada.

A felicidade não é nem um pouco difícil de encontrar. Na verdade, está sempre à nossa volta.

A consciência libertadora dessa verdade tão simples mudou minha vida. Conforme comecei a compartilhá-la com outras pessoas, descobri que muitas tinham o impulso de procurar alegria em seu entorno, mas acabavam sendo convencidas de que seus esforços não estavam sendo bem direcionados. Uma mulher me disse que comprar flores a animava por dias, mas, como sentia que era um capricho fútil, só o fazia em ocasiões especiais. Nunca lhe havia ocorrido que pelo mesmo valor de uma sessão semanal de terapia poderia comprar um ramalhete a cada quinze dias por um ano. Outra contou que entrou em sua sala de estar depois que ela havia sido pintada e teve uma sensação de "aaahhh" — uma mistura de alívio e leveza que a fez se perguntar por que havia demorado tanto para fazer aquilo. Assim, me dei conta de que todos temos uma inclinação a procurar alegria à nossa volta, ainda que tenhamos sido ensinados a ignorá-la. O que aconteceria se despertássemos esse instinto?

Eu precisava saber como exatamente o mundo físico influencia nossas emoções e por que certas coisas despertam a sensação de deleite. Comecei a pedir a todo mundo que conhecia, e também a alguns desconhecidos na rua, que me contassem sobre os objetos e os lugares que eles associavam à alegria. Alguns foram muito específicos e pessoais: "a cozinha da minha avó", "um pôster autografado do Grateful Dead", "a canoa da casa em que costumávamos ficar no lago Michigan". Algumas coisas eram moldadas pela herança cultural ou criação, como comidas preferidas e times. Mas outras não tinham origem pessoal ou cultural. Uma amiga me falou sobre uma tarde de verão em que foi pega de surpresa por um temporal quando saía do trabalho. Ela se abrigou sob um toldo com um grupo bem heterogêneo que tampouco carregava guarda-chuvas e tentava adivinhar quanto tempo a tempestade duraria. Alguns minutos depois, já era possível se aventurar pela calçada. Então um homem gritou de repente: "Olha!". Um arco-íris brilhante atravessava o céu, acima do Empire State. Todos pararam para olhar, com água pingando das roupas e um enorme sorriso no rosto.

Ouvi inúmeras variações dessa história. No calor ou no frio, envolvendo amigos ou desconhecidos, o arco-íris aparecia sobre o palco de um show, uma montanha ou um barco a vela. Aparentemente, arco-íris são alegres em qualquer lugar. Comecei a fazer uma lista de itens que ouvi repetidas vezes: bolas de praia, fogos de artifício, piscinas, casas na árvore, balões de ar quente, sundaes com confeitos coloridos. Esses prazeres independem de idade, gênero e etnia. Não são agradáveis apenas a algumas pessoas, mas a quase todas. Reuni imagens deles e colei na parede do meu estúdio. Passei a dedicar alguns minutos por dia a acrescentar fotos, dividindo-as em categorias e procurando padrões.

Um dia, durante esse processo, me dei conta de uma coisa. À minha frente havia pirulitos, pompons e uma estampa de poás: eram todas formas redondas. Colchas de patchwork vibrantes ficavam lado a lado com quadros de Matisse e balas multicoloridas, todos explodindo em cores saturadas. A foto da rosácea de uma catedral me intrigou a princípio, mas quando a posicionei ao lado de um floco de neve e de um girassol fez sentido: todos tinham simetria radial. E o traço comum entre bolhas de sabão, bexigas e beija-flores também se tornou claro: os três flutuavam com delicadeza no céu. Ao ver como tudo se encaixava, concluí que, embora a alegria seja misteriosa e efêmera, podemos acessá-la através de atributos tangíveis, físicos. Mais especificamente, o que os designers chamam de *estética* — propriedades que definem a aparência e a sensação de um objeto — é o que leva ao deleite.

Até esse ponto, eu pensava na estética como algo decorativo, até mesmo um pouco fútil. Entrei na escola de design porque queria criar objetos que mudassem a vida das pessoas para melhor. Era obcecada por encontrar maneiras de tornar meus produtos ergonômicos, funcionais e comprometidos com o meio ambiente. Embora gostasse das aulas sobre como trabalhar com cor, textura, forma e movimento, tratava esses elementos como adicionais, não essenciais. Essa é uma atitude comum em nossa cultura. Embora dediquemos uma quantidade razoável de atenção à estética, supostamente não devemos nos importar *tanto* com ela, ou fazer muito esforço em termos de aparência. Ou corremos o risco de parecer superficiais, sem substância. Quantas vezes você elogiou o estilo de uma amiga só para ouvi-la dizer: "Ah, essas coisas velhas? Vesti sem pensar!". No entanto, quando olhei para a estética na parede do meu estúdio, me dei conta de que era muito mais do que decoração. Aquilo extraía uma reação emocional e profunda.

No geral, identifiquei dez *estéticas da alegria*, cada qual revelando uma conexão diferente entre a sensação de alegria e qualidades tangíveis do mundo que nos cerca:

Energia: cores vibrantes e luzes

Abundância: exuberância, multiplicidade e variedade

Liberdade: natureza e espaços abertos

Harmonia: equilíbrio, simetria e fluxo

Diversão: círculos, esferas e bolhas

Surpresa: contraste e extravagância

Transcendência: elevação e leveza

Magia: forças invisíveis e ilusões

Celebração: sincronia, brilho e formas explosivas

Renovação: florescimento, expansão e curvas

Qual é a relação entre essas estéticas e nossas emoções? E por que essas estéticas em particular estimulam a alegria?

Essas perguntas iniciaram uma jornada que me levou a alguns dos lugares mais felizes do mundo. Nestas páginas, vamos visitar uma pousada de casas na árvore, uma cidade que foi transformada pela cor, um apartamento projetado para impedir o envelhecimento e uma mansão à beira-mar feita de esferas. Vamos contemplar maravilhas naturais, como as cerejeiras em flor no Japão, e produzidas pelo homem, como centenas de balões levantando voo ao mesmo tempo no deserto de Albuquerque. No caminho, compartilharei descobertas das mais recentes pesquisas no campo da psicologia e da neurociência que ajudam a explicar por que tais lugares e experiências têm o poder de despertar alegria dentro de nós.

Em última instância, este livro não trata de encontrar alegria em recantos escondidos do mundo. Trata de encontrar *mais* alegria onde quer que você esteja. Nas páginas a seguir, você vai conhecer renomados artistas, designers, arquitetos, decoradores, especialistas em cores, jardineiros, costureiros, floristas, mestres do "faça você mesmo" e até mesmo um especialista em balões. E vai aprender seus segredos para encontrar e criar alegria em cada aspecto do mundo físico. Também vai conhecer pessoas que estão levando alegria para sua casa e sua comunidade — e sua casa de campo, sua van, sua sala de estar, sua baia no escritório, sua calçada ou o centro de recreação do bairro — e verá como pequenas mudanças podem infundir uma felicidade fora do comum em objetos e lugares comuns.

Você tem um mundo todo de alegria na ponta dos dedos. Não há método a se aprender, nenhuma disciplina a se impor. A única exigência você já cumpriu: estar aberto à descoberta da felicidade que o cerca.

* * *

Em meus anos como diretora de design da conceituada empresa de inovação IDEO e na prática pessoal, assim como fazendo a curadoria do site The Aesthetics of Joy, vi em primeira mão como a estética muda a atitude e o comportamento das pessoas de fora para dentro. Isso revela por que alguns restaurantes e lojas ficam lotados, enquanto outros permanecem vazios e em silêncio. Também nos ajuda a compreender por que determinado ambiente deixa as pessoas mais ansiosas e competitivas, enquanto outro pode promover sociabilidade e tolerância. Pense em como os passageiros agem dentro da cabine estéril de um avião, começando a brigar por causa da reclinação do assento e trocando cotoveladas para ter o descanso de braço para si. Agora compare com a atitude do público em um festival de música, cuja atmosfera estimula o convívio. Cercadas por decoração e sons vibrantes, as pessoas comem e bebem juntas, abrindo espaço no gramado lotado para quem chega e dançando com desconhecidos. O poder da estética da alegria reside no fato de falar direto com nosso inconsciente, despertando o melhor de nós sem que percebamos.

Como saber se seu entorno é alegre? Não há um padrão exato, mas considere estas questões:

Com que frequência você ri?

Quando foi a última vez que experimentou um momento verdadeiro e irrestrito de deleite?

O que sente quando chega em casa no fim do dia? E quando entra em cada cômodo dela?

Quanto seu companheiro ou sua família valoriza a alegria?

Quem são as pessoas mais alegres na sua vida? Com que frequência você as vê?

Com que frequência você encontra alegria no seu trabalho?

Você trabalha para uma empresa que é a favor da alegria, contra ela ou simplesmente neutra? Quão apropriado é rir alto no seu ambiente de trabalho?

Quais atividades te deixam mais feliz? Com que frequência você as pratica? Pode fazê-las em casa, ou sem precisar se deslocar muito? Quanta alegria você encontra na sua cidade? E no seu bairro?

Quais são seus lugares preferidos? Algum deles fica a menos de quinze quilômetros da sua casa? Quando foi a última vez que visitou um deles?

Todo ser humano nasce com a capacidade de ser feliz, que se mantém mesmo que não seja utilizada por um tempo. A chave de reiniciar esse prazer está nas suas mãos, com a promessa de mudar radicalmente a maneira como vê o mundo à sua volta. No cerne deste livro está a ideia de que alegria não é algo que se possa encontrar, e sim algo que produzimos, para nós mesmos e para aqueles que estão por perto.

Você pode usar este livro como um guia para encontrar mais alegria na sua vizinhança e desfrutá-la, para compreender melhor por que certas coisas e certos lugares te esquentam por dentro. Também pode usá-lo como uma paleta, para planejar e pintar de fato mais felicidade no seu mundo. Cada capítulo do livro complementa o anterior, então a compreensão provavelmente será melhor se você o ler na ordem direta. Mas não deixe que isso o impeça de ir para uma estética que chame mais a sua atenção. Sempre se pode voltar depois para ler o que pulou.

Talvez descubra que certas estéticas dizem mais a você que outras. Se for um amante da natureza, você pode se ver particularmente atraído pela liberdade, por exemplo. Se tiver medo de altura, então alguns aspectos da transcendência talvez não sejam para você. Também pode perceber que a estética que funciona melhor varia de acordo com o ambiente ou com um momento da sua vida. Um escritório enfadonho pode se beneficiar de uma infusão de energia, enquanto a harmonia pode levar alegria a uma casa de família agitada. Quando os filhos vão embora, no entanto, essa mesma casa pode precisar da estética da diversão para recuperar a vivacidade.

Sinta-se livre para montar diferentes combinações e camadas de estéticas, criando uma experiência que desperte alegria *em você*. Não há regras rígidas, mas, para ajudá-lo a se situar, procurei apontar quais estéticas se complementam e entre quais pode haver certa tensão. Embora alguns capítulos descrevam objetos específicos capazes de levar essas estéticas à sua vida, não é preciso comprar nada caro para tornar um espaço mais alegre. O último capítulo, "Kit de ferramentas da alegria", está cheio de guias e planilhas elaborados para ajudar você a aplicar as ideias deste livro em seu próprio espaço e em sua própria vida.

Muitas vezes nos movimentamos no mundo físico como se ele fosse um palco, um pano de fundo mudo para nossas atividades diárias. Na realidade, é algo vivo, com oportunidades de inspiração, deslumbramento e alegria. Espero que este livro lhe permita perceber mais dessas oportunidades no mundo à sua volta e aproveitá-las. O poder da alegria reside em pequenos momentos capazes de despertar grandes mudanças. Uma roupa excêntrica pode provocar um sorriso, que inspira a gentileza com um desconhecido, que ajuda alguém com dificuldades de encarar o dia. Até o menor gesto de alegria gera algo com o passar do tempo. Antes que percebamos, não só algumas pessoas estarão mais alegres, mas o mundo todo.

1. Energia

No fim do outono do ano 2000, um grupo de pintores cobriu um prédio histórico de Tirana, na Albânia, com um laranja vibrante. Um tom meio tangerina tingiu a antiga fachada, se espalhando sobre pedra e cimento indiscriminadamente, poupando apenas as janelas. A pintura começou pela manhã e ao meio-dia já havia uma multidão de espectadores boquiabertos na rua. O trânsito parou. Perplexas, algumas pessoas gritavam, enquanto outras começavam a rir, chocadas ao ver uma cor tão ousada em meio ao cinza.

Com toda a comoção, a pintura parecia até ser uma pegadinha ou obra de algum descarado. Mas não se tratava de pichação, e quem havia encomendado aquilo não era um vândalo. Era o prefeito da cidade.

Edi Rama ganhou o prêmio de melhor prefeito do mundo em 2004 por seu assombroso sucesso em restaurar a capital da Albânia apenas quatro anos depois de ter sido eleito. Quem visita Tirana hoje vê poucos rastros da cidade perigosa e suja que ele herdou quando assumiu. Destroçada por décadas de uma ditadura repressiva e desprovida de recursos pelos dez anos de caos desde a queda do regime comunista, no fim dos anos 1990 Tirana havia se tornado o paraíso da corrupção e do crime organizado. Batedores de carteira e prostitutas perambulavam pela cidade. O lixo se acumulava nas ruas. Como Rama descreveu: "A cidade estava morta. Parecia ser um local de passagem, para onde as pessoas iam só se estivessem esperando alguma coisa".[1]

Pintar os prédios foi um ato de desespero de um prefeito que se viu com os cofres vazios e um povo com moral baixo. Artista de formação, Rama rascunhou os primeiros esboços, escolhendo tons vibrantes e padrões espalhafatosos que se chocavam com a desolação da paisagem urbana. Outros prédios, tanto públicos quanto privados, se uniram ao laranja, conforme o projeto do prefeito se espalhava rapidamente pela cidade.

A princípio as reações foram mistas: alguns residentes ficaram horrorizados, outros acharam curioso, e outros ainda se mostraram encantados. Em pouco tempo, coisas estranhas começaram a acontecer. As pessoas pararam de jogar lixo nas ruas. Passaram a pagar seus impostos. Donos de loja removeram as grades de metal de suas janelas. Alegavam que as ruas pareciam mais seguras, ainda que não houvesse mais policiamento do que antes. O povo voltou a se reunir em cafés e já se falava em criar os filhos em um tipo diferente de cidade.

Nada além da superfície mudou. Foi só um pouco de vermelho, amarelo, turquesa e violeta. Ao mesmo tempo, tudo mudou. A cidade parecia viva, efervescente. Alegre.

Quando ouvi a história de Tirana, me pareceu simplesmente um milagre. Não houve injeção maciça de capital ou projetos de obras públicas de grande escala. Era como se a cidade tivesse sido revitalizada pelo puro poder da alegria. Mas como isso poderia trazer uma cidade inteira de volta à vida?

Foi mais ou menos nessa época que comecei a pesquisar o tema e me peguei fazendo uma pergunta ainda mais básica: o que é alegria? A princípio parecia difícil de definir, porque as pessoas têm ideias diferentes a respeito disso, e nem mesmo os cientistas chegaram a um acordo sobre o assunto. Mas, de modo geral, quando os psicólogos usam a palavra "alegria", estão falando da *experimentação de uma emoção positiva intensa e momentânea*, que pode ser reconhecida por alguns sinais: sorrisos, risadas e uma sensação de querer pular sem parar.[2] Enquanto o contentamento se aconchega no sofá e o êxtase se entrega a uma tranquila meditação, a alegria está pulando, dançando, girando e dando risadinhas. É uma emoção excepcionalmente exuberante, uma forma de felicidade cheia de energia.

Não é de surpreender que comparemos uma sensação de energia com vivacidade, vigor e alegria. A energia movimenta a matéria. É a moeda da vida, capaz de transformar material inerte em organismos que respiram e pulsam. Estar vivo é vibrar com um dinamismo essencial. Quanto mais energia possuímos, maior capacidade temos de brincar, criar, amar, liderar, explorar, se regozijar e se envolver com o entorno. Se Tirana foi trazida de volta pela alegria, então talvez essa qualidade energética tenha alguma coisa a ver com isso. Mas de onde a energia alegre vem? E como conseguimos ter mais dela?

Tendemos a pensar em energia como algo que vem do que ingerimos, como o barato de um doce muito açucarado. Mas, pensando a respeito, me dei conta de que a energia está o tempo todo à nossa volta. Na maior parte dos dias, ela passa por nossas casas sem ser notada, mas somos constantemente inundados por suas reverberações invisíveis: as partículas cintilantes que emanam das lâmpadas, as ondas de música vindas do aparelho de som, a brisa que entra pela janela, o calor que vem do aquecedor. A energia é tão imperceptível que muitas vezes nos esquecemos dela, até sermos lembrados nos dias secos de inverno, quando tocamos uma maçaneta metálica e nos assustamos ao levar um choque.

É claro que, diferentemente das plantas, não podemos simplesmente absorver a energia do ambiente. No entanto, algumas vezes a energia externa pode de fato afetar a interior. Quantas vezes você foi para uma festa exausto depois de uma semana dura no trabalho, insistindo que só ia tomar um drinque, e se animou assim que ouviu a batida da música? Já notou como é mais fácil sair da cama nos dias ensolarados que nos nublados? Comecei a me perguntar por que alguns ambientes têm um efeito estimulante e como poderíamos trazer uma energia mais alegre à nossa vida.

O PODER DA COR

Desde o momento em que comecei a estudar a alegria, ficou claro que os lugares e objetos mais cheios de vida têm uma coisa em comum: cores intensas e vívidas. Seja uma sequência de casas pintadas em tons fortes, seja uma vitrine de papelaria com canetinhas coloridas, cores vibrantes invariavelmente despertam uma sensação prazerosa. Elas adornam festivais ao redor do mundo, passando a impressão de que quanto mais intensas as cores, mais intensa a alegria. Dragões de cores esplendorosas comemoram a chegada do Ano-Novo chinês dançando; o Carnaval brasileiro é marcado pelas fantasias cheias de penas e brilho. No Holi, o Festival das Cores indiano, a decoração dá lugar a punhados de pós coloridos que são atirados de um lado para o outro, criando um espetáculo deslumbrante de fumaça policromática que tinge dos pés à cabeça os foliões sorridentes.

Ainda que não pensemos sobre essa conexão com muita frequência, é quase impossível separar cor e sentimento. Nossa linguagem confunde bastante as duas coisas. Nosso humor pode estar sombrio ou luminoso. Num dia triste, temos uma nuvem negra sobre a cabeça. Ficamos verdes de inveja e roxos de raiva. Quando tudo vai bem, vemos a vida em cor-de-rosa. Às vezes, é tudo preto no branco. Enquanto o significado simbólico de diferentes cores varia de uma cultura para outra, parece que o brilho é uma dimensão universalmente reconhecida como alegre.[3] As crianças fazem essa conexão de forma intuitiva. Em um estudo de desenhos infantis pré-escolares, cores vivas foram associadas a felicidade e animação, enquanto tons escuros como marrom e preto foram usados para representar emoções negativas.[4] Adultos fazem o mesmo. Em uma pesquisa, o designer gráfico Orlagh O'Brien pediu a pessoas no Reino Unido e na Irlanda que relacionassem suas emoções a cores. A faixa para alegria é cheia de cores vivas e brilhantes, quase metade dela composta de amarelos e laranjas.[5]

Se cores vivas iluminam nosso espírito, não surpreende que as pessoas gastem uma grande quantidade de energia para consegui-las. A tribo aborígene dieri, da Austrália, era conhecida por fazer uma peregrinação anual a pé para coletar pigmentos ocre em Bookartoo.[6] Eram quase mil quilômetros entre ida e volta. Havia muito ocre por perto, mas os dieris queriam o mais vivo e intenso possível para suas pinturas corporais ritualísticas. Os antigos romanos cobiçavam um corante roxo que era extraído das glândulas anais de um molusco, em um processo bastante fedorento.[7] Quando os Estados Unidos ainda eram uma colônia, os pigmentos mais vívidos muitas vezes se tornavam segredos de Estado muito bem guardados, tanto que ao menos um botânico francês arriscou sua vida contrabandeando do México uma caixa de cochonilhas que produziam um corante vermelho. Ainda hoje, a cor inspira longas jornadas. Pessoas peregrinam para escalar cânions em pedras avermelhadas e se deitam em praias de areia cor-de-rosa. A cada outono, hotéis da Nova Inglaterra e do Canadá se enchem de turistas em busca das mais lindas cores de folhagens da estação.

Em um relato de suas experiências consumindo o alucinógeno mescalina, o escritor Aldous Huxley afirmou que a habilidade de ver cores é supérflua para os seres humanos. "A noção de cor altamente desenvolvida é um luxo biológico", ele escreveu, "de valor inestimável ao homem como ser intelectual e espiritual, mas desnecessária para a sobrevivência como animal."[8] No entanto, nossos olhos são aptos a identificar cores sutilmente diferentes, e cientistas estimam que conseguimos ver 7 milhões de tons.[9] Embora não seja um arco-íris tão amplo quanto o de muitos pássaros, cujos olhos detectam cores do espectro ultravioleta, ainda é uma faixa impressionante. Não parece implausível que tenhamos tal habilidade cromática apenas para nos divertir?

Na verdade, nossa visão de cores não é uma extravagância, mas um sentido integral que se relaciona diretamente à sobrevivência — em particular à nossa necessidade de encontrar fontes de energia. Nossos ancestrais distantes eram animais noturnos que, como a maioria dos mamíferos, não exploravam a utilidade da visão em cores. De pele macia e sangue quente, eles caçavam sob o manto da escuridão, confiando mais no cheiro que na vista. Mas, 25 milhões de anos atrás, um bando de primatas aventureiros se arriscou na luz do dia, passando a adotar o cronograma diurno que seguimos até hoje. Nesse novo nicho ecológico, a habilidade de ver cor de repente se tornou uma vantagem muito útil. Enquanto os olhos de seus primos noturnos tinham apenas dois tipos de células sensíveis à cor, nossos ancestrais desenvolveram uma terceira, sensível à luz no meio do espectro, que multiplicou radicalmente o número de cores que eram capazes de enxergar. Essa célula extra ofereceu uma vasta gama de novos tons, incluindo a distinção entre vermelho e verde. Mais tarde essa capacidade viria a ser útil na hora de diferenciar o sinal de "siga" e o de "pare", mas o benefício imediato para nossos ancestrais primatas foi muito mais significativo. Cientistas acreditam que isso permitiu que identificassem frutas maduras ricas em açúcar e folhas jovens e nutritivas em meio à densa folhagem de seu habitat no alto das árvores.[10] (Folhas jovens com frequência são avermelhadas, porque contêm pigmentos de antocianina que ainda não foram mascarados pela clorofila.) Pesquisas sugerem que a visão em cores representou tal vantagem que o cérebro de nossos ancestrais desenvolveu uma capacidade reduzida de processar cheiros, de modo a permitir um crescimento no processamento da informação visual.[11] Longe de ser um luxo, como Huxley acreditava, a visão em cores é tão vital à sobrevivência que sacrificamos outros sentidos para obter mais dela.

A preocupação central de qualquer organismo, seja um paramécio unicelular ou uma baleia-azul de duzentas toneladas, é encontrar energia para suas atividades: arranjar comida, procurar abrigo, lutar contra os predadores, ter relações sexuais, criar os filhos, jogar tênis, dançar rumba. Isso é particularmente verdadeiro para animais grandes e de sangue quente como os humanos. No nível microscópico, manter-se vivo já é um esforço frenético. Nossas células correm contra o relógio: compactando e descompactando cromossomos, retorcendo a cadeia de RNA mensageiro, encadeando aminoácidos para formar proteínas, se reparando e se duplicando. Para manter a fornalha metabólica em funcionamento, desenvolvemos mecanismos que promovem uma busca quase constante por comida: a fome, que nos motiva, e a alegria que serve de recompensa quando a encontramos. Através da evolução por milhões de gerações, cores vivas previram a nutrição de maneira tão confiável que se tornaram inseparáveis da alegria.[12]

A cor é a energia tornada visível. Ela ativa um circuito ancestral que se enche de prazer com a ideia de encontrar algo doce para comer. Ainda agora, em um mundo com uma amplitude de cores artificiais, sentimos a mesma alegria, independente de um objeto colorido ser nutritivo ou não do ponto de vista físico. De forma mais ampla, a cor é a indicação da riqueza no nosso entorno. É um sinal inconsciente não apenas de sustento imediato, mas de um ambiente capaz de nos sustentar ao longo do tempo. Nas palavras do pintor alemão Johannes Itten: "Cor é vida, portanto, um mundo sem cores nos parece morto".[13] O cerne da estética da energia está na vibração que nos permite saber que o entorno está vivo e pode nos ajudar a prosperar.

Esse conhecimento joga nova luz sobre a mágica transformação em Tirana, na Albânia. As cores do prefeito Edi Rama deram vida a um lugar que parecia morto, sinalizando para os cidadãos que não residiam mais na cidade do lixo, como um morador a descreveu, mas num local vibrante, com vitalidade e ânimo.[14] Quando compreendi que nossa relação com a cor evoluiu não como um prazer incidental, mas como um significante integral da vida e das condições que permitem sua existência, me dei conta de que as cores motivavam uma mudança inconsciente na relação das pessoas com o ambiente, abandonando o estresse de lutar ou correr e desenvolvendo o ímpeto de ficar e se desenvolver. Em cinco anos, o número de negócios em Tirana triplicou e a renda advinda do recolhimento de impostos sextuplicou.[15] Isso bancou projetos de desenvolvimento público, como a demolição de 5 mil prédios que tinham sido construídos ilegalmente em espaços públicos e o plantio de 4 mil árvores. Jornalistas que visitaram a cidade por volta de um ano depois das primeiras pinturas notaram que as ruas ermas que antes eram antro de crimes fervilhavam de atividade, com pessoas sentadas em cafés e passeando nos parques. O artista albanês Anri Sala descreveu como a mudança prosseguiu por conta própria. "No começo, foram as cores que mudaram, mas agora a gente vê a cidade mudando por causa das cores",[16] explicou. Foi como fogo sendo aceso no coração da cidade. A catálise de uma transformação que acabou por minimizar o impacto inicial. Como um morador escreveu: "Até um cego é testemunha da completa mudança de Tirana".[17]

É difícil acreditar que as cores possam ter esse tipo de poder. Até Rama, que testemunhou a metamorfose em primeira mão, às vezes parece um pouco assombrado pelo tamanho que a coisa toda assumiu. Muitos projetos similares foram recusados como meros esforços de "embelezamento" que acabavam com os fundos públicos. Acho que subestimamos o impacto da cor porque a vemos como um instrumento decorativo, e não utilitário. No mundo construído pelo homem, as cores ficam na superfície — são um fino verniz, um toque final. Isso se reflete na raiz da palavra, que vem do latim *celare*, "ocultar". Mas, na natureza, a cor se estende por toda a profundidade do objeto. O caqui, por exemplo, tem tanto a casca quanto o miolo alaranjados; um alce é marrom por fora e vermelho por dentro. Na natureza, a cor *significa* alguma coisa: estágio de crescimento, concentração de minerais. Pensamos na cor como algo que esconde o que está por baixo, mas respondemos a ela como algo que revela. Edi Rama reconhece isso quando diz que uma "cidade normal" pode se beneficiar da cor tanto quanto um vestido ou batom, mas em Tirana, onde os aspectos básicos da vida civil tinham sido tão negligenciados, elas funcionaram mais como "órgãos".[18] As cores podem parecer cosméticas, mas vão direto ao coração das coisas.

Pouco depois de ficar sabendo sobre Tirana, conheci alguém mais perto de casa que também acreditava no poder da cor de revigorar lugares sombrios e as pessoas que os frequentam. No começo dos anos 1990, Ruth Lande Shuman estava visitando escolas de ensino fundamental no Harlem quando de repente se deu conta de que mais pareciam outro tipo de instituição. "As escolas eram como prisões", ela disse, refletindo sobre o momento em que decidiu criar a Publicolor, organização sem fins lucrativos que transforma escolas públicas desassistidas da cidade de Nova York ao pintá-las com cores vibrantes. Pensei nas escolas públicas que conhecia: fachadas de concreto, corredores sem janelas com fileiras de armários cinza, pisos de linóleo bege. "São tão hostis visualmente", Shuman disse, balançando a cabeça. "Não é à toa que a evasão seja enorme. Não é à toa que os professores estejam estressados. Não é à toa que os pais nem entrem no prédio." (Em Nova York, cerca de 24% dos alunos não terminam o ensino médio no tempo certo. Quando Shuman começou a pintar escolas, esse número estava acima de 50%. Entre negros e hispânicos, um terço ainda não se forma.)

Shuman havia trabalhado no Big Apple Circus e sabia da alegria que um espaço colorido desperta. Também estudara teoria das cores e, como Edi Rama, acreditava que elas tinham um efeito profundo no comportamento. A primeira escola que pintou ficava em uma região do Brooklyn em que quase metade das pessoas vivia na pobreza. De início, enfrentou resistência dos administradores, que zombavam das cores fortes que escolhia. Mas, vinte anos depois, a Publicolor já pintou mais de quatrocentas escolas e centros comunitários, recebeu prêmios da Casa Branca e da prefeitura e tem inúmeros diretores de ensino fundamental entre seus fãs.

Escolas são sistemas complexos, o que torna desafiador isolar o impacto da cor nos resultados acadêmicos. No entanto, evidências empíricas revelam que mudanças significativas se seguiram à intervenção da Publicolor. A pichação desapareceu quase que por completo, e relatórios das escolas indicam que a frequência tanto dos alunos quanto dos professores aumentou. Alguns diretores também notaram uma melhora no desempenho nas provas. Talvez a descoberta mais surpreendente seja a de que professores e alunos dizem se sentir mais seguros em uma escola pintada pela Publicolor. Assim como as grades de metal removidas das janelas pelos donos de estabelecimentos em Tirana, as paredes em cores vivas abrandaram a percepção do perigo nas dependências da escola. Talvez se sentir seguro libere mais espaço para ensinar e aprender, o que leva a alunos mais focados e escolas com melhor desempenho.

Suspeito que haja outro fator em ação. Cores vivas funcionam como estimulantes, tal qual uma dose de cafeína. Elas nos tiram da zona de conforto. O artista Fernand Léger contou a história de uma fábrica reformada em Rotterdam. "Antes ela era escura e triste", apontou. "Aí ficou clara e colorida, transparente, até. Então algo aconteceu. Sem que um pedido formal fosse feito, os operários começaram a usar roupas mais limpas e arrumadas. [...] Eles sentiam que algo importante tinha acabado de acontecer à sua volta e em seu interior."[19] Pesquisas abrangentes sobre cor e local de trabalho sugerem que as observações de Léger são verdadeiras num âmbito mais amplo.[20] Em um estudo envolvendo quase mil pessoas na Suécia, na Argentina, na Arábia Saudita e no Reino Unido, descobriu-se que pessoas que trabalhavam em escritórios com cores vivas se mantinham mais alertas que aquelas em espaços sem graça. Também se mostravam mais alegres, interessadas, amistosas e confiantes. Os tons monótonos da maior parte das escolas e dos escritórios são desestimulantes, provocando inquietação e dificuldade de se concentrar.[21] A vivacidade da cor nos ajuda a reunir a energia de que necessitamos para aprender, ser produtivos e crescer.

A Publicolor envolve alunos e administradores no processo de escolha das cores de sua escola, mas ao longo dos anos a organização desenvolveu uma paleta contendo tons cítricos que vão do amarelo ao verde e ao laranja, com toques de turquesa e salmão. Essas cores são vivas, saturadas e alegres, mas me pergunto como isso funcionaria em uma escala maior. Cores tão vivas pareceriam opressivas em um prédio de grandes proporções?

Minha curiosidade fez com que eu pegasse um rolo para passar uma mão de tinta verde-azulada na porta de um abrigo em Brownsville, no Brooklyn. A Publicolor tem um programa de verão em que estudantes de ensino médio estudam matemática e leitura pela manhã e à tarde pintam espaços comunitários em áreas desassistidas. Cheguei depois do almoço, e Shuman ficava de um lado para o outro com a roupa salpicada de tinta, verificando cores e suprimentos, perguntando aos alunos sobre as férias e sobre como estava indo o projeto. Ela sabia o nome de todos. Quando o grupo todo chegou, saímos para o pátio que conectava os cinco prédios do abrigo. Shuman me apresentou à minha instrutora do dia: Kiyana, uma menina de dezesseis anos que vivia em Sunset Park. Começamos a trabalhar na porta de uma das unidades que dava para o pátio. Kiyana era uma veterana da Publicolor, tendo passado por cinco projetos de pintura, então deixei que ficasse com as partes mais difíceis do batente enquanto eu focava em tentar passar a tinta de maneira uniforme na superfície da porta, sem deixar a camada grossa ou viscosa. Perguntei a Kiyana qual dos projetos de pintura de que havia participado era seu favorito, e ela sorriu, reflexiva. "Com certeza a minha escola. Fez com que o lugar parecesse mesmo muito melhor", explicou. O "mesmo" acusava sua surpresa. "As cores fizeram com que me sentisse muito mais feliz de estar ali."

Eu não precisei de muito para imaginar a sensação que Kiyana descrevia, porque naquele exato instante o abrigo estava perfeitamente dividido em antes e depois. Os prédios da parte oeste tinham sido pintados em uma variedade de amarelos e laranjas. O andar de baixo tinha o tom mais leve, um dourado suave, enquanto o mais alto ganhara a cor de pêssego maduro. As portas que pintávamos de azul-esverdeado davam o toque tropical. Os prédios da parte leste, que os alunos iam pintar na semana seguinte, eram marrons de alto a baixo. Parada bem ali no meio, a diferença me pareceu gritante. Virei para a direita e me senti numa espécie de deserto. No entanto, quando olhei para a esquerda, me senti em uma área residencial de Miami, indo a uma festa na casa de um amigo. As cores quentes pareciam emitir luz — e, pelo menos para mim, um pouco de otimismo também.

CORAGEM COLORIDA

Poucas pessoas escolheriam cinza ou bege como sua cor favorita, mas nossas casas costumam estar lotadas de tons neutros. Então me perguntei: por que há essa lacuna entre as cores que nos alegram e as cores que nos cercam?

"Cromofobia" foi a resposta que recebi assim que levei a questão para Peter Stamberg e Paul Aferiat, arquitetos do colorido Saguaro Hotel, em Palm Springs, que atribuem às cores elétricas do prédio o fato de ter sido o terceiro hotel do mundo mais postado no Instagram em 2016. "As pessoas têm medo de cor", Stamberg me contou. É claro que ele não se referia a si mesmo e a Aferiat, que moram em um verdadeiro templo à vivacidade, um loft aberto dividido não com paredes, mas com cores, por meio de painéis em tons de amarelo, verde, azul e laranja. Os dois estavam à minha frente, sentados em um sofá violeta, ao lado de duas poltronas escarlate, com um tapete cor-de-rosa sob os pés. Uma vasta coleção de artigos de vidro e cerâmica em um gradiente de tons quentes adornava a mesa perto da janela, lançando fragmentos de luz âmbar no piso.

"É o medo de fazer uma escolha", Aferiat disse, "de cometer um erro e ter que conviver com ele." Eu entendia aquilo. Não conhecia o termo na época, mas costumava ser uma cromofóbica de carteirinha, com tanto medo de cores que todo o espectro do meu apartamento recaía entre o branco e o creme. Meu sofá era marfim, minhas estantes eram off-white. Meus lençóis, toalhas e cortinas eram todos de um branco imaculado. Eu tinha um mural para inspiração coberto de tecido de linho cru, e no canto do quarto empilhava roupas em uma cadeira feita de lona branca, claro. Sempre que precisava comprar um móvel novo, folheava catálogos coloridos, paquerando sofás de veludo mostarda e poltronas com listras rosa. Mas, no fim, sempre optava pelo velho e confiável branco.

Então, um dia, me mudei para o apartamento dos sonhos: um imóvel comprido e estreito no último andar de um prédio de tijolinhos, com piso imaculado de madeira, janelas para um gramado verdejante e até uma pequena claraboia no banheiro. O único problema era que as paredes eram cor de manteiga. Assim que o vi, pensei em repintá-lo. Mas então algo engraçado aconteceu. Toda vez que eu entrava no apartamento, parecia que o sol estava brilhando, mesmo no auge

Cromofobia

do inverno. Acabei morando lá por seis anos, e depois da primeira semana nunca mais pensei em pintar as paredes.

Gostaria de poder dizer que foi o fim da minha cromofobia, mas o que de fato mudou minha relação com as cores foi a faculdade de desenho industrial. Passei inúmeras horas reunindo e organizando amostras de papel colorido, misturando tintas e estudando as interações entre diferentes tonalidades. Me dei conta de que o mundo é cheio de cores que eu não havia sido ensinada a ver. Tinha passado a vida pensando que as sombras eram cinza, mas agora via que eram arroxeadas. Imaginava uma maçã como vermelha, sem me dar conta de como essa cor mudava radicalmente se a fruta estivesse no peitoril da janela ou na bancada. Era impossível, para mim, descrever a alegria desse novo modo de ver.

Pensamos nas cores como algo que só os artistas estudam, mas essa é uma visão de certo modo recente. O historiador John Stilgoe escreve que, até a virada do século xix para o xx, qualquer pessoa que tivesse acesso à educação estava apta a avaliar a cromática, a interação entre luz e cor em uma cena.[22] Essas pessoas aprendiam a ver tanto quanto aprendiam a ler e a contar. Não surpreende que, sem essa educação, nos sintamos um pouco perdidos quando se trata de cores.

A diferença entre cores alegres e vibrantes e tons mais sombrios está relacionada à pureza e ao brilho dos pigmentos. Designers costumam usar os termos "saturação" e "luminosidade" para descrever essas propriedades. Quando aprendi isso, senti todo o mundo da cor se abrir para mim, da mesma maneira que, no passado, aprender soma e subtração haviam desmistificado a matemática. Uma cor saturada está em sua versão mais pura, do tipo que se encontra num kit de blocos de montar para crianças. O azul mais verdadeiro e o amarelo mais ensolarado, tons fortes e intensos. Para reduzir a saturação das cores, acrescenta-se cinza a elas, transformando-as em versões mais tediosas de si mesmas. Verde-limão se torna oliva; azul-cerúleo vira ardósia. Bege é o amarelo pouco saturado — com toda a alegria sugada dele! Cinza é a cor mais pouco saturada que há, porque contém apenas branco e preto. Cores pouco saturadas podem ser úteis como parte de um esquema de cores, mas se você olha em volta e tudo o que vê é cinza, cáqui e bege, então seu entorno é bem monótono. A luminosidade de uma cor tem a ver com quanto branco ou preto foi misturado a ela. O branco reflete a luz, enquanto o preto a absorve. Desse modo, a cor se torna mais luminosa e reflexiva quando se acrescenta branco, e mais escura e opaca quando se acrescenta preto. Rosa-claro e azul-celeste transmitem mais energia que bordô e marinho porque refletem mais luz, enchendo um espaço de vida. Cores escuras e pouco saturadas absorvem luz, baixando a energia do ambiente.

Pode ser necessário um pouco de treino para se adquirir confiança no universo da cor. Por sorte, há atalhos para encontrar combinações alegres e treinar nossos olhos a ver e usar as cores em toda a sua encantadora profundidade. Stamberg e Aferiat não conseguiam escolher o tom com o qual pintariam uma casa em que estavam trabalhando, então recorreram a um grande amigo deles, o pintor David Hockney, que disse: "Façam o que sempre faço quando tenho problemas com cor. Contemplem Matisse". As pinturas vibrantes de Henri Matisse não só inspiraram os dois a escolher o azul adequado como passaram a ser usadas na abordagem de futuros clientes. Ao verem que cores tão fortes coexistiam em harmonia na tela, isso lhes dava a confiança de que também funcionaria em casa. A paleta luminosa e viva de Matisse é a escolha ideal para quem precisa de inspiração, mas outros artistas a quem com frequência me volto são Helen Frankenthaler, Sonia Delaunay, Pierre Bonnard e, é claro, David Hockney.

Se ainda não sente confiança, acredite na sabedoria do lendário designer de interiores David Hicks, que acreditava que a ideia de cores em choque umas com as outras era uma ficção inventada por "senhoras refinadas" da década de 1930. "Cores não se chocam", ele disse. "Elas vibram."

Outra pessoa que certamente não sofre de cromofobia é Ellen Bennett, que tem trinta anos e é fundadora da marca de aventais Hedley & Bennett, com base em Los Angeles. "Amo cores", ela me contou quando a encontrei em uma manhã chuvosa de setembro, destacando o "a" de "amo" para expressar a profundidade de seu afeto. "Na minha casa, tudo segue as cores do arco-íris." Ela repassou os pontos principais: estantes de livros com códigos de cores, quarto azul, porta da frente esmeralda e um fogão bem amarelo que Bennett comprou para o namorado depois de apenas três meses juntos. Para a empresária, uma mulher de espírito exuberante, "do tipo que abraça" — conforme ela mesma se descreveu ao me dar um abraço bem apertado e um beijo na bochecha segundos depois de me conhecer —, há uma relação clara entre cor e calor. "Quero que os espaços sejam mais receptivos", ela declarou em outra ocasião, "como se estivessem nos abraçando."[23]

Bennett atribui à sua ascendência o amor pelas cores vivas, tendo se alternado na infância entre o México e a Califórnia.

A vida no México era em Technicolor. A casa da minha avó é de um turquesa forte. Tudo é colorido lá, dos campos de milho ao lado da estrada às mangas da frutaria. Os Estados Unidos eram muito mais amarronzados. A areia, a escola... era tudo marrom. Então eu voltava ao México e via amarelo, verde, vermelho. Cada casa tinha uma cor diferente. Aos olhos de uma criança, as coisas pareciam vivas. Eu sentia a energia em mim e pensava: "Quero essa energia, gosto disso".

Ouvindo as impressões dos dois mundos da infância de Bennett, sinto uma pontada de algo que só posso descrever como inveja. Tal qual ela, passei um tempo em partes do mundo em que os tons vibrantes surgiam de modo natural, sem esforço: Sudeste Asiático, América Latina, Caribe. Esses lugares coloridos exalam um calor e uma vitalidade que está ausente na maioria das cidades americanas, onde as maiores fontes de cor parecem ser placas de rua e anúncios publicitários. "É como se o comprimento de onda da vida fosse maior", disse Bennett. As cores dão alegria a uma superfície. Por que algumas culturas as reservam apenas para momentos festivos, enquanto outras fazem delas parte do cotidiano?

Seria fácil concluir que é uma simples questão de preferência: certas culturas desenvolveram um interesse por cor, enquanto outras preferem a vida em tons de cinza. Acho que a verdadeira resposta reside no preconceito cultural de algumas sociedades, que tendem a se aproximar da sofisticação e se afastar da alegria. Johann Wolfgang von Goethe o expressou perfeitamente em 1810, quando escreveu: "nações selvagens, pessoas sem educação e crianças têm uma predileção por cores vivas", enquanto "os mais refinados as evitam em suas vestimentas e nos objetos ao redor, parecendo inclinados a bani-las completamente de sua presença".[24] Talvez não tenhamos nos dado conta disso, mas a mesma filosofia de Goethe permeia a vida da maior parte dos habitantes da Europa e dos Estados Unidos. Menosprezamos a cor e a alegria, considerando ambas infantis e fúteis, e valorizamos tons neutros como demonstração de um gosto maduro e moderado. O espectro de cores da casa moderna é ditado por uma bússola moral cujo norte é o comedimento, enquanto a exuberância é uma indulgência. A mensagem é clara: para sermos dignos da aprovação da sociedade, devemos abandonar ou suprimir nossa inclinação natural à alegria.

Esse preconceito cultural faz com que muitos de nós se sintam quase envergonhados de adotar cores para a vida. Há pouco tempo encontrei uma mulher que me contou que ama tons vibrantes, mas só se sente confortável em usá-los no quarto do filho. Espera-se que as mulheres usem tons discretos conforme envelhecem, caso contrário podem dar a impressão de que estão se esforçando demais para parecer jovens. Esse é um tipo de cromofobia muito mais traiçoeiro, motivado não pela falta de confiança, mas pela tirania da opinião pública. Nosso mundo talvez fosse muito mais colorido se as pessoas não tivessem medo de parecer tolas.

Pessoas como Ellen Bennett, que encontram maneiras de usar cores divertidas em um negócio sério, me inspiram. Ela se mudou para a Cidade do México quando tinha dezoito anos e pagou o curso de gastronomia com os mais diferentes trabalhos, inclusive anunciando os números da loteria na tv semanalmente. Alguns anos depois, Bennett voltou aos Estados Unidos determinada a manter a vivacidade de sua vida mexicana. Ela foi contratada como cozinheira em um restaurante. Amava o trabalho em geral, mas odiava um detalhe: o avental. Quando reclamou a respeito, descobriu que seus colegas concordavam. "Ficávamos horríveis e nos sentíamos horríveis",

Bennett afirmou. Quando o chefe ia encomendar novos aventais para toda a equipe, Bennett implorou que deixasse que os fizesse. Ela não tinha molde, tecido ou máquina de costurar, mas foi assim que nasceu a Hedley & Bennett.

O primeiro avental que ela fez era de linho amarelo. Outras cores logo se seguiram. Bennett sabia que eles tinham que ser práticos, não só bonitos, e foi implacável nesse sentido. "É um avental de verdade, ainda que divertido", ela diz. "Faz com que você se sinta seguro, orgulhoso e digno. É colorido, mas também funcional e bem-feito." A praticidade permite escolher uma peça leve e despretensiosa para o trabalho. E a combinação foi um sucesso, claro, já que hoje a Hedley & Bennett atende mais de 4 mil restaurantes.

No fim das contas, as ambições de Bennett vão mais além. Seu negócio na verdade consiste em transformar o conceito de uniforme de algo feio e barato que empregados são forçados a usar em um instrumento capaz de imprimir orgulho e, claro, alegria ao trabalho. Ela descreveu um avental de uma maneira que eu nunca tinha ouvido: "É como uma capa de super-herói". Fiz uma cara desconfiada da primeira vez que ouvi isso, mas, quanto mais penso na metáfora, mais sentido faz. Quando está com o uniforme azul e vermelho do Super-Homem, Clark Kent se transforma em alguém diferente, dotado de energia e força inimagináveis para o homem com o paletó de tweed sem graça. O que Bennett faz para April Bloomfield, David Chang e inúmeros outros cozinheiros, prestadores de serviços e artesãos é equipá-los, preparando-os não só física, mas emocionalmente para o trabalho que estão prestes a desempenhar.

A conversa com ela me fez pensar em outras peças de roupas. Sempre dizem que temos que nos vestir para o trabalho que queremos. E quanto a se vestir para a *alegria* que queremos? Quando comecei a explorar a estética da alegria, experimentei usar cores vivas em situações que me colocavam para baixo. Comprei galochas amarelo-ouro. Quando a previsão do tempo anunciava chuva, eu as calçava alegremente, pegava meu guarda-chuva (também amarelo) e saía para a rua pronta para caminhar em meio às poças d'água até o trabalho. Quando eu estava solteira e parecia presa a uma sequência infinita de encontros às cegas, comprava vestidos com estampas divertidas para ter energia de encarar aquele papinho de sempre. Há pouco tempo, ganhei um top de ginástica verde-limão. Ver a cor fosforescente logo cedo desperta meu desejo de levantar para fazer ioga. Agora, quando preciso comprar roupas novas de ginástica, procuro escolher tons mais ousados.

Minha amiga Beth, a pessoa que conheço que mais usa cores, pensa não só no efeito que elas causam em si mesma,

Vista-se para a alegria que você quer

mas também nos outros. Ela tem quase um metro e oitenta, é dona de uma mente afiada e não tem medo de dizer o que pensa. "Minha vida inteira", conta, "me disseram que eu intimidava, que era assustadora." Usar cores fortes foi um modo de se tornar mais acessível, barrando a tendência a julgarem-na rápido demais. Beth não tem nenhum casaco escuro: são todos de tons vivos, como verde e amarelo. Ela nota que as pessoas sorriem quando passam por ela em um dia triste de inverno. É quase como se uma peça colorida fosse um pequeno presente, um ponto brilhante de alegria em uma paisagem tediosa.

Quando nós trabalhávamos juntas, um colega planejou o dia "Vista-se como Beth". As pessoas apareceram no trabalho de calça de poás, malha amarela ou vestido turquesa, e os tons eram tão vívidos que quase precisamos usar óculos escuros. Foi um dos melhores dias de que consigo me lembrar. O escritório inteiro ganhou vida.

O PRAZER DA LUZ

Um mundo sem cor pode ser alegre? Eu não tinha opinião sobre isso até deparar com o relato do dr. Oliver Sacks de uma viagem que fez em 1994 para Pingelap, uma ilha cujos nativos sofriam de uma falha genética que os tornava completamente incapazes de distinguir cor. Ele havia levado consigo um cientista norueguês chamado Knut Nordby, que também sofria de uma severa acromatopsia, ou cegueira à cor. Em determinado ponto, há uma tempestade a que se segue um arco-íris impressionante. Sacks descreve as impressões de Nordby sobre o fenômeno como "um arco luminoso no céu",[25] então prossegue compartilhando as adoráveis anedotas de outros arco-íris que ele já tinha visto, duplos e até um circular. Por fim, conclui que o mundo visual dos que não veem cores "pode ser empobrecido de algumas maneiras, mas tão rico quanto o nosso".

Podemos encontrar alegria sem cor, mas seria muito mais difícil fazê-lo sem luz. Cada visão que consideramos alegre, do nascer do sol ao rostinho de um bebê, se deve à luz refletida pelo ambiente e absorvida por nossos olhos. Luz é a fonte de energia da cor. Mais do que isso, é uma forma pura de energia que cria alegria por si só. Dependemos da luz do sol para regular nosso ritmo circadiano, o relógio que determina nossos níveis de energia.[26] Ela também estimula a produção de vitamina D pela pele, modulando nosso sistema imunológico, e influencia os níveis de serotonina, neurotransmissor que equilibra nossas emoções. Muitos habitantes das zonas polares sofrem no inverno de uma espécie de depressão conhecida como transtorno afetivo sazonal, devida à falta de luz do sol. A luz e o humor com frequência viajam em uma órbita associada: diminuindo a luz se diminui a alegria.

Pessoas ao redor do mundo evitam cantos escuros e procuram lugares inundados pela luz, seja ao escolher apartamentos com boa iluminação natural ou ao tirar férias em locais tropicais e ensolarados. Em *Uma linguagem de padrões*, livro de referência sobre o modo como as pessoas usam o espaço, o arquiteto Christopher Alexander e seus colegas apontam que o fato mais importante sobre um prédio é: "Em todos os climas, com exceção do desértico, as pessoas usam o espaço aberto se estiver ensolarado, e não o usam se não estiver".[27] Em um estudo de uma rua residencial de Berkeley, Alexander descobriu que os moradores de um lado não utilizavam o quintal dos fundos, se restringindo a acumular tranqueiras ali, porque não batia sol. Eles preferiam se sentar no jardim da frente, ainda que pequeno e próximo da calçada. Pátios e praças com sombra criam zonas mortas, enquanto o sol garante que "os jardins e o prédio em geral sejam animados, cheios de atividade e diversão". O mesmo ocorre no espaço interno. Casas que recebem luz do sol costumam ser mais alegres e estimular a convivência. Já as que não recebem tendem a ser escuras e sombrias, obrigando as pessoas a deixar as áreas comuns e ir para os quartos nas extremidades, mais claros.

A alegria que encontramos em um cômodo iluminado pode ser comprovada por medidas tangíveis de bem-estar. Pesquisas mostraram que maior exposição à luz do dia reduz a pressão sanguínea e melhora o humor, a atenção e a produtividade. Funcionários que se sentam perto da janela relatam maiores níveis de energia e tendem a ser mais fisicamente ativos dentro e fora do escritório.[28] Em um estudo realizado em escolas de ensino fundamental, alunos em salas que recebiam mais luz do sol avançaram 26% mais rápido nas habilidades de leitura e 20% mais rápido em matemática ao longo de um ano.[29] Pacientes de hospital em quartos iluminados com luz natural receberam alta mais cedo e precisaram de menos remédios que os outros.[30]

A luz do sol é a melhor opção, mas, quando não está disponível, a luz artificial de amplo espectro pode oferecer benefícios similares. Há anos cientistas sabem que o transtorno afetivo sazonal pode ser aliviado com a exposição de até uma hora por dia a uma caixa de luz que irradia 250 lux, mas novas pesquisas mostram que a fototerapia pode funcionar no tratamento da depressão comum. Em uma metanálise de vinte estudos, pesquisadores chegaram à surpreendente conclusão de que a fototerapia pode ser tão efetiva quanto os antidepressivos.[31] Entre pacientes com Alzheimer que recebem tratamento em casas de repouso, a terapia com luz reduziu tanto a depressão quanto o declínio cognitivo.[32] Como não se trata de algo tão lucrativo quanto a comercialização de remédios, contudo, há bem menos pesquisas sendo desenvolvidas nessa área.[33]

A ironia é que os efeitos salutares da luz são conhecidos há séculos. "Coloque a planta e o homem murchos e pálidos no sol", escreveu a famosa enfermeira inglesa Florence Nightingale, "e, se não for tarde demais, ambos vão recuperar a saúde e o espírito."[34] Em 1860, Nightingale relatou que seus pacientes naturalmente se voltavam para a luz, ainda que reclamassem de dor por se apoiar do lado ferido. "Então por que se deita assim?", ela perguntava. "Ele não sabe, mas nós sabemos. Porque é o lado da janela."

Histórias assim me fazem pensar que, embora a tecnologia tenha impulsionado enormemente nossa saúde e nosso bem-estar, também nos furtou a sabedoria de quando a relação com o ambiente não era mediada por tantos botões e controles. Em vez de acender a lareira ou abrir a janela, mexemos no termostato. Em vez de ingerir uma planta medicinal, tomamos um comprimido. Ganhamos em conveniência e eficácia, mas perdemos ao estarmos cada vez mais alheios: as mudanças em nosso corpo não parecem mais conectadas ao mundo ao redor, nos dando a ilusão de que somos independentes do meio e não nos afetamos por ele. Assim, criamos ambientes em que faltam elementos essenciais ao nosso bem-estar, como cor e luz.

Embora a luminosidade seja importante, quando se cria alegria, energizar a luz é mais do que uma simples questão de lumens. Quando perguntei ao designer de iluminação Rick Shaver o que é luz alegre, ele começou a chamar minha atenção para o que não era. Descrevendo um escritório onde havia estado pouco antes, Shaver notou que até mesmo as fileiras de luz fluorescente davam a sensação de céu nublado. Escritórios são pensados para ter luz uniforme, de modo que haja luz suficiente para ler onde quer que se esteja. Mas a luz plana e nivelada cria uma energia monótona. De acordo com Shaver, que projetou a iluminação do Getty Museum e de inúmeras residências, "são os raios de luz do sol entrando pela janela" que criam "um ambiente alegre".

Estudos afirmam que em geral as pessoas preferem uma iluminação variável à luz uniforme.[35] Picos e vales criam pontos de interesse para os quais nossos olhos correm. E ainda mais importante: que nos aproximam uns dos outros. Como Alexander enfatiza em *Uma linguagem de padrões*, como as pessoas são inconscientemente atraídas pela luz, elas vão se congregar nos pontos mais iluminados, que também serão os de maior atividade e alegria. Se um espaço parece morto, um antídoto poderoso é criar focos de luz onde quer que as pessoas se concentrem. Um sofá diante da lareira, um assento à janela, uma mesa de jantar banhada pelo calor de um lustre pendente: esses lugares sempre parecem vivos, porque, como mariposas, não conseguimos resistir à luz.

A LUZ DAS TINTAS

Quando conheci Stamberg e Aferiat, os arquitetos entusiastas das cores, eles me mostraram fotos de uma casa de praia em Long Island que haviam projetado. Depois de anos morando em apartamentos monocromáticos, os clientes tinham decidido que queriam cor em sua vida. Os arquitetos começaram com paredes brancas e padrões grandes em preto e branco que sabiam que pareceria mais natural ao casal contratante. Então acrescentaram uma porta em um amarelo forte, combinando com as flores que cresciam nas redondezas. Ela parecia sorrir para quem passava do lado de fora, como um farol alegre. Do lado de dentro, o efeito era outro. A porta parecia ter luz própria. Com as paredes brancas, o amarelo parecia estar no centro de tudo. Literalmente brilhava.

Pensamos em cor como um atributo, mas na verdade é um evento: uma dança constante entre a luz e a matéria. Quando um raio de luz atinge um objeto — um vaso de vidro multicolorido, por exemplo —, pequenas partículas de energia conhecidas como fótons o tocam. A energia de alguns desses fótons é absorvida, aquecendo o vidro de maneira imperceptível. Mas outros fótons são repelidos, ricocheteados de volta para a atmosfera; são eles, quando chegam a nossas retinas, que criam a sensação de cor. O tom específico que vemos tem a ver com a energia deles: comprimentos de onda curtos, altamente energizados, nos parecem azuis, enquanto os longos e pouco energizados nos parecem vermelhos. Os pigmentos mais fortes, artificiais ou encontrados em folhas e pétalas de flores, tendem a ter uma estrutura molecular mais "excitável".[36] Os elétrons podem ser perturbados com bem pouca luz, o que faz com que a cor pareça intensa aos nossos olhos.

Em última instância, o objetivo da estética da energia é aumentar a atividade dessas pequenas partículas vibrantes em determinado espaço. Não se trata apenas de luz, nem apenas de cor; é uma alquimia. Cores vivas animam a luz projetada sobre ela, refletindo-as e ampliando seu efeito. É por isso que a porta amarela na casa projetada por Stamberg e Aferiat é tão poderosa. Ela captura a luz invisível e a transforma em dourada. O amarelo é especialmente efetivo como agente de vivacidade. É o tom mais iluminado em seu estado puro, com um brilho e um calor inerentes a ele. A Publicolor usa tintas com tom amarelado por essa razão. Tintas vivas e quentes iluminam o espaço, combatendo a insipidez das paisagens urbanas. "Pintamos luz", diz Ruth Lande Shuman, sua fundadora, me deixando curiosa ao imaginar o que aconteceria se pintássemos becos escuros, passagens subterrâneas e outros recantos sombrios das cidades.

Se você quer um espaço com mais energia e brilho, seja em casa, no escritório ou em qualquer outro lugar, os especialistas concordam que o primeiro passo deve ser iluminar as maiores superfícies: paredes, pisos, armários ou bancadas. Paredes escuras podem parecer sofisticadas, mas, como absorvem luz, reduzem seu reflexo, de modo que ela não se espalha pelo cômodo. Muitos designers com quem falei preferem começar com paredes brancas e dar cor ao espaço através da mobília e de objetos decorativos. Mesmo que não seja possível, pequenos pontos de cor pura podem refletir luz o bastante para energizar um ambiente sem graça. Usar cores bem vivas em determinados pontos pode ser uma estratégia atraente — falo por experiência própria — e é surpreendentemente efetiva com os cromofóbicos. Hilary Dalke, designer especializada em cor que trabalha no Serviço Nacional de Saúde inglês, me disse que usa essa estratégia com regularidade. Quando um hospital no sul do país lhe pediu que remodelasse os quartos sem tirar os pacientes do lugar, ela abandonou os cobertores neutros e optou por um fúcsia bem vivo. Então comparou fotos de antes e depois. A luz refletida era tão vibrante que o quarto todo de repente parecia muito mais quente, a um custo bastante baixo.

Os melhores pigmentos para criar luz são os fluorescentes, porque absorvem fótons com comprimentos de onda de alta energia que residem no espectro invisível do ultravioleta e os refletem como comprimentos de onda visíveis.[37] Isso faz com que pareçam mais vívidos que cores normais, quase como se brilhassem. Essas cores neon, presentes em cones de trânsito e bolinhas de tênis, embebem superfícies com uma vibração intensa e elevada, mas use com cuidado: pouco já é muito!

Podemos estar cientes do modo como a cor afeta a luz no espaço, mas é difícil notarmos o oposto: o modo como a luz afeta a cor. Há um bom motivo para isso, de acordo com o designer de iluminação Rick Shaver: lâmpadas incandescentes usadas antigamente costumavam emanar luz da mesma cor. "Quando se rosqueava a lâmpada comprada no supermercado", explica Shaver, "você sabia que ia queimar na temperatura de cor de 2700 K, que é quente e favorece o tom da pele." Conforme os fabricantes desenvolveram tecnologias mais eficientes em termos de energia, como lâmpadas LED e fluorescentes, elas se tornaram muito mais do que meras lâmpadas. Mas ninguém disse isso aos consumidores. "As pessoas não sabem por que deveriam procurar por 3000 K, ou o que chamamos de luz quente, então vão para casa com 4000 K ou 5000 K, que é uma luz fria." A informação está impressa na embalagem, mas poucos sabem que devem procurar por ela. Como resultado, Shaver com frequência vê gente vivendo infeliz sob uma colcha de retalhos de diferentes cores de lâmpadas.

A cor das lâmpadas varia porque, diferente do sol, que carrega comprimentos de onda por todo o espectro visível, a iluminação artificial só pode reproduzir uma parte dele. Todos tivemos a experiência de estar em um provador mal iluminado ou ver nosso reflexo no espelho do banheiro do aeroporto e pensar: "Credo, estou mesmo com essa cara de cansado?". Isso acontece porque a luz não contém os comprimentos de onda necessários para que nossos olhos vejam a cor apropriadamente. É difícil se sentir animado e energizado quando você e todo mundo à sua volta parecem pálidos e abatidos, enquanto as cores vivas adquirem um tom doentio. O conselho de Shaver é olhar o Índice de Reprodução de Cor (IRC) da lâmpada. Em lâmpadas incandescentes, ele é de cem, o que alimenta sua demanda mesmo que elas tenham sido proibidas em muitos países. Lâmpadas LED mais modernas provêm uma luz tão quente e vibrante quanto as antigas lâmpadas de Edison. Escolher lâmpadas com um IRC próximo de cem vai manter você e os ambientes mais claros e coloridos.

Durante a maior parte da vida, escolhi as cores que usaria com base no que elas diziam a meu respeito. Eu teria coragem de usar sapatos vermelhos? Um vestido pink faria com que me levassem menos a sério em uma reunião com um cliente? Talvez fosse por isso que eu acabava optando quase sempre por móveis brancos e roupas pretas. Minha pesquisa sobre essa estética me liberou para fazer escolhas com base em como as cores me faziam sentir, e não no que os outros pensavam.

Notar a cor e a luz mudou o mundo à minha volta. Tons vivos em meio à cidade, encontrados em placas de trânsito, faixas de bicicleta, floreiras e grafites, se tornaram pequenos presentes — infusões de calor e vida. A energia dá a você o poder de criar sua própria lareira, seu próprio sol.

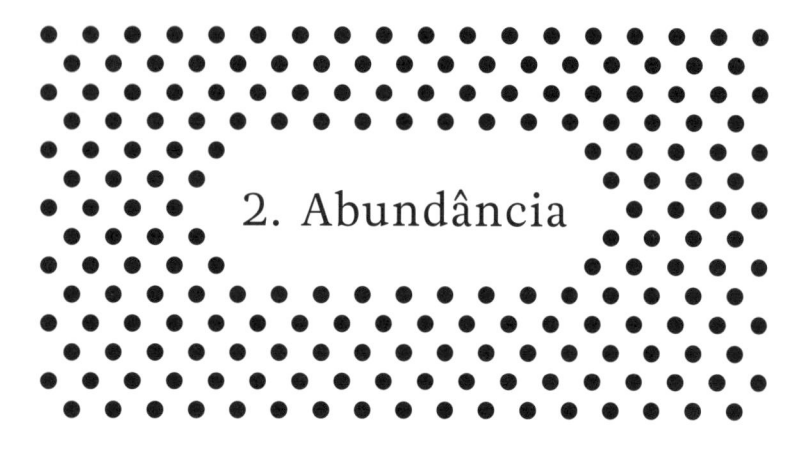

2. Abundância

O homem de barba balançava a cabeça negativamente, mas sorria ao observar os dois meninos passarem voando por ele, com sacos de celofane na mão, um borrão em uniformes verdes de beisebol. "Zack, sua mãe vai me matar", ele disse para o mais velho. Parecia uma tentativa de encorajar moderação, mas o filho ignorou o pedido e continuou ziguezagueando entre os potes de acrílico com balas em formato de peixe ou pé de galinha e drágeas de chocolate. Zack sabia que aquilo era como o Halloween sem a fantasia desconfortável e o papo furado com os vizinhos, e não ia desperdiçar a oportunidade. O irmão mais novo o seguia vagamente, como a rabiola de uma pipa. Com frequência ele errava o saco, mas sorria enquanto tentava acompanhar o outro menino. Então parou diante de um daqueles enormes pirulitos psicodélicos, com os olhos arregalados.

"Como uma criança em uma loja de doces" é uma imagem bastante icônica em algumas culturas. Ela expressa o prazer selvagem e quase delirante que experimentamos quando estamos livres em um mundo de fartura. Assim que as pessoas começaram a me contar sobre os lugares que lhes transmitiam alegria, me dei conta de que muitos evocam esse deslumbre com a abundância: parques de diversão, circos, lojas de 1,99, mercados de pulgas e enormes hotéis antigos, como o Grand Budapest, fruto da mente do diretor Wes Anderson. Essa sensação também existe numa escala menor. Uma casquinha de sorvete coberta de granulados coloridos é como uma loja de doces na palma da mão. Uma chuva de confete, uma colcha de patchwork multicolorida e um simples jogo de pega-varetas têm esse apelo irresistível. A própria linguagem da alegria é repleta de excesso. Dizemos que estamos transbordando de excitação, que criamos asas nos pés. Não cabemos em nós mesmos. É mais ou menos essa a sensação de um momento de alegria, quando o prazer é tão abundante que parece que não pode ser contido nos limites do corpo.

Mas por que a abundância desperta essa onda de contentamento? Por que somos enfeitiçados pela sensação de ter mais do que o necessário? Tais perguntas tinham me levado ao Dylan's Candy Bar, que oferece mais de 7 mil tipos diferentes de doces — uma decisão que agora já estava questionando, conforme me dava conta de que era bem o horário de saída das escolas. Doces voavam conforme as crianças corriam de um lado para o outro, no barato produzido pelo açúcar.

Me afastei um pouco do frenesi e senti algo se esmagando sob meu pé. O cheiro pungente de uma bala de menta esmagada se misturava ao aroma de fundo do chocolate. Observar o deslocamento das crianças pelo arco-íris de opções — agachando, pegando, se esticando — evocava a cena primária freudiana. Aquilo me lembrou de um dia de verão, quando estava caminhando por uma estrada no norte do estado de Nova York e vi um monte de frutinhas de cor roxa bem escura em um emaranhado de galhos. Provei uma: amoras, no ponto perfeito. Comecei a colhê-las, guardando-as na mão em concha. Algumas estavam perto de arbustos espi-

nhosos, outras, perto de algo que parecia muito com hera-
-venenosa. Mas eu não consegui resistir. Me sentia ao mesmo tempo em júbilo e tomada por uma voracidade selvagem.
Continuei colhendo até as amoras caírem das minhas mãos.
Vi a mesma ganância feliz no rosto das crianças naquela loja
de doces. Elas não estavam comprando. Estavam pilhando.

Lojas de doces (e supermercados e shoppings) são tão comuns na sociedade contemporânea que fica fácil esquecer
que até pouco tempo tal abundância era rara. Para milhares
de gerações de humanos que coletavam e caçavam para sua
subsistência, até mesmo uma loja de conveniência de posto
de gasolina seria um antro de riqueza. As vidas deles passavam por períodos imprevisíveis de suficiência e escassez devastadora. Com essa gangorra diária da existência, parece natural que os humanos tenham desenvolvido uma predileção
pela fartura. Eles precisavam aproveitar a sorte inesperada
quando ela chegava, estocando recursos para a época de va-
cas magras que inevitavelmente se seguiria. Aqueles que se
atentavam à abundância tinham maior probabilidade de sobreviver do que os indiferentes a ela, preferência que ficou
impressa no fundo de nossos genes. Embora vivamos em um
mundo bem diferente daquele dos nossos ancestrais caçadores-coletores, carregamos o legado dessa subsistência frágil
quando perdemos o controle em restaurantes tipo bufê e
compramos coisas demais em liquidações. Como nosso gosto por açúcar e gordura, o amor pela abundância é remanes-
cente de um impulso biológico projetado para nos ajudar a
viver em um mundo assustador e incerto.

Se a loja de doces tivesse um antecedente natural, seria
exuberante e repleto de verde, com solo fértil, água em profusão e uma fartura de plantas comestíveis e vida animal. De
acordo com o psicólogo John Balling e o ecologista John

Falk, é nesse tipo de ambiente que as pessoas preferem morar, mesmo hoje. Os dois estudaram as paisagens preferidas de pessoas entre os oito e mais de setenta anos de idade, nos Estados Unidos e na Nigéria, e descobriram que se escolhe consistentemente biomas exuberantes, como pradarias e florestas, em vez de habitats esparsos, como desertos.[1] As preferências infantis vão nessa direção com ainda mais força, o que sugere que, embora essa propensão possa se alterar com a idade, está no nosso funcionamento básico. Outro estudo segue a mesma linha, provando que as pessoas que visitam parques com maior densidade e diversidade de plantas e pássaros experimentam uma maior sensação de restauração e bem-estar psicológico do que os frequentadores de parques com menor biodiversidade.[2] É claro que não dependemos mais das plantas e dos animais para nosso sustento. Mas, de alguma forma, podemos sentir a abundância nesses ambientes, o que cria uma tranquilidade inconsciente.

A ideia de que a alegria da abundância pode ter um significado mais profundo me atraía, mas eu também estava alerta aos limites disso. De um lado da linha estavam coleções peculiares, banquetes e caixas de chocolates sortidos. Do outro, assomavam aterros sanitários sobrecarregados, obesidade e acumuladores. Embora seja difícil exagerar na estética da energia (não acho que alguém tenha morrido por excesso de cor!), a abundância, por sua própria natureza, pode levar as pessoas ao extremo. Nossos impulsos para a fartura evoluíram em um contexto de escassez. Eu me perguntava se, em um mundo transbordando de objetos, a estética da abundância se tornaria ultrapassada. Talvez não precisássemos mais dela.

Quando eu estava pesando as vantagens e desvantagens da abundância, um amigo me mandou a foto de uma casa nas redondezas que tinha aparecido no jornal. Parecia um desenho de criança que tinha sido de fato construído. Cada superfície era coberta de cores vivas básicas: grandes retângulos de pink, roxo, laranja, azul e pelo menos três tons de amarelo. Uma porta era verde e a outra, vermelha. O interior tinha o teto verde-limão e paredes pintadas de cada tom da caixa de giz de cera. Não havia mobília tradicional, o chão era inclinado e uma série de mastros pintados em cores primárias se espalhava por aí. Eram tantas cores, formas e ângulos que parecia que eu estava olhando para a estética da abundância em forma de casa.

Levava o nome de Bioscleave House e tinha um estranho subtítulo: "*Villa* do prolongamento da vida". Descobri que seus criadores eram um artista e uma poeta, Shusaku Arakawa e Madeline Gins; segundo eles, não só a casa era um lugar encantador para se viver, como seus habitantes viviam por mais tempo. Fiquei intrigada. Talvez aquela casa pudesse me ajudar a compreender como obter os benefícios da abundância sem a parte ruim.

No fim, a Bioscleave House tinha acabado de ser vendida e eu não ia poder visitá-la. Alguns meses depois, descobri que Arakawa e Gins tinham projetado um prédio residencial perto de Tóquio. E eu não apenas podia vê-lo, como podia passar a noite em um dos apartamentos!

ARQUITETURA COMO REMÉDIO

Quando cheguei a Mitaka, o subúrbio nas cercanias de Tóquio onde Arakawa e Gins tinham construído seus lofts, estava cansada, sentindo a diferença de fuso horário e encharcada depois de dois trens, um ônibus e uma caminhada na chuva. O céu de abril era um painel cinza monótono, e meu mau humor era agravado pela sensação dos pés úmidos chiando dentro dos sapatos. Quando dobrei uma esquina e vi de relance meu destino, abri um sorriso involuntário. Era igual às fotos: uma montagem de cubos e cilindros de cores vivas uns sobre os outros, com janelas de diferentes tamanhos. Meu mau humor abrandou antes mesmo que eu cruzasse a rua.

Quando abri o portão de madeira, notei que era cravejado de bolinhas de vidro coloridas que filtravam a luz como vitrais. Depois de um corredor com mais cores do que era possível contar, encontrei a zeladoria, onde conheci Takeyoshi Matsuda-san, o responsável levemente sobrecarregado, porém afável. Ele tinha mais ou menos a minha idade, cabelo grisalho desgrenhado e um cavanhaque. Me ofereceu chá e me apresentou um contrato de aluguel padrão e uma pasta contendo informações sobre o prédio, um mapa dos restaurantes próximos e alguns folhetos sobre outras propriedades. Antes de virar para me levar até as escadas que conduziam ao meu loft, o zelador me entregou um misterioso pacote cinza. "São as instruções do apartamento", disse. Olhei para ele com cara de interrogação, esperando que explicasse. "Arakawa e Gins acreditavam que a arquitetura tem um efeito no corpo tal qual um remédio", o zelador esclareceu. "Então eles fizeram uma bula." Peguei o pacote dele, me preparando para uma noite interessante.

Matsuda abriu a porta de vidro jateado do apartamento 302 e me mostrou onde ficavam os interruptores e o termostato, além das instruções em inglês para usar o fogão e a geladeira. Em um segundo já havia sumido, me deixando sozinha. Eu tinha muito a absorver. No centro do loft ficava uma pequena cozinha em menta e azul-royal, disposta em torno de uma coluna pintada de verde-limão. Não havia armários em lugar nenhum. Do teto, que era rosa, pendia uma porção de aros de metal nos quais se podiam pendurar coisas. O mais próximo que havia de um móvel tradicional era um balanço num aro em um dos cantos. Fora do centro havia "cômodos" distintos, e eu coloco o termo entre aspas porque só um deles parecia aquilo que se costuma considerar um cômodo. O mais simples era um quarto, um cubo básico mobiliado em tons discretos de marrom com um tapete felpudo castanho-acinzentado. Ao lado havia outro espaço, amarelo, em forma de cilindro. Era um tipo de banheiro sem porta, com chuveiro também cilíndrico que parecia uma máquina de teletransporte. Para chegar à privada era preciso atravessar o piso curvo. O terceiro cômodo era uma esfera vazia, vermelha do lado de fora, mas com verniz amarelo-girassol brilhante do lado de dentro. Nenhuma superfície no apartamento foi deixada sem cor, nenhuma parede ou coluna ficou sem uma camada de laranja ou tinta roxa. Depois aprendi que Arakawa queria que um mínimo de seis cores ficasse visível independente do ângulo. Era o equivalente visual de estar em uma orquestra em que todos os instrumentos tocam ao mesmo tempo.

Então vinha o piso. Visualize uma duna sobre a qual ventos fortes sopram, de modo que a areia é jogada para um lado e para o outro, então imagine pequenos carocinhos duros por toda a superfície, como se a pele de um gigante estivesse arrepiada. Não era tanto um piso em que se caminhava, mas que exigia uma espécie de escalada, e eu tinha que reencontrar meu equilíbrio a cada movimento. Enquanto perambulava pelo apartamento, batendo os dedões do pé aqui e ali, me dei conta de que nivelamento é algo para o qual não ligamos. Me sentir um pouco desequilibrada e sobrecarregada era a intenção, como eu viria a descobrir, e servia a um propósito mais elevado. Porque eu não ia apenas passar uma noite num apartamento. Estava tentando ensinar meu corpo a não morrer.

Se o meu relato parece bizarro, a teoria por trás dele é mais pé no chão. Arakawa e Gins acreditavam que o conforto tedioso dos prédios modernos lança nosso corpo em um estupor que acelera a morte. Na visão deles, portas retas e paredes brancas entorpecem nossos sentidos e nossos músculos, fazendo com que se atrofiem. Para combater esse problema, eles desenvolveram uma teoria provocadora que chamaram de "destino reversível", segundo a qual as pessoas podem retardar o envelhecimento e a morte vivendo em um ambiente estimulante, que desafia o corpo diariamente. Comecei a pensar em como estamos tão pouco conscientes do nosso corpo no dia a dia. Às vezes, trafego por todo o sistema de metrô de Nova York com o nariz enfiado em um livro. É como se tivéssemos desenvolvido um mundo que torna tudo tão fácil que funcionamos no piloto automático. A tranquilidade e o conforto são o norte do design de quase qualquer coisa na vida moderna, de cafés a aplicativos para celular. Eu costumava pensar nisso como algo bom, mas de repente não tinha tanta certeza disso.

Se eu ia tirar o máximo proveito da minha noite no loft, decidi que era melhor abrir o livro de instruções. Havia 32 cartões numerados. Escolhi um aleatoriamente. Era o cartão nove, e dizia: "Pelo menos uma vez ao dia, perambule pelo apartamento na completa escuridão". Comecei a rir. Eu mal estava conseguindo me locomover pelo lugar em plena luz do dia. Me imaginei tentando explicar os machucados resultantes para o serviço de emergência japonês, então achei melhor pular aquela instrução. Puxei outro cartão. "A cada mês, se movimente pelo loft como um animal diferente (cobra, cervo, tartaruga, elefante, girafa, pinguim etc.)." Parecia mais seguro, mas, como eu só tinha uma noite, saltitei, ginguei, me arrastei e corri numa rápida sequência. De repente, fiquei com vergonha, mas como as janelas eram todas jateadas, minha sessão de imitações de animais havia sido completamente privada. Algumas das instruções mais pareciam enigmas. O cartão doze, por exemplo, dizia: "Interaja com o chão para produzir luz do sol". Eu não tinha ideia do que fazer. Tive mais sorte com o número oito, que declarava: "O chão é um teclado que está sendo inventado. Ajude a descobrir de que tipo de teclado se trata". Dancei por toda parte, imaginando que o loft era um instrumento musical gigantesco. Cantarolei e cantei bem alto.

Tive que deixar de lado meus pudores de adulta para seguir essas instruções, e logo entendi que isso era proposital. Quando falei com Momoyo Homma, diretora da fundação que administra as criações de Arakawa e Gins, ela me contou que Arakawa costumava dizer: "Você tem que se lembrar de que foi um bebê. Conheceu o mundo através do corpo".

Imaginei um bebê engatinhando pelo piso do apartamento do destino reversível, explorando as superfícies coloridas com seus dedinhos grudentos. Bebês são íntimos do mundo. Põem tudo na boca. Arakawa sentia que a aquisição da linguagem criava uma barreira que inibia a habilidade, depois de adultos, de encontrar nosso caminho no mundo através das sensações. Aparentemente, parte do destino reversível é uma tentativa de ressuscitar o deslumbramento infantil diante de um mundo cheio de novidades. Homma também me contou que Arakawa acreditava que nosso conceito dos sentidos é muito estreito. O arquiteto ficou conhecido por afirmar que eles não se restringem a cinco. "Temos milhares de sentidos, só não lhes demos nomes", Arakawa disse uma vez. Uma breve pesquisa mostrou que a estimativa de "milhares" pode ser exagerada, mas cientistas contaram entre doze e vinte e um, relacionados a tempo, equilíbrio e direção. Temos sentidos internos, como os que nos indicam que nossa barriga está cheia, e a propriocepção, que nos diz onde nosso corpo está no espaço. O que em geral resumimos como "tato" também compreende outros três receptores, de dor, temperatura e pressão. Com os quatro combinados, temos um sentido incrivelmente robusto do mundo.

Todos os sentidos ganhavam vida enquanto eu me deslocava pelo apartamento. Meu senso de equilíbrio estava alerta o tempo todo. Senti músculos nos pés que nem sabia que existiam. Nem escovando os dentes eu podia me desligar: o chão se curvava na altura da pia, e eu precisava me segurar à parede porque ficava escorregando. Era trabalho duro, mas também foi muito mais divertido do que ficar em um apartamento comum. Um homem chamado Shingo Tsuji, que morou em um dos lofts por quatro anos, disse que um amigo o descreveu como "um lugar onde não se consegue ficar triste ou bravo de verdade".[3] Pensei naquelas pessoas que se revigoravam frequentando parques com biodiversidade e me perguntei se há algo nos ambientes com abundância que propulsiona nossa mente de modo a refrear a melancolia. O que esse excêntrico loft e seus ainda mais excêntricos criadores me fizeram notar foi que o tipo de abundância que importa de fato não é o acúmulo de bens, mas a riqueza sensorial. Circos e mercados de pulgas são tão alegres pela riqueza de sensações agradáveis que oferecem. A estética da abundância é definida por camadas de cor, textura e padrão. Não é preciso muito para conquistá-la.

RAZÃO E SENSIBILIDADE

O loft do destino reversível pode ser um exemplo extremo, mas há evidências claras de que a exposição à abundância de sensações não é apenas prazerosa, mas vital para o desenvolvimento neural saudável. Macacos e gatos criados com pouco estímulo visual não desenvolvem normalmente a parte do cérebro que processa esse tipo de informação, ficando com uma deficiência permanente quando adultos.[4] Ratos passam mais tempo em ambientes sensorialmente enriquecidos que em ambientes estéreis, se puderem escolher, e aqueles criados em espaços do primeiro tipo têm um desempenho melhor em testes de aprendizagem e memorização que seus pares em gaiolas comuns.[5] Uma pesquisa com humanos mostrou que bebês são atraídos por sons e padrões em diferentes estágios do desenvolvimento como combustível para o aumento de suas conexões neurais. De acordo com o neurobiólogo Gene Wallenstein, esse comportamento é resultado de um instinto pelo prazer que motiva a criança a buscar informações sensoriais.[6] Elas afinam a conexão entre os neurônios, em um processo chamado poda sináptica. Pense no cérebro como uma balança que precisa ser calibrada antes de pesar qualquer coisa com precisão. Como o estímulo sensorial dentro do útero é limitado, muito da nossa capacidade de percepção precisa ser desenvolvida depois do nascimento. O cérebro não consegue se desenvolver em isolamento; exige um diálogo constante com o ambiente, em particular com abundância de texturas, cores e formas.

Talvez seja por isso que as crianças abraçam a estética da abundância com tanta facilidade, seja pela sua insistência em usar listrado e poás para ir à escola ou pela escolha dos brinquedos, que tendem a não combinar com a sala de estar dos pais. Alguns anos atrás, vi uma matéria de revista sobre casas de bonecas modernistas e fiquei com pena de quem ganhasse uma no Natal. Por sorte, crianças são péssimas modernistas, e provavelmente acabariam adicionando enfeites e outros objetos feitos à mão até que o lugar ficasse mais alinhado a seu estilo exuberante de decoração.

O cérebro em desenvolvimento das crianças foca na busca de sensações, mas nunca perdemos nosso desejo por estímulos sensoriais, como prova a popularidade de coisas como massagens, menus degustação e paraquedismo. Mas pesquisas sugerem que não se trata de um prazer inútil: o cérebro adulto também se beneficia da exposição a uma gama diversa de sensações.[7] Nos estudos, adultos mostraram uma ativação significativa nas regiões emocionais do cérebro quando estimulados pelo tato, pelo paladar ou pelo olfato. Estudos sobre a estimulação do tato, em particular, concluíram que esse recurso pode levar à redução do estresse, à melhora do humor e da atenção.[8] Embora tanques de isolamento estejam na moda, oferecendo breves fugas para um espaço silencioso e livre de eletrônicos, na maior parte do tempo precisamos de um nível básico de estímulo sensorial para manter o funcionamento cognitivo normal.[9] Pesquisas mostraram que meros quinze minutos de privação sensorial podem causar alucinações, pensamentos paranoicos e negatividade.[10] Um estudo em particular mostrou que participantes deixados em um quarto sem ornamentos por quinze minutos optaram por se dar choques elétricos a ficar sentados sozinhos sem nada para fazer ou olhar.[11] A sensação é uma parte importante de como o mundo faz sentido para nós. Sem informações entrando no cérebro, enlouqueceríamos pouco a pouco.

O valor terapêutico em potencial do estímulo sensorial é bastante conhecido na Europa, em particular na Holanda, onde uma terapia conhecida como Snoezelen é usada para tratar transtornos do desenvolvimento, dano cerebral e demência. O termo foi formado pela união de duas palavras charmosamente onomatopaicas, *snuffelen* (fungar) e *doezelen* (cochilar), e consiste em criar ambientes multissensoriais e deixar que os pacientes gravitem para sensações que lhes fazem bem. Salas de Snoezelen lembram um pouco os lounges psicodélicos dos anos 1970, com móveis confortáveis, hologramas e luzes em movimento e tubos de água com bolhas coloridas que lembram os abajures da época. Muitos incluem aromas, como de laranja e morango, além de música. Apesar de parecerem uma viagem, as sensações intensamente prazerosas que oferecem podem ter uma influência real no humor e no comportamento, sem os efeitos colaterais da medicação. Cuidadores relatam que as sensações tiram os pacientes com demência da reclusão. Eles abrem os olhos, pegam coisas, riem. A pesquisa sobre a terapia Snoezelen ainda está em seus primeiros estágios, mas estudos apontam que, aliada aos cuidados psiquiátricos padrões, ela pode reduzir a apatia e a agitação entre pacientes mais velhos com demência e alterar a atividade neurológica em pacientes com dano cerebral de uma maneira similar à meditação.[12] No Canadá, casas de repouso descobriram que a terapia Snoezelen reduz a necessidade de controlar problemas de comportamento com drogas antipsicóticas.[13]

Quando você pensa em uma típica clínica de repouso, não surpreende que os pacientes se mantenham alheios. Os sentidos e a memória, que nos mantêm ancorados no mundo, entram em declínio com a idade. Nos Estados Unidos, temos o costume de colocar pessoas mais velhas em instituições com a estética monótona de um hospital assim que elas não conseguem mais se virar sozinhas. Isso não lhes dá energia e não as convida à participação. Hilary Dalke, especialista britânica em cor, nota que a mobilidade limitada pode tornar a situação ainda pior. "Uma pessoa internada numa clínica faz um único caminho", ela comenta. "Do banheiro no fim do corredor a uma sala de convívio. Esses talvez sejam os únicos espaços que têm a oportunidade de ver." Para combater esse problema, ela usa uma variedade de tintas e papéis de parede quando projeta uma clínica de repouso, de modo a diferenciar espaços e fazer com que os residentes experimentem toda uma riqueza de sensações. Em um estabelecimento, os pacientes tinham tanta sede de estímulo que pediram que as cores mais fortes fossem usadas nos quartos, onde passavam a maior parte do tempo. Dalke apontou que o empobrecimento sensorial é um problema para qualquer pessoa confinada a um ambiente pequeno ou monótono, de prisioneiros a pacientes de instituições de saúde mental e astronautas na Estação Espacial Internacional.

Em geral, pensamos nos elementos que nos circundam como espaços inertes e sem vida. Mas toda a pesquisa sobre sensações me fez ver por que Arakawa e Gins viam a casa e seus moradores como uma entidade única, que chamavam de corpo arquitetônico.

O cartão de instruções número seis dizia: "Quando entrar nesta unidade, acredite piamente que está entrando no seu sistema imunológico". Parece ridículo num primeiro momento. Mas agora sabemos que o sistema imunológico está integrado ao nosso entorno: os alérgenos a que somos expostos, os micróbios que testam e constroem constantemente nossa imunidade. A luz regula nossa resposta imunológica. Talvez nosso bem-estar emocional também esteja condicionado às sensações que experimentamos. Um ambiente esparso age como um anestésico, entorpecendo nossos sentidos e emoções. A estética da abundância faz o oposto. Ela desperta os sentidos, trazendo-os à vida.

Com isso em mente, eu estava um pouco apreensiva quando fiz a mala na manhã seguinte para deixar o loft do destino reversível e me dirigir ao meu hotel executivo e monótono no centro de Tóquio. As portas marrons e o carpete bege iriam me arrastar para uma crise depressiva? Quando coloquei a chave na fechadura e abri a porta, foi como entrar em um quarto completamente diferente daquele do qual eu havia saído no dia anterior. Meus olhos se atentavam a cada rastro de luz e sombra, meus dedos se demoravam em cada cume ou sulco. No canto da sala, perto da janela, havia uma poltrona de veludo bordô. Ela era banhada pela luz do sol, que a iluminava como se estivesse pegando fogo. Sentei nela, passando os dedos pelas pregas aveludadas, e parecia que eu estava experimentando a maciez pela primeira vez. Mesmo os tons sem graça e as texturas banais pareciam vibrar. Imagino que não fosse muito diferente de estar sob o efeito de drogas.

A sensação do loft ficou comigo por alguns dias — embora, como um barato, eventualmente tenha passado. Mas me consolo no fato de que Momoyo Homma e seus colegas estão trabalhando em um hotel do destino reversível, uma espécie de retiro medicinal arquitetônico onde as pessoas podem passar curtas temporadas. Penso nele como um spa, mas, em vez de abrandar nossos sentidos, os leva ao extremo.

FOME DE SENSAÇÕES

Agora atenta à minha necessidade de sensações, comecei a vê-las como um nutriente. Será que eu estava consumindo vitamina C, cálcio, cores, texturas e padrões o suficiente para me manter viva de verdade? Alguns dias, olhava em volta e descobria que, infelizmente, a resposta era não. Muitos dos ambientes que construímos têm uma estética despojada e minimalista, mais parecida com um deserto frio que com uma exuberante floresta. Prédios empresariais e shoppings cobrem os subúrbios de caixas cinza, deixando grandes trechos de terra em um vazio sensorial. A maior parte dos aeroportos, das estações de trem e dos prédios municipais são monólitos sem expressão, ecoando cavernas que mais agitam do que engajam os sentidos. Podemos creditar isso ao modernismo, um movimento surgido na Europa no começo do século xx, determinado a dispensar os floreios e a tradição e construir um novo tipo de arquitetura baseada em materiais simples e formas geométricas. Os modernistas abraçaram estruturas produzidas por máquinas e materiais duros como vidro, ferro e concreto. Os prédios resultantes, em seu melhor, são francamente lindos. Mas, em certo nível, acho que nos deixam desconfortáveis. Talvez seja por isso que tantos vilões de cinema moram em casas modernistas. O designer Benjamin Critton examinou uma série deles, de filmes do 007 como *Os diamantes são eternos* a *Blade Runner* e *O grande Lebowski*. Ele descobriu que os vilões sempre moravam em covis de aspecto severo.[14] Desprovidas de qualquer ornamento, as superfícies opacas têm uma qualidade inóspita, o equivalente emocional a pedras nuas e campos de pouso.

Casas minimalistas prometem uma serenidade zen, mas morar de forma permanente nesse tipo de espaço parece ir contra a natureza humana. Nem o suposto minimalista Philip Johnson fica o tempo todo em sua famosa casa de vidro. Depois de alguns anos, ele remodelou a casa adjacente e a transformou em um confortável refúgio para ler e dormir, com tapetes felpudos, teto abobadado e papel de parede estampado. É quase como se o desejo por sensações fosse inexorável e pudesse ser reprimido apenas por determinado período. O arquiteto Oscar Niemeyer aprendeu uma lição parecida no planejamento de Brasília. Criada para ser o símbolo de um futuro ordenado e igualitário, a nova capital continha quarteirões de prédios residenciais idênticos enormes, em fileiras geométricas perfeitas. Seria o fim das favelas e do trânsito, em prol de uma cidade moderna, espaçosa e limpa. Assim que se mudaram, os moradores acharam os apartamentos estéreis e desorientadores. Como o urbanista Charles Montgomery escreveu: "Sentiram falta das antigas ruas com feiras lotadas, lugares onde a desordem e a complexidade levavam a encontros fortuitos com imagens, aromas e desconhecidos".[15] Com o tempo, a cidade cresceu, com novos bairros lembrando o estilo de vida abundante de antes.

Quando insatisfeito, o desejo por sensações pode se tornar uma fome de fato. Alguns anos atrás, em uma viagem para Kauai, no Havaí, notei algo curioso. Em cinco dias, eu não tinha feito um lanchinho que fosse entre as refeições. Era estranho, porque, em casa, belisco o tempo todo. Quase sempre há um pacote de frutas secas ou uma tigela de pipoca na minha mesa. Mas, naquelas férias, eu não estava petiscando. Me dei conta de que, no Havaí, estava cercada o dia todo das texturas exuberantes da mata, do barulho do mar, do cheiro da água salgada. Pisava em areia vulcânica e usava um colar de flores. Estava saciada, dos pés à cabeça. É claro que às onze da manhã do primeiro dia de volta ao escritório eu já vasculhava os armários à procura de amêndoas. Somos rápidos em culpar nossos hábitos e a considerar que apenas comemos sem pensar, mas acredito que isso ignora a raiz do problema. Em nossos ambientes sem graça, convivemos com a fome de sentidos. Sem nenhum outro modo de satisfazê-la, comemos.

Essa experiência mudou o modo como eu pensava na nutrição. A comida oferece saciedade sensorial, não apenas nutrientes físicos, e não é preciso muito esforço para criar pratos que sejam tão bonitos quanto recompensadores. Uma das minhas inspirações nessa frente é Kimberley Hasselbrink, fotógrafa e autora do livro de receitas *Vibrant Food* [Comida vibrante]. Ela diz que a couve-flor roxa da horta de uma amiga lhe deu "novos olhos" quando se trata de comida. A surpreendente intensidade das cores que encontrou no produto da estação se tornou um foco de seu trabalho, e Hasselbrink começou a elaborar pratos com um esquema vívido de cores, como homus tingido com laranjas e cenouras, ovos recheados rosados depois de uma conserva de beterraba, e uma salada de inverno toda branca. Brincar com cores não requer equipamentos refinados ou técnicas de empratamento, só certa atenção a um aspecto da comida que com frequência negligenciamos. Hasselbrink também fala da importância da textura. Algo tão simples quanto como se fatia a comida pode alterar drasticamente a experiência. Por exemplo, cortar longas fitas de cenoura não só fica lindo como dá uma sensação mais leve e refrescante do que apenas fatiá-las em rodelas.

Quando tenho vontade de petiscar, tento fazer uma pausa e me perguntar se o que estou sentido é *fome de comida* ou *fome de sensações*, e, no caso da segunda resposta, se há algo que eu possa fazer. Me esforço para que meu escritório seja um reduto de abundância, com uma série de pompons vívidos, bandeiras náuticas coloridas e uma coleção de postais das minhas exposições favoritas colada na parede. Tenho canetas de uma dúzia de cores diferentes e mantenho hidratante perfumado, protetor labial e um frasco de óleo essencial na mesa, assim como uma variedade de revistas. Também penso nas férias de forma diferente agora. Eu costumava ver as viagens como uma maneira de tirar uma folga da vida agitada demais, procurando por lugares tranquilos em que podia simplesmente relaxar. Agora reconheço que o cansaço muitas vezes consiste tanto em tédio quanto em exaustão. Então olho para as férias como uma maneira de mergulhar em sensações diferentes daquelas de casa, e procuro absorvê-las para poder revivê-las depois. Minhas férias são muito mais coloridas do que antes, assim como as lembrancinhas.

O minimalismo está tendo um aumento de popularidade entre as pessoas que procuram um descanso de armários lotados e do excesso de estímulos da vida moderna constantemente conectada. A princípio, desconfiei da última mania, em especial da febre de organização motivada pelo livro *A mágica da arrumação*, de Marie Kondo. Ele apresenta um método de cinco passos para tornar uma casa alegre, e todos envolvem tirar coisas dela. Albert e eu, recém-casados, tínhamos o dobro do que precisávamos, e estávamos perigosamente próximos do território daquele programa de tv *Acumuladores*. Então consideramos cada objeto de nosso novo lar e fizemos a pergunta de Kondo: me traz alegria? Os itens cuja resposta era "não" foram levados para o carro em sacos e caixas. Reduzimos o volume de nossos armários pela metade e demos um conjunto de utensílios de cozinha quase completo para um casal que estava de mudança para seu primeiro apartamento juntos.

Não vou mentir. Foi bom. Mas me dei conta de que a filosofia de Kondo não se trata de fato de minimalismo. Trata-se de sanidade. Afinal, ainda temos um monte de coisas. E, agora que conseguimos ver o que de fato temos, nossa casa parece ter *mais*, e não menos. Isso porque a abundância não consiste em apenas acumular objetos, e sim em se cercar de uma rica paleta de texturas que desperta nossos sentidos. Se o verdadeiro minimalismo é como limpar um campo, o método de Kondo seria mais como capinar um jardim. Trata-se de um processo que envolve remover o ruído de fundo e criar uma tela na qual construir uma casa alegre. No entanto, vale lembrar que só capinar não cria um jardim bonito: também é preciso plantar flores.

CONFETES E ARCO-ÍRIS

Isso leva à pergunta: que flores eu deveria plantar? Se olhar em volta e achar que tudo parece mais espartano do que gostaria, por onde começar? Para responder à pergunta, comecei a reunir um panteão de musas, mulheres (e alguns poucos homens) que personificam a alegria desinibida da estética da abundância. Um exemplo é o ícone da moda Iris Apfel, com seus cabelos brancos e o lema pessoal "Mais é mais, e menos é chato". Apfel com frequência usa três estampas diferentes em uma produção, ama bordados e franjas e acumula até sete pulseiras coloridas em cada braço. Com quase cem anos de idade, é garota-propaganda de mais marcas do que sou capaz de contar, de Kate Spade a Happy Socks e Macy's. E o mais importante: sempre parece estar se divertindo muito. Sir Paul Smith, o designer britânico cujas listras coloridas cobrem tudo, de roupões de banho a assentos de bicicleta, é outro exemplo. Um ávido colecionador, ele gosta tanto das curiosidades trazidas de suas viagens que transformou o porão de casa no que gosta de chamar de Departamento da Bobagem. Em Tóquio, encontrei Emmanuelle Moureaux, uma arquiteta francesa que cria espaços exuberantes e de bom gosto com centenas de cores diferentes. No Brooklyn reside Tina Roth Eisenberg, fundadora da extravagante empresa de tatuagens temporárias Tattly, que afirmou com o rosto impassível que acredita profundamente no poder do confete.

Tina e eu ficamos amigas muitos anos antes de eu descobrir que o escritório dela tem uma gaveta sempre cheia de confetes. É claro que eu queria muito ver essa gaveta, então uma manhã dei uma passada para uma visita. Tina me recebeu com croissants e um vislumbre do gabinete de curiosidades mais alegre do mundo. Desde o começo da Tattly, ela sempre quis que as embalagens da empresa transmitissem a mesma felicidade que um pacote de um bom amigo que chega pelo correio. Em vez de usar um código de barras impessoal de uma máquina de postagem, Tina e sua equipe pegavam a fila do correio para comprar milhares de selos diferentes. Eles usavam uma dezena em um pacote, se fosse necessário. A certa altura, a necessidade de rastreamento das encomendas os obrigou a mudar para uma forma mais prática de postagem. Então eles criaram uma etiqueta divertida e começaram a oferecer a opção de enviar confetes nos pacotes. "Confete faz tudo ficar melhor", Tina me disse.

Quando ela abriu sua gaveta de confetes, não pude resistir à vontade de enfiar a mão ali. Então encontrei um rolo de adesivos vermelhos que dizia: CUIDADO! CONTÉM CONFETE! Tina explicou, rindo: "Percebemos que precisávamos ser respeitosos. Se vamos mandar confetes, é melhor colocar um aviso na embalagem para que as pessoas saibam o que lhes espera". Um dia, quando acabou o confete inesperadamente, por causa de um carregamento que se perdeu, a equipe tentou esconder isso de Tina. Por sorte, ela mantém um pote de confetes de emergência na mesa, para o caso de uma comemoração inesperada. A Tattly também recebe novos funcionários com uma pilha de confetes disposta em forma de coração em sua escrivaninha. Pode parecer bobo, mas tem um significado mais profundo. "Acho que as empresas são sérias demais", afirma Tina. "As pessoas precisam se divertir mais no trabalho, cara."

A gaveta de confetes de Tina me fez perceber que a estética da abundância pode ter um impacto enorme mesmo em doses pequenas. Uma mulher pode usar apenas preto, mas uma echarpe de poás faz com que pareça uma embaixadora da alegria. Um toldo listrado sobre um restaurante pode animar uma rua inteira. É possível usar a estética da abundância em lugares aos quais você quer dar um toque de alegria mesmo sem ser responsável pelas cores das paredes ou a iluminação, como no escritório onde trabalha. Um abajur listrado ou uma manta colorida sobre uma cadeira podem ter uma influência descomunal na sensação de espaço. Isso também funciona em espaços menores que você quiser deixar surpreendentemente encantadores: um lavabo, o interior de uma lancheira.

Precisei de algum tempo para compreender por que confetes, poás e listras têm um efeito tão ampliado. A razão parece bem simples: pequenas coisas repetidas muitas vezes criam uma explosão de alegria muito maior do que cada parte individual poderia fazer. Pense deste modo: cada confete é só um pedaço de papel. Se você visse um no seu sapato, talvez tiraria sem nem pensar. Mas multiplique o confete por mil e vai ter um punhado dos mais potentes promotores de alegria do mundo, um júbilo de bolso. Purpurina, granulados, luzinhas de Natal: todos têm a capacidade de proporcionar alegria pela simples repetição. Mesmo objetos funcionais que são comprados juntos podem ter uma simbologia agradável. Uma das lojas mais animadas de Nova York é a pequena cw Pencil Enterprise, cujas paredes vivem cobertas de diferentes tipos de lápis de todo o mundo. O designer Paul Smith também usa essa técnica em suas lojas e exposições. Para uma recente, ele criou uma parede com 7 mil botões coloridos que podiam ser tocados!

Acrescentar um pouco de variedade amplifica a sensação de abundância e muito mais. Lembre-se da loja de doces: m&ms, Skittles, jujubas e balas de goma parecem mais gostosos do que são por causa da diversidade de cores e sabores. A variedade na forma e na proporção pode ser fonte de alegria: pense em um colar de miçangas feito à mão, com cada uma ligeiramente diferente da outra. O máximo impacto vem de ter uma abundância de diferentes tons, sobretudo de uma única vez. Arco-íris são tão alegres que mesmo o trecho apagado de um pode transformar o céu, fazendo com que a multidão nas ruas pare para vê-lo. Um arco-íris é a fusão perfeita da estética da energia com a estética da abundância, uma exuberância de fótons zunindo juntos. É difícil pensar em algo que não ficaria mais alegre com as cores do arco-íris. É com elas que crio códigos para meus livros, porque faz com que pareçam uma grande e agradável instalação de arte. Nos últimos tempos, arco-íris estão aparecendo em todos os tipos de alimentos, de bagels a panquecas. Mas talvez a tendência mais policromática no ramo da comida seja a tigela arco-íris, que dispõe um espectro de legumes e verduras como cenoura, beterraba, rabanete, abóbora e repolho em um círculo colorido, criando um prato saudável que parece tão divertido quanto um pacote de balas.

Adoro as cores do arco-íris por sua habilidade de levar alegria a qualquer lugar, até mesmo aqueles em que não se espera. Em um modesto recanto do noroeste de Tóquio há um prédio que parece um bolo moderno e multicolorido. Suas camadas parecem empilhadas um pouco fora do eixo, de modo que é possível ver as superfícies em tons delicados por baixo. Quando vi a foto, me pareceu o prédio mais alegre do mundo. Imaginei que fosse de uma empresa de tintas ou de uma fábrica de brinquedos. Mas aquele lugar tão colorido era um banco.

Até os clientes ficaram surpresos a princípio. Fui até lá e puxei conversa com um homem grisalho sentado em uma cadeira cor de framboesa. Ele me contou que, quando aquela filial abriu, todos ficaram confusos. "O que é isso? Não parece um banco", pensara na época. Então sorriu para mim e disse que o prédio o deixava feliz, sendo depois ecoado pelos agentes de crédito e os administradores com quem falei depois. O que me pareceu mais interessante foi o modo como todo mundo parecia relaxado. Ninguém parecia impaciente, batia o pé ou estava de braços cruzados. Quatro das cinco pessoas que estavam ali esperavam em cadeiras de cores diferentes, lendo tranquilas. Lembrava mais uma livraria independente que uma instituição financeira.

O banco, uma das quatro sedes coloridas do Sugamo Shinkin, é cria de Emmanuelle Moureaux, uma arquiteta francesa que mora em Tóquio e é apaixonada por cores. Enquanto tomávamos chá em seu escritório multicolorido, Moureaux me contou que tinha sido encarregada de tornar o banco um local onde as pessoas gostariam de se demorar um pouco. Isso me surpreendeu, porque, dada essa tarefa, a maioria das pessoas pensaria imediatamente em cortesias práticas: café grátis, wi-fi, uma tv no canal de notícias. O que tão poucos arquitetos além de Moureaux veem é que as cores do arco-íris têm um poder magnético sobre as pessoas. Nesse sentido, a estética da abundância é quase generosa, uma forma de hospitalidade. A maior parte dos bancos em que já entrei têm tanta propaganda que mais parecem outdoors gigantes. Mas as unidades do Sugamo Shinkin nem têm letreiro na frente. Seu cartão de visitas são as cores.

As cores do arco-íris dão uma sensação de plenitude e exuberância independente da situação, até mesmo (ou principalmente) as difíceis. A bandeira arco-íris que simboliza o movimento do Orgulho Gay une diversas pessoas sob o estandarte do ativismo alegre. Nas fotos, os comícios LGBTQ sempre parecem mais festivais que protestos. A natureza expansiva do arco-íris dá as boas-vindas aos de fora ao mesmo tempo que afasta o fanatismo, fomentando o crescimento do movimento.

Translúcidos e leves, arco-íris às vezes podem parecer triviais, mas já os vi tocar pessoas de maneira profunda. Alguns anos atrás, recebi um e-mail de outra musa, uma leitora que tinha perdido pouco antes o filho pequeno em um incidente trágico. Ela havia encomendado um caixão branco para que pudesse decorá-lo. A mulher e os outros filhos tinham passado os dias anteriores ao funeral pintando o caixão nas cores do arco-íris. Aquela mesma noite, ela havia ficado até tarde pintando um crisântemo colorido no topo. Algo nas cores a inspirou a seguir em frente, a mulher disse, apesar do luto e da perda que devoravam a família.

Enquanto muitas culturas veem o preto como a cor do luto, algumas preferem celebrar a vida daqueles que se foram com cores. Em cidades guatemaltecas como Chichicastenango, os familiares pintam o túmulo nas cores favoritas do falecido, retocando a pintura todos os anos em sua memória. O resultado é um cemitério multicolorido que parece, mais do que um monumento aos mortos, uma cidade vibrante, um lugar que celebra a vida.

Arco-íris são soldados incansáveis na luta pela alegria, capazes de atravessar o desespero profundo. Eles ocupam os buracos na nossa vida — centros de cidade deteriorados, comunidades oprimidas ou corações destroçados pela perda — e enviam um sinal de esperança.

MÁXIMAS MAXIMALISTAS

As musas que estudei me mostraram o poder da estética da abundância: como um pouco de estampa, textura e cores pode ter enorme impacto emocional. Mas restava uma pergunta: o que acontece no excesso de abundância?

Para responder a essa dúvida, me voltei a uma última musa: a primeira designer de interiores dos Estados Unidos, Dorothy Draper. Ela era uma maximalista desenfreada, e logo estabeleceu um estilo próprio definido por ousadia, estampas gráficas e muitas cores fortes — em geral, tudo ao mesmo tempo. Seu estilo foi descrito como barroco moderno, o que é curioso quando se pensa no fato de que o barroco era uma das coisas a que os modernistas mais se opunham. Draper morreu em 1969, mas seu projeto mais famoso, o resort Greenbrier, na Virgínia Ocidental, ainda é mantido em seu estilo alegremente exagerado. O resort foi fundado há mais de duzentos anos, como um lugar onde as pessoas podiam se "purificar" nas fontes próximas de White Sulphur Springs. Hoje, parece mais um acampamento de verão para adultos, com atividades que vão de golfe a croqué e arco e flecha. Durante a Segunda Guerra Mundial, foi transformado em um hospital militar, de modo que, em 1946, quando Draper foi contratada para restaurar o interior, estava em frangalhos. Ela passou dezesseis meses projetando tudo, da iluminação às louças e ao uniforme dos funcionários.

Ir de Nova York a White Sulphur Springs de trem leva onze horas, e minha visão estava meio turva quando vi a pequena van verde esperando em frente à estação. Entrei, sem me dar conta de que o hotel era do outro lado da rua, e me senti meio ridícula quando a van estacionou menos de um minuto depois. Atravessei o pórtico. A van lembrava um brinquedo diante do enorme prédio de estilo oficial do Greenbrier. A fachada era limpa e branca como giz. Abri as portas francesas para entrar no saguão e *bum*! Estava em outro mundo. Era como abrir a caixinha de joias de uma avó descolada: cada compartimento detinha uma peça mais colorida e intricada que a outra. Na sala principal, as paredes eram verde-floresta e verde-água, com enormes arcos em todas as direções. Nas laterais, eles emolduravam perfeitamente duas janelas circulares em paredes rosadas. O carpete era verde tigrado, e o lustre, que parecia uma gaiola gigante, lançava uma explosão de luz no teto. A parede das escadas tinha listras verdes, que acompanhavam a curvatura do teto. O tema da decoração de Draper era "Romance e rododendros", mas seria mais bem descrito como "Scarlett O'Hara pós-ácido".[16] Recuperei o fôlego e, como por osmose, me senti pronta para tomar um drinque.

Peguei a bebida e perambulei pelos cômodos de pé-direito alto que se espalhavam a partir do saguão superior. A sala Trellis tinha paredes da cor de sorvete de menta e um carpete com aglomerados de flores pink. Contei pelo menos sete estampas diferentes: florais de diferentes tamanhos, conchas e um xadrez suave. Na sala de escrita vitoriana, me apaixonei por uma poltrona forrada com um dos tecidos favoritos de Draper, com rosas vermelhas e lírios amarelos. Ao sentar nela, senti como se estivesse andando em um carro alegórico do desfile da primavera. As mesmas flores copiosas podiam ser vistas em uma série de outras poltronas, otomanas e cortinas ondulantes. Era encantador e estonteante. Perdi o fôlego na tentativa de absorver tudo. Quando diminuí o ritmo, a efervescência vertiginosa sossegou e a profundidade do design se revelou. Draper era uma mestra das camadas. Em vez de começar com telas neutras, ela instituía uma base de alto contraste: piso xadrez, listras largas, combinações de cores turbulentas, como rosa-flamingo com verde-bandeira ou vermelho-cereja com azul-pálido. Então vinham as estampas — rosas repolhudas e folhas tropicais —, pelo menos duas ou três por cômodo. Para completar, inúmeros detalhes: guarnições e treliças, arandelas e relógios, cornijas e molduras que faziam o olho passear e dançar pela sala. Tudo no mundo de Draper tinha camadas de textura. As fotos eram emolduradas com passe-partout estampados, em vez de lisos. Ela dispunha revistas por baixo do tampo de vidro de uma mesa de centro. As cortinas eram presas com borlas. Abajures tinham franjas e pregas. Juntando tudo, parecia opulento, extravagante, desmesurado: a versão adulta de uma loja de doces.

Draper não poderia ser mais diferente de Arakawa e Gins, mas notei uma crença similar no poder da abundância de levantar o espírito e rejuvenescer o corpo. No hospital Delnor, em Saint Charles, Illinois, Draper usou sua marca registrada da chita florida combinada com um papel de parede lavável com estampa de pinheiros, criando um ambiente que parecia tudo menos clínico. "O que está sendo feito para que o entorno do paciente o faça querer viver, restau-

re sua antiga gana de recuperar a saúde?",[17] ela perguntou, ecoando Florence Nightingale. Em Naples, Flórida, Draper decorou outro hospital, pintando a fachada de azul-cerúleo e plantando oleandros cor-de-rosa em volta. Os quartos tinham teto azul-celeste e piso listrado de verde. Ela ainda conseguiu que os móveis do hospital fossem produzidos em coral em vez do bege de sempre.

Não é por acaso que os projetos de Draper transmitem alegria. Ela entrou em depressão quando o primeiro marido a deixou por uma mulher mais jovem, na mesma semana do *crash* da Bolsa de 1929. Um terapeuta aconselhou-a a ver uma palestra de Norman Vincent Peale, o pastor que viria a escrever *O poder do pensamento positivo*. Saiu convencida da conexão entre decoração e emoção. "A era do tédio acabou", proclamou. "Agora sabemos que cores leves e agradáveis têm um efeito vital na saúde mental. Médicos e psiquiatras modernos estão convencidos disso!"[18]

Embora seus projetos pareçam exuberantes, Draper nunca viu dinheiro como pré-requisito para decorar. Em sua coluna Good Housekeeping e no livro *Decorating is Fun! How to Be Your Own Decorator* [Decorar é divertido! Como ser seu próprio decorador], ela oferecia dicas acessíveis para criar interiores suntuosos com o orçamento reduzido pela Grande Depressão. Para aqueles que não podiam pagar tapetes caros, Draper sugeria piso pintado de xadrez ou bolinhas "que lembram alegres bexigas". Também consolou mulheres frustradas com móveis doados, que não combinavam entre si, ao afirmar que tudo combinando era cafona e ao aconselhá-las a cobrir as peças mais diferentes com tinta branca ou chita estampada. Se flores fossem caras demais, um vaso grande de folhagem — de louro ou pinheiro — poderia substituí-las muito bem. Ou, para quem quisesse novas cortinas, por que não fazê-las a partir de retalhos tirados de roupas velhas largadas pela casa? Os cômodos de Draper tinham sempre uma atmosfera palaciana, mesmo nos mais humildes contextos. Os conselhos dela serviam para aumentar a sensação de textura do lar e ao mesmo tempo lembrar às donas de casa que o objetivo era a alegria, não a perfeição.

Draper encorajou as mulheres a pensar na casa como um lugar de deleite e fantasia. Defendeu ignorar a opinião popular e sentir, mais do que pensar, o processo de criar um lar. Quando olhei para o Greenbrier, pensei em quantos de nós mantemos nossos desejos controlados na rédea curta, em como costumamos pensar duas vezes e nos censurar. Provei um vestido rodado há algumas semanas e logo o tirei, por ter ouvido uma vozinha anônima na minha cabeça dizer: "É espalhafatoso demais". Me pergunto quanta alegria aquela voz sugou da minha vida ao longo dos anos.

O minimalismo muitas vezes tenta se colocar moralmente acima, dispensando a estética da abundância como um excesso extravagante. "Libertar-se do ornamento é sinal de força espiritual", declarou o arquiteto austríaco Adolf Loos em uma palestra de 1910, cujo título, "Ornamento e crime", fala por si só. Assim como a rejeição modernista da cor, a busca da pureza foi considerada o caminho para uma civilização mais avançada, mas, sob a superfície, havia um preconceito étnico e racial mal disfarçado. Loos desdenhava das pessoas que considerava pouco sofisticadas — "os cafres, os persas, as camponesas eslovacas"[19] —, que entregavam-se à decoração de casas e vestimentas. Artesanatos tradicionais, como bordado, crochê e tecelagem, ricos em padrões intricados (e com frequência, ainda que nem sempre, praticados por mulheres), eram descartados como formas de arte inferiores. Dorothy Draper se descobriu alvo de crítica similar: o arquiteto Frank Lloyd Wright a chamou de "profanadora inferior", o que trai o desdém quase religioso dos modernistas pela abundância, como se conotasse impureza. Essa fusão entre estética e valor é recorrente na história, criando situações em que as escolhas estéticas fazem as vezes de janela de nossas virtudes. Isso ainda persiste. Em um mundo sobrecarregado de coisas baratas e acessíveis, escolher bens simples e sem adornos se tornou uma espécie de distintivo de integridade, como ser magro ou manter bons hábitos de higiene. Muitos de nós carregam o peso dessa equação, temendo de forma inconsciente que nosso amor por estampas, texturas e exuberância nos entregue como hedonistas autoindulgentes.

Ao longo da história evolutiva, contudo, demonstrações de abundância costumam indicar saúde e vitalidade.[20] O leque de medalhões brilhantes que o pavão exibe é completamente desnecessário para sua sobrevivência, mas indica à fêmea com uma clareza vibrante que ela encontrou um parceiro próspero. Machos de ave-do-paraíso criam ninhos elaborados, com flores, folhas, conchas e até pedaços de plástico que encontram para se exibir a possíveis companheiras. Os minimalistas proclamam a ideia de que a natureza constrói com uma economia perfeita, quando na verdade há evidências de extravagância por toda parte. Ou parece econômico que uma drosófila dance ou um alce carregue um perfeito gancho de pendurar casacos na cabeça? Espetáculos que requerem um investimento substancial de energia — padrões coloridos ou movimentos exuberantes — demonstram que um organismo é vigoroso o bastante para arcar com esse excesso. O teórico da evolução Denis Dutton acreditava que uma lógica similar se aplica a todas as formas de arte humanas, da pintura à música e à produção popular tão desprezada por Adolf Loos. A arte de dedicação intensiva, produzida linda e abundantemente, é como se a cauda de um pavão fosse feita à mão. Atesta que se possui energia e verve de sobra para devotar à alegria do ornamento puro.

Escolher a abundância não é uma falha moral. É uma forma de exprimir um deleite profundo e humano. É o reconhecimento de que estamos aqui para fazer mais do que apenas nascer, morrer e cumprir tarefas. Como Diane Ackerman escreve, estamos aqui para viver não apenas a extensão de nossa vida, mas a amplitude também.[21] Estamos aqui para ver arco-íris e pintá-los, para que façam cócegas em nós e nos encantem, para comer um segundo pedaço de bolo se quisermos. E, de vez em quando, para experimentar a verdade do famoso aforismo de Mae West: "O excesso de algo bom pode ser maravilhoso".[22]

3. Liberdade

Eu tinha oito anos quando, numa manhã de verão, fiz a mala com um casaco, lanches da despensa e um guia de árvores da América do Norte. Então disse a meu pai que não precisava colocar um prato para mim na mesa no jantar: eu estava fugindo para morar na floresta. Minha inspiração era o clássico livro de amadurecimento *My Side of the Mountain* [Meu lado da montanha], no qual um garoto chamado Sam Gribley abandona o conforto do lar para viver dentro de uma árvore oca em meio à floresta. O estilo de vida boreal de Sam não era fácil: ele moía bolotas para fazer farinha para panqueca, construía armadilhas para cervos, curtia couro para fazer roupas, capturou um falcão que chamou de Medonho e o treinou para caçar comida. Mas Sam recupera o que sacrifica com prazeres variados. Toma banho em uma nascente, cercado por sapos e passarinhos. Fica amigo de um andarilho que o ensina a confeccionar apitos com galhos de salgueiro. À noite, recolhido em sua aconchegante casa na árvore, ele escreve em cascas de vidoeiro à luz de uma vela dentro de um casco de tartaruga.

Diferente de Sam, não consegui me virar na floresta, e estava de volta para o jantar. Mas embora minha tentativa de viver da terra tenha durado poucas horas, a breve aventura foi empolgante. Matei o tempo em um triângulo de terreno pantanoso no fim da estrada, olhando para as aráceas e desenterrando raízes de taboa com um graveto. Comi morangos selvagens arrancados dos limites de um quintal. Colhi uma braçada de lírios e chicória para decorar o alpendre que nunca cheguei a construir. Quando entrei pelas portas do fundo de casa pouco antes do pôr do sol, tinha uma camada grossa de lama na sola dos tênis e um sorriso no rosto.

Desde então, com frequência me perguntei: o que houve de tão encantador naquela brincadeira em meio à selva suburbana?

Em momentos de alegria, dizemos que estamos livres de preocupações, sem amarras, descomprometidos. Alguns dos momentos mais felizes da vida são aqueles em que experimentamos certo tipo de liberdade. Pense na abertura extasiante das portas da escola no último dia antes das férias ou no burburinho no escritório quando chega o fim do expediente em uma sexta-feira. A alegria prospera no alívio das restrições. A sensação deliciosa que percorre as pernas ao sairmos do carro depois de muitas horas dirigindo consiste em uma alegre liberdade. Assim como dormir sob as estrelas, dirigir um conversível, nadar pelado ou sentir a água fresca na pele.

O amor pela liberdade aparece cedo. Crianças pequenas fazem campanha por sua própria libertação e não hesitam em iniciar um belo chilique contra uma cadeirinha de carro opressora ou a tirania das luvas. A alegria tem um dinamismo que não gosta de ser esmagado ou reprimido. Lutamos tanto pela liberdade porque nos permite perseguir a alegria — e tudo o mais que importa na vida. Para nossos ancestrais, ter espaço para vagar implicava maior probabilidade de descobrir fontes de sustento, habitats favoráveis e parceiros em potencial. É por isso que o encarceramento só não é uma punição mais grave que a morte, e, em termos mais prosaicos, motivo pelo qual o assento do meio do avião inspira um temor universal.

Temos uma noção visceral de quão livres nos sentimos conforme nos deslocamos pelo mundo, ainda que a liberdade, como a energia, não seja algo que podemos ver, provar ou tocar. Como nossos sentidos sabem que estamos livres? Aparentemente em uma espécie de contínuo, que definimos em termos relativos. O parquinho é mais livre que a sala de aula, um piquenique é mais livre que um jantar formal. Em cada ponta do espectro ficam os absolutos. Em uma está tudo aquilo que concordamos que é restritivo, como o túnel de um aparelho de ressonância magnética e o confinamento na solitária. Na outra estão os lugares que não parecem ter restrições: campos, lagos, parques e praias. Conforme pensava no assunto, me dei conta de que os espaços mais libertadores são encontrados na natureza, com poucas exceções.

Me lembrei do último verão, quando Albert e eu visitamos amigos que moram ao lado de uma reserva natural na costa da Nova Inglaterra. Um dia, antes do pôr do sol, começamos a andar por um caminho gramado, entre arbustos frutíferos e mato, até uma campina. Os quatro adultos passeavam, inspirando o cheiro do verde misturado com o leve rastro de sal da praia próxima. As crianças — Henry, com seis, e Charlie, com quase três — corriam à frente, gritando e rindo. Escondiam seus corpinhos depois da curva ou atrás de um arbusto denso, então pulavam para nos assustar. Corriam para a frente e para trás, pegando galhos que encontravam, nos convencendo a apostar corridas. Eu tinha trabalhado muitas horas nas semanas que antecederam a viagem, inclinada sobre meu laptop desde a manhã até a noite. Mas, na campina, sentia meu corpo se expandir e minha mente se libertar, como um punho cerrado se abrindo.

Perceber que a natureza é libertadora não é, por si só, uma revelação. O que aprendi quando comecei a tentar compreender por que exatamente paisagens naturais têm tamanho poder de libertar nossa mente e nosso corpo foi muito mais interessante.

A PAISAGEM IDEAL

Em 1993, dois artistas dissidentes russos chamados Vitaly Komar e Alexander Melamid iniciaram um projeto pouco comum. Curiosos a respeito das diferentes preferências artísticas ao redor do mundo, encomendaram uma pesquisa em dez países sobre o tipo de arte que as pessoas gostavam de ver, investigando detalhes como cor, estilos e tema. Depois de sua conclusão, eles criaram um quadro de *Mais procurados* para cada país, um resumo visual das respostas locais.[1] As pinturas resultantes não são muito boas, e o mundo da arte de modo geral considerou o projeto uma espécie de piada de apelo fácil. Mas seu impacto não tem relação com a qualidade artística. Da China à Turquia, à Islândia e ao Quênia, todas retratam paisagens. Na verdade, todas retratam *a mesma paisagem*. Com poucas exceções, essas pinturas mostram cenas exteriores agradáveis de gramados com árvores dispersas e muito céu azul. Há colinas e corpos de água moderados, assim como animais e pessoas em pequena quantidade.

Alguns críticos atribuem os resultados peculiares de Komar e Melamid à ampla familiaridade com esse tipo de cenário. Apontam o fato de que ele é comumente visto nas pinturas de paisagens tanto nos Estados Unidos quanto na Europa, da escola do rio Hudson à era de ouro holandesa, e que esse imaginário é reproduzido em pôsteres baratos e calendários pendurados em lares do mundo todo. Talvez a afeição universal por campinas seja resultado de uma estética imperialista, de modo que a preferência por essas paisagens domina o mundo tanto quanto o gosto por um Big Mac ou uma Coca-Cola.[2]

Para um grupo de teóricos da evolução, entretanto, a assombrosa consistência dos quadros tem um significado diferente. Não apenas é um tipo de paisagem comum na arte como também aparece em contextos reais, dos celebrados jardins ingleses criados por Lancelot Brown aos parques urbanos projetados por Frederick Law Olmsted, como o Central Park e o Prospect Park, na cidade de Nova York.[3] As pessoas com frequência se esforçam para transformar um terreno em um desses cenários. Para criar seus famosos parques, por exemplo, Brown e Olmsted derrubaram árvores, plantaram grama, abriram lagos e esculpiram a terra. Só no Central Park, Olmsted supervisionou a remoção de quase 2 milhões de metros cúbicos de pedras, terra e argila.[4] Essas paisagens, portanto, não são exatamente nativas. Elas têm uma semelhança notável com outra parte do mundo, que a maior parte dos designers e artistas que as criam nunca visitaram: a savana africana.

A maior parte da África oriental é coberta pela savana, um ecossistema que consiste em pastos amplos pontuados por aglomerados de árvores. Embora haja algum debate entre paleontólogos a respeito do quanto a evolução hominídea se deu na savana,[5] há pouca dúvida de que se tratou de um habitat significativo para os primeiros homens. A savana tinha diferentes vantagens para nossos ancestrais caçadores-coletores, com fontes de comida mais próximas ao solo e mais proteína por quilômetro quadrado que qualquer outro habitat na terra.[6] Também possuía estruturas mais atraentes. Os campos abertos e as colunas arredondadas providenciavam visão de longa distância tanto de predadores quanto de presas, enquanto as árvores e os arbustos esparsos ofereciam proteção do sol e fuga rápida do perigo. O geógrafo britânico Jay Appleton notou essa interessante combinação de traços pela primeira vez, cunhando o termo "prospecto e refúgio" para descrever nossa atração por paisagens que oferecem tanto vistas amplas (prospecto) quanto abrigo acessível (refúgio). Nesses ambientes, encontramos o equilíbrio perfeito entre segurança e liberdade.

Alguns teóricos da evolução supõem que, com o tempo, a predileção por tais recursos ficou gravada em nosso DNA, criando uma espécie de éden interior que buscamos inconscientemente e até recriamos onde quer que estejamos.[7] Apoiando essa hipótese, pesquisas mostram que pessoas de diferentes culturas têm uma afinidade por paisagens com as características da savana, como profundidade de campo visual e falta de vegetação baixa, que bloqueia o movimento e a visibilidade.[8] Estudos do biólogo Gordon Orians e da psicóloga ambiental Judith Heerwagen também revelam uma preferência intercultural por árvores semelhantes às acácias que florescem na savana, com copas que se abrem em estilo guarda-chuva e troncos que se bifurcam próximos do chão.[9] Algumas culturas até podam suas árvores nesse formato.

A teoria do prospecto e refúgio foi elaborada para descrever a maneira como nos relacionamos com a natureza, mas também pode ser aplicada ao ambiente construído. Por exemplo, janelas amplas que dão para belos cenários podem fazer até uma quitinete parecer um palácio, e a maioria das pessoas está disposta a pagar mais pelo luxo de uma casa ou de um quarto de hotel com vista[10] — em especial se for uma vista para a água, que cobiçamos mesmo que não tenhamos intenção de nadar ou velejar. Pátios e sacadas também ampliam um espaço, confundindo os limites entre o interior e o exterior.

Essas vistas não são apenas decorativas. Em um famoso estudo dos anos 1980, pacientes que se recuperavam de cirurgia da vesícula biliar tiveram alta mais cedo e precisaram de menos medicação para dor quando as janelas de seus quartos se voltavam para um agrupamento de árvores em vez de para um muro.[11] Embora professores muitas vezes se preocupem que janelas na sala de aula possam distrair as crianças, na verdade a vista para a natureza aumenta o nível de atenção e reduz o estresse.[12] Imagens de paisagens naturais deixam os olhos descansar e voltar ao foco entre períodos olhando para telas ou materiais de trabalho, e têm o que os pesquisadores chamam de "efeito microrrestaurativo" sobre a mente, aliviando a fadiga e restaurando a habilidade de concentração.[13] Não surpreende, então, que funcionários que se sentam perto da janela relatem melhor saúde geral e mais satisfação com o trabalho, de acordo com alguns estudos. Talvez seja por isso que empresas como Apple, Kickstarter e Amazon estejam priorizando vistas para o verde quando projetam seus novos espaços de trabalho. Embora em muitos escritórios as janelas estejam restritas aos níveis superiores de gerência, essas empresas reconhecem a importância de disponibilizar panoramas amplos e acessíveis a todos.

Mas se o que você vê pela janela não é tão libertador, saiba que é possível ter acesso a prospecto e refúgio abrindo o interior de um espaço. Em uma casa, derrubar paredes não estruturais expande as linhas de visão e cria uma atmosfera mais arejada. Se isso não for possível, você pode criar mais abertura diminuindo a quantidade de móveis em um cômodo, seja trocando um sofá espaçoso ou uma cômoda gigante por uma versão menor, ou se livrando de peças desnecessárias. Reduzir a mobília pode criar mais *espaço negativo*, termo usado pelos decoradores para descrever o espaço em um cômodo que não está ocupado por objetos.

Um efeito colateral de ter mais espaço livre é a maior liberdade de movimento, coisa que a biomecânica Katy Bowman descobriu alguns anos atrás, quando se mudou para uma casa nova. Enquanto esperavam que entregassem os móveis, ela e o marido tiveram que se sentar no chão. Bowman notou que isso os estimulava a se movimentar mais, e eles decidiram dispensar o sofá. Alguns anos depois, quando já tinham um filho, os dois notaram como era difícil para ele se sentar à mesa, sendo necessária uma cadeirinha com cinto para isso. Então o casal dispensou a mesa também, de modo que pudessem se sentar todos juntos no chão.

Respondendo àqueles que consideram sua casa sem móveis "esquisita", Bowman escreve: "É bem simples, na verdade. Minha casa é pequena. Tenho duas crianças. Estudo os benefícios do movimento à saúde. Se colocar móveis, meus filhos não apenas vão se sentar neles, como não vão poder se movimentar no espaço ocupado pelo sofá (ou pela TV, mesinha de centro, o que for)".[14] Se livrar da mobília permitiu que Bowman instalasse um trepa-trepa dentro de casa, o que proporciona uma variedade de atividades familiares muito agradáveis. "Não é raro ver a gente se exercitando na sala enquanto as crianças viram cambalhotas e dão saltos mortais, tudo ao mesmo tempo", ela conta. Se um trepa-trepa dentro de casa parece um pouco demais, talvez um balanço seja um brinquedo um pouco mais fácil de importar do parquinho.

Não deve surpreender que Tina Roth Eisenberg, fundadora da Tattly e adoradora inveterada de confetes, pendurou um no meio do escritório. Ele dá aos funcionários um jeito divertido e novo de ver as coisas durante o dia de trabalho e abre o espaço de maneira muito agradável.

BIOFILIA

Perto do fim de *Uma linda mulher*, há uma cena breve e divertida na qual o investidor corporativo Edward Lewis (interpretado por Richard Gere) foge de uma reunião de negócios, arregaça as pernas das calças e anda descalço na grama da pracinha do outro lado da rua. Ele sorri levemente para si mesmo enquanto o faz, como se recordasse um impulso enterrado há muito tempo. Embora lugares amplos nos permitam correr livres, pequenos redutos de natureza às vezes podem ser muito libertadores. Espalhados em meio ao ambiente criado pelo homem, há inúmeros quintais, jardins comunitários, canteiros e miniparques. Alguns são diminutos, mas ainda assim propiciam uma sensação alegre de liberação.

Curiosa quanto ao poder desses espaços verdes modestos, me voltei a James Corner, o principal paisagista envolvido no High Line, uma faixa estreita de vegetação no topo de uma antiga linha de trem elevada no lado oeste de Manhattan. Ele foi descrito como sucessor moderno de Frederick Law Olmsted, e uma estrela do rock no campo emergente da arquitetura de paisagens. Se alguém sabia como a natureza podia criar alegria em pequenos espaços, era ele.

Encontrei Corner em seu escritório no fim da tarde de uma segunda-feira. Sua testa estava franzida e ele parecia muito sério, mas seu rosto se iluminou quando começamos a falar de alegria. Para Corner, o prazer que uma paisagem proporciona diz menos respeito ao que vemos do que ao que sentimos. "É toda uma série de elementos que nunca apareceria em uma foto", ele afirmou, e então começou a descrevê-los em um fluxo meditativo que mais parecia um trecho de poema. "Plantas. Aroma. Cor. Os efeitos da luz e da sombra. Água. O som da água. A umidade do ambiente. Textura. Temperatura. Os efeitos da neblina. A concentração dos efeitos do clima e da atmosfera..." Corner perdeu o fio da meada. "Não são coisas óbvias, mas são poderosas. E trazem alegria."

Enquanto ele falava, minha mente voltou uma hora no tempo, à minha caminhada pelo High Line no caminho para seu escritório. A lembrança me enchia das sensações que Corner descreveu. Era um dia abafado de verão, e eu tinha ficado por um tempo escrevendo no meu caderno em meio aos bordos. Estava um pouco mais fresco na sombra, e batia uma brisa. Crianças brincavam na poça rasa formada por uma fonte que borbulhava sobre o piso. Tufos de grama balançavam de um lado para o outro, nunca parando, mesmo no calor do meio da tarde. O cheiro de mato vinha em ondas, entremeado com o aroma urbano da luz do sol batendo no cimento. No gramado mais ao norte, havia grupos de pessoas sentadas, descalças e com os braços de fora. Saí do concreto e pisei na grama úmida. Quando voltei para a passagem, senti o calor opressivo à minha volta.

Eu não tinha notado tais sensações na hora, mas, enquanto ouvia Corner falar, me dei conta de como eram profundas. Me lembrei de Arakawa e de seus milhares de sentidos não nomeados. Corner tinha acabado de identificar alguns que me eram novos, e, no processo, colocado uma lente muito mais íntima sobre a liberdade, uma que não estava relacionada com horizontes distantes, mas com sensações-minuto. De repente, compreendi por que nos sentimos livres mesmo em um jardim diminuto ou em uma estufa. Em ambientes fechados, as paredes grossas e isoladas, os aquecedores e aparelhos de ar condicionado eliminam as leves variações de temperatura, odor, vento e umidade que tornam o ar livre tão agradável. Estar em meio à natureza libera nossos sentidos.

O amor por sensações silvestres como essas é uma parte crítica do que o biólogo E. O. Wilson chama de "biofilia", a atração inata que os humanos têm por outros seres vivos.[15] Ele defende que o interesse de nossos antepassados por outros organismos se justifica porque estes apresentavam mais oportunidades de sobrevivência e ameaça do que objetos inanimados. Com o tempo, isso evoluiu de um interesse prático em um prazeroso. Em 2015, 305 milhões de pessoas visitaram os parques nacionais dos Estados Unidos. Wilson aponta que, por ano, mais pessoas visitam zoológicos do que eventos de esporte profissional. De acordo com ele, a experiência com plantas e animais é uma parte essencial do nosso bem-estar.

O número de pesquisas que apoia esse argumento vem crescendo. Já se provou que o acesso à natureza melhora a qualidade do sono, baixa a pressão sanguínea e até aumenta a expectativa de vida.[16] Estudos em grande escala conduzidos nos Estados Unidos, no Reino Unido e na Holanda mostram que a incidência de ansiedade e depressão é menor entre as pessoas que moram em áreas mais verdes; elas também tendem a se recuperar mais rapidamente de eventos estressantes.[17] Uma possível razão é que estar na natureza faz com que o fluxo de sangue para uma parte do cérebro chamada "córtex pré-frontal subgenual", associada à tendência de remoer os problemas, diminua.[18] Ambientes naturais nos deixam muito mais despreocupados.

Voltei a considerar minha caminhada no High Line e todas as sensações que nem tinha notado até que James Corner as apontou. Meu primeiro impulso foi fazer um autojulgamento: sou tão descuidada e distraída a ponto de perder a riqueza do meu entorno? Mas, embora estar presente não faça mal a ninguém, a natureza nos toca mesmo quando estamos focados em outras coisas. "É um pouco como a música", Corner disse. "Mesmo quando não se está prestando muita atenção, ainda há uma recepção estética poderosa." Corner e seus colaboradores trabalharam para dissolver as fronteiras entre os elementos naturais e os produzidos pelo homem no High Line, de modo que o contato com a natureza fosse inevitável. Isso pode ser visto em uma de suas características mais básicas: os blocos de concreto que constituem a passarela. A equipe dele os projetou de forma que afunilassem nas extremidades, como os dentes de um pente, criando espaços por onde as plantas podem se infiltrar no caminho. O design simples permite os encontros significativos que acontecem quase como pano de fundo, quer se esteja de passagem, lendo debaixo de uma árvore ou fazendo um piquenique com amigos.

Se a natureza faz com que nos sintamos tão saudáveis e livres sem qualquer esforço envolvido, por que não temos mais dela na nossa vida? Tive algumas ideias depois de ler os ensaios do paisagista J. B. Jackson, que observa que há muito nos sentimos desconfortáveis quanto à nossa inserção no reino animal, preferindo focar nos traços que nos distinguem de outras espécies. O ambiente construído espelha essa ansiedade, abrindo amplo espaço para nossas aspirações culturais e ignorando nossas necessidades biológicas. Na visão de Jackson, nossas cidades são projetadas para fazer com que nos sintamos separados da natureza, quando na verdade somos parte dela.[19] Na maior parte da evolução humana — por 80 mil gerações —, a natureza não foi um lugar ao qual íamos, mas no qual vivíamos. Meras seiscentas gerações se passaram desde que o início da atividade agrícola levou a abrigos permanentes e comunidades, e faz apenas umas doze que a cidade moderna nasceu, com suas superfícies duras e sons mecânicos. De uma perspectiva evolutiva, nosso habitat atual ainda está começando a ser testado.

Agora que mais da metade da população mundial vive em cidades, a necessidade de recuperar o acesso à natureza parece cada vez mais urgente, e em nenhum lugar isso fica mais claro do que no projeto das moradias populares. Embora possa parecer ingênuo pensar que o ambiente por si só seria capaz de remediar os desafios sistêmicos maciços enfrentados pelas comunidades urbanas pobres, um campo de pesquisa emergente sugere que recantos naturais podem ter efeitos consideráveis na qualidade de vida. Frances Kuo e William Sullivan, fundadores do Laboratório de Paisagem e Saúde Humana da Universidade de Illinois, encontraram correlações significativas entre falta de espaço verde e violência entre os moradores de grandes conjuntos habitacionais de Chicago. Em um estudo notável, eles examinaram relatórios criminais da polícia relativos a 98 prédios no conjunto Ida B. Wells, e chegaram à conclusão de que prédios com mais vegetação no entorno tinham 50% menos crimes do que aqueles com o mínimo de verde.[20]

Um efeito similar foi observado em prisões: os internos demonstraram menor tendência à agressividade depois de assistir a vídeos sobre natureza, resultando em uma redução de 26% de incidentes violentos.[21] Em outro estudo, a exposição a jardins mitigou a frequência de surtos hostis comuns conforme a doença progride em pacientes com Alzheimer.[22] Uma razão pela qual a natureza é tão efetiva na redução da violência é que ela evoca uma resposta ao mesmo tempo alegre e calmante ("emocionalmente positiva" e "pouco estimulante", nos termos dos psicólogos). Mas acredito que também haja outro fator em jogo, um ainda não explorado pelas pesquisas. A pobreza, o encarceramento e as casas de repouso implicam confinamento, cada um com uma série de limites visíveis e invisíveis. Na natureza, encontramos uma liberdade temporária dessas contenções. Na natureza, qualquer um pode ter uma experiência plena e livre no mundo.

SELVA URBANA

Summer Rayne Oakes veio até a porta de macacão, com uma galinha de penas ferrugem empoleirada no ombro. "Estou cuidando dela", disse, sem qualquer constrangimento, antes de me conduzir escada acima até seu loft em Williamsburg, no Brooklyn, um refúgio verdejante contendo mais de seiscentas plantas.

Naquela tarde quente de verão, o apartamento era um alívio, fresco e arejado. A luz entrava pelas janelas grandes e refletia nas paredes da cozinha, pintadas com o verde vívido e vigoroso das folhas novas. Dava para ver por que as plantas eram felizes ali: elas subiam por treliças e colunas, se derramavam de vasos pendurados no teto, brotavam de latas velhas de chá. Havia ervas na bancada da cozinha e suculentas ao longo dos peitoris. No escritório, uma figueira-

-lira que tinha poucos centímetros de altura quando Oakes a comprou agora chegava ao teto, sua copa cheia de ramos se espalhando pelo cômodo.

"Sempre fui a criança com as unhas sujas", ela contou, quando nos sentamos. A galinha ficou sentada em seu colo, mantendo um leve cacarejo. Oakes se apaixonou pelas ciências ambientais na faculdade, e ainda que sua carreira tenha passado por diferentes campos, esse amor não mudou. Quando ela se tornou modelo, focou em popularizar a moda e a beleza ecológicas, e até escreveu um livro sobre o assunto. Uma de suas empreitadas, um mercado B2B chamado Le Souk, conecta fornecedores de tecidos sustentáveis e estilistas. Oakes acredita que o modo mais impactante de viver de maneira sustentável é olhar para as pequenas coisas que fazemos todos os dias. "Mude-as e você terá uma vida diferente."

Daí veio o apartamento verdejante. A princípio, ela estava apenas atrás de um modo de tornar sua casa um pouco mais aconchegante, depois que a pessoa com quem dividia o lugar havia muito tempo partira. Oakes começou abrindo espaço, se livrando da tv e da mesinha de centro. (A biomecânica Katy Bowman aprovaria.) Em vez de sofá, ela tem uma rede num canto da sala. Então começou a colocar plantas. Oakes sempre sonhou com uma parede verde, então seu primeiro projeto maior foi um jardim vertical, que construiu em uma lateral do quarto, cheio de samambaias, calateias e imbés rastejantes. A cientista ambiental nela encontrou alegria na descoberta de novas espécies e na reprodução de suas plantas. Então sua coleção deixou de caber na parede, o que lhe serviu de desculpa para levar a cabo alguns projetos estilo "faça você mesmo" com o pai. Juntos, eles construíram algumas instalações, entre elas um suporte de madeira de demolição para potes de vidro com plantas, colocado acima da mesa de jantar, e um jardim suspenso na cozinha, que consiste em prateleiras presas por cordas no teto. "São como obras de arte que se integram totalmente à casa", Oakes disse. "Mas, diferente da arte normal, esta aqui vive e cresce."

Para Oakes, sua casa cheia de plantas parece um oásis em meio à vida agitada. "Acordo sem me sentir estressada ou ansiosa. Meu apartamento faz com que me sinta ao mesmo tempo confortável e estimulada", ela afirma. "Amo dormir sob as árvores. Sentir que estou debaixo da copa de uma é muito tranquilizador." Oakes nota um sentimento de desenraizamento na cidade, que vem do fato de todos estarem sempre mudando. Ela acredita que as plantas ajudem a reba-

"As plantas me dão raízes"

ter essa sensação. "Quando se tem muitas plantas na vida, você começa a ver seu entorno de um modo diferente. Se torna um pouco mais antenado ao sol brilhando, ou ao pôr do sol, ou à maneira como a luz passa através das folhas. As plantas me dão raízes. Me sinto ancorada aqui, ainda que não seja a dona do imóvel."

Embora o enraizamento possa parecer o oposto da liberdade, depois de ouvir Oakes falar, me dei conta de que ambos estão intimamente relacionados. Se sentir estável em casa fez com que ela acreditasse estar livre para correr riscos na vida profissional que talvez não tivesse corrido de outra forma. Ao criar um sentimento sutil de segurança, as plantas alimentaram sua liberação.

Em sua última contagem, Oakes tinha 670 plantas no apartamento, e a coleção continua crescendo. Cuidar delas toma cerca de meia hora de suas manhãs e a maior parte do domingo. Embora possa parecer trabalho demais, para Oakes é uma espécie de exercício de atenção plena. De fato, ela recebe grupos de meditação em seu apartamento, além de realizar workshops sobre como cuidar de plantas. Acredita que haja uma onda crescente de biofilia, o que vai fazer com que as pessoas fiquem ainda mais interessadas no assunto. Oakes espera que seu apartamento tão peculiar ajude a tornar mais comuns casas ricas em vida vegetal. Ela imagina as pessoas dizendo: "Viu? Não sou a louca das plantas. Ela é!".

Depois da minha visita à selva urbana de Oakes, a coleção de plantas do meu apartamento pareceu muito mirrada. A boa notícia, no entanto, é que até mesmo em pequenas doses a natureza pode ter efeitos significativos. Foi comprovado que colocar algumas plantas em um cômodo sem janela reduziu a pressão sanguínea dos sujeitos pesquisados, aumentou seu nível de atenção e de produtividade e motivou um comportamento mais generoso em relação aos outros.[23] Estudos demonstraram também que a exposição a plantas dentro de casa e até mesmo à cor verde pode ajudar a liberar a mente, aumentando a criatividade.[24]

Embora eu tivesse lido essa pesquisa, até pouco tempo não tinha nenhuma planta no meu apartamento. Tinha muito medo de não ser capaz de cuidar delas. Cresci cercada por plantas, mas o estilo de vida nômade que levei na faixa dos vinte anos não era propício para um jardim interior florescer. (E a única coisa pior que a ausência de plantas são plantas mortas.) Mas agora estava casada e era dona de um imóvel. Não tinha mais desculpa. As primeiras plantas que Albert e eu escolhemos foram samambaias e suculentas, que demandavam pouco cuidado. Fiquei chocada com o impacto que as plantas causaram na sensação de espaço. No verão, suas cores e texturas pareciam se inspirar na vivacidade do parque do lado de fora da janela. No inverno, compensavam a falta de cor lá fora, fazendo do apartamento um refúgio vibrante. Oakes dá um conselho aos novatos que eu gostaria de ter sabido quando estava começando: conheça o espaço primeiro. Em vez de entrar numa loja e escolher qualquer planta que chame sua atenção, descubra para que face suas janelas dão e se você tem mais luz direta ou indireta. Então escolha uma planta que vai ficar bem nessas condições.

Se você ainda estiver assustado com o desafio de manter plantas em casa, pode conseguir alguns dos mesmos benefícios incorporando as formas e texturas da natureza ao seu entorno. Fotografias de paisagens amplas, papéis de parede ou tecidos de folhas, estampas de plantas e animais podem dotar um cômodo das qualidades visuais da natureza.

Há pouco tempo, fiquei em um hotel que tinha ramos de lavanda seca nos corredores e passava vídeos de águas-vivas no monitor dos elevadores, o que tornava os espaços sem janelas um pouco menos sufocantes. Oakes complementa sua coleção de plantas com almofadas estampadas de folhas e desenhos botânicos emoldurados. Em uma abordagem mais tátil, a biomecânica Katy Bowman tem um compartimento com pedregulhos no sopé da porta, para que possa sentir a textura sempre que passa por ali.

Outro modo de trazer a natureza para sua casa é através do som. Oakes me disse que às vezes deixa o estrilar de grilos como som de fundo no apartamento; isso me fez pensar que a natureza pode ter uma trilha sonora surpreendentemente turbulenta. Ao contrário dos ruídos produzidos por humanos, que podem elevar os níveis de hormônios do estresse no nosso corpo e aumentar o risco de doenças cardiovasculares, os sons naturais têm um efeito alegre e relaxante. Gravações deles são usadas para acalmar pacientes no hospital infantil, reduzir o estresse da viagem em saguões de aeroporto e aliviar a dor.[25] O canto dos pássaros já foi usado até em banheiros de postos de gasolina, e relata-se que o recurso aumentou o nível de satisfação dos clientes. Uma possível explicação é que evoluímos para confiar nos sons do ambiente, sobretudo o canto dos pássaros, como indicadores da segurança do entorno. Antes de uma tempestade e em outros momentos de perigo, pássaros fogem, e o mundo fica estranhamente quieto. O barulho animal de sempre é um aviso de que estamos livres para sair e explorar.

O cheiro é outra maneira, por vezes ignorada, de se conectar com a natureza. No Japão, uma atividade chamada *shinrin-yoku* — literalmente, "banho de floresta" — tem sido promovida como uma iniciativa de saúde pública pelo Ministério do Ambiente desde 1982. A prática, que envolve relaxar na presença de árvores (nenhum banho de fato acontece), demonstrou em diversos estudos aumentar a atividade das células exterminadoras naturais, um tipo de glóbulo branco necessário para o funcionamento do sistema imunológico, em especial a defesa contra células cancerígenas e infectadas por vírus.[26] Pesquisas atribuem parte do reforço imunológico oferecido pela natureza a uma série de substâncias químicas conhecidas como fitocidas, que são secretadas pelas plantas para se proteger de pragas e doenças e estão presentes em alguns óleos essenciais. Em um teste relacionado, pesquisadores usaram um umidificador para difundir o óleo essencial dos ciprestes hinoki, uma árvore comum no Japão, em quartos de hotel.[27] Só a presença dos fitocidas no ar foi o bastante para baixar os níveis dos hormônios do estresse e elevar a atividade das células exterminadoras naturais.

O CHAMADO DO MUNDO SELVAGEM

Saber sobre esses estudos me fez pensar: há alguma diferença entre a sensação que temos no mundo plácido dos jardins e das plantas de casa e aquela que encontramos na natureza selvagem? Pesquisas indicam que sim. Em um estudo de 2005, cientistas descobriram que, embora todas as formas de natureza sejam consideradas mais libertadoras que a cidade, lugares mais selvagens, com mínima influência humana, são mais fortemente associados à liberdade.[28]

Sem ser domado ou influenciado pela civilização, o ar livre nos oferece uma pausa não só dos duros limites e dos espaços restritos do ambiente construído, como também das amarras intangíveis da vida moderna. Por mais que as cidades possam causar a sensação de confinamento, nossas realidades sociais e econômicas podem ser ainda mais restritivas. Em 1930, o economista John Maynard Keynes previu que os avanços na tecnologia e na produtividade permitiriam a trabalhadores de nações desenvolvidas fazer jornadas de apenas quinze horas por semana.[29] Nos Estados Unidos de hoje, contudo, um terço da força de trabalho ignora fins de semana e feriados, e mais da metade nem tira férias remuneradas.[30] A liberdade infantil é restringida de forma semelhante, por um sistema educacional baseado em provas que deixa pouco espaço para a exploração e por uma cultura do medo que impede as crianças de brincar ao ar livre sem supervisão. Enquanto isso, aparelhos eletrônicos nos mantêm ocupados, em uma sequência infinita de sons e luzes de notificação, distraindo-nos de atividades e relacionamentos significativos. (Um indicativo assustador do nosso vício é que um em cada dez americanos admite verificar o celular mesmo durante o sexo!)[31]

O ar livre nos liberta dos chefes, das provas, dos e-mails e nos conecta a uma parte da nossa natureza mais primitiva e despretensiosa que com frequência é eclipsada pelas preocupações do dia a dia. Penso em como Thoreau descreveu seu deleite ao ver a vaca de um vizinho abandonar o pasto para ir nadar em um rio próximo, que acabara de descongelar, no começo da primavera. "As sementes do instinto são preservadas sob o couro grosso do gado e dos cavalos", ele escreveu, "como sementes nas entranhas da terra, por um período indefinido."[32] Talvez você também já tenha sentido isso, parado de pé no ponto em que a areia encontra a espuma das ondas em uma praia deserta, ou quando, no meio de uma trilha, se deu conta de que se aventurou para além do barulho dos veículos. Não importa quão domesticados tenhamos nos tornado, todos temos uma alma selvagem que pulsa e respira sob camadas de roupa e responsabilidade. A pergunta é: como a deixamos sair?

Isso me fez lembrar de uma velha amiga que faleceu recentemente: a naturalista Jean Craighead George. Ela foi autora de mais de uma centena de livros para crianças sobre a natureza, incluindo *My Side of the Mountain*, que inspirou minha fantasia de fugir para morar na floresta. Quando pequena, eu morava em frente a ela, e costumava atravessar a estrada de terra que separava a casa dela da minha para lhe fazer perguntas sobre pinhas, sapos e outras coisas que encontrava na floresta. Jean nunca estava ocupada demais para identificar uma noz que tinha caído de uma árvore ou admirar o ninho de um pássaro. "Ah, Ingy, não é lindo?", ela exclamava, jogando a cabeça cheia de cachos cortados bem rentes para trás e dando aquela risada grandiosa que ecoava acima do topo das árvores.

As histórias de Jean se inspiravam em sua própria vida na natureza. Filha de entomologistas, ela cresceu pescando e acampando ao longo das margens do Potomac, tentando acompanhar seus dois irmãos mais velhos, que aprenderam sozinhos sobre falcoaria e escreveram a respeito para a *National Geographic* quando ainda estavam no ensino médio. O primeiro animal de estimação dela não foi um cachorro ou um peixe, mas um urubu-de-cabeça-vermelha chamado Nod. Quando casou, ela se mudou para uma barraca que fora do Exército no meio de uma floresta de bordos e faias-americanas, perto de Ypsilati, Michigan, a fim de ajudar o marido ornitologista a rastrear pássaros para o ph.D. dele. Todas as manhãs, ela passava batom e rímel em um espelhinho pregado num bordo e cozinhava três refeições em um fogão de pedra caseiro para seus convidados. Quando o vento soprava folhas vermelhas e laranja para a mesa, Jean colocava os pratos e os copos sobre elas, usando-as como uma "toalha de mesa outonal".[33] Ela tinha um guaxinim de estimação bastante travesso, que arrancava os rótulos dos enlatados, e um corujão-orelhudo, cujo retrato pintava à luz do fogo. Jean manteve essa vida mesmo grávida de seu primeiro filho, até ele nascer.

Quando ela se mudou para uma casa de madeira na pacata Chappaqua, no estado de Nova York, não deixou a vida selvagem para trás. O lugar foi residência temporária de muitos animais — corvos, corujas e até uma jaritataca —, que com frequência ficavam por uma estação, antes que a necessidade de migrar ou acasalar se impusesse. "Os animais entravam e saíam pela porta de trás do mesmo jeito que as crianças", contou recentemente sua filha Twig, com uma risada que lembra a da mãe. A casa de Jean tinha pilhas de artefatos reunidos em suas viagens aos confins do mundo. Havia máscaras inuítes penduradas nas paredes, uma mandíbula de tubarão acima da televisão. Uma vértebra de baleia-gigante, que mais parecia uma hélice de pedra, ficava no chão da sala. Acima da porta da sala de jantar, em vez de um quadro, Jean pendurara uma barbatana desgastada na borda, como uma enorme pena. Fechando os olhos, ainda posso me lembrar do cheiro de fumaça quente do fogão sempre aceso, misturado ao aroma de terras distantes.

Visitar Jean era como partir em uma aventura sem sair do bairro. Mas sua casa selvagem não era bem algo que eu podia copiar no meu imóvel da cidade. Para começar, o apartamento seria um péssimo habitat para um guaxinim ou uma coruja de estimação, mesmo que fosse possível conseguir um. (As leis mudaram desde a época de Jean, e animais selvagens agora são protegidos por uma regulamentação muito mais rígida.) Embora eu admirasse sua habilidade de manter o mundo selvagem ao redor, sabia que isso era o resultado de instintos aperfeiçoados ao longo de muitos anos passados em rara proximidade com a natureza. Como, então, alguém como eu poderia acrescentar um pouco mais de vida selvagem ao dia a dia?

Uma sexta-feira de junho, levantei a questão a Sarah Ryhanen, fundadora do estúdio floral Saipua, no Brooklyn, a quem muitos dão o crédito por ter popularizado o estilo selvagem que tem dominado a indústria de flores nos últimos anos. Quando vi seu trabalho pela primeira vez, fui dominada pela alegria. Seus arranjos não tinham nada que ver com os buquês redondos, apertados e estilizados populares na época. Eram suaves e fluidos, cheios de gavinhas, galhos, ramos de videira e folhas de samambaia caindo livremente de vasos cobertos de musgo. Fiz algumas aulas com ela e, poucos anos depois, ela cuidou das flores do meu casamento. Depois disso, mantivemos contato.

No novo estúdio, um espaço amplo de pé-direito alto com paredes de tijolinhos pintados de branco e grandes janelas, Sarah, florista autodidata com formação em artes, e não horticultura, me fez uma xícara de chá forte e começou a descrever a gênese de sua estética selvagem. Seus primeiros arranjos foram fruto da experimentação. "Quando comecei a frequentar o mercado de flores, era a garota irritante que constantemente perguntava: 'Qual é o nome dessa?'", Sarah conta. "Na época, podia identificar umas dez flores, acho. Comecei do zero." Como não tinha educação formal na área, estava livre para seguir sua intuição. Isso a levou a plantas que com frequência eram ignoradas por outros profissionais. "No mercado, eu estava menos interessada nas flores e mais na textura", diz. Isso a levou a plantas com folhagem intrigante, como a *Hydrangea quercifolia*, ramos de frutas ou vagens, brotos de eucalipto. Muitas das flores que a atraíam nem pareciam flores. "Uma das primeiras coisas pela qual me apaixonei foi o arbusto do tipo cotinus. Está florescendo agora, na verdade. Tem uns botões enormes." O cotinus alcança de três a quatro metros e meio de altura. Suas flores são como uma névoa marrom ondulando por cima das folhas roxas.

Essas texturas pouco convencionais se tornaram os tijolos de seu estilo único. Arranjos convencionais enfatizam flores grandes apertadas em formas geométricas como domos, triângulos ou elipses. Sarah também usa algumas flores grandes — rosas, peônias, tulipas —, mas as interpõe em camadas de folhas e brotos que dão a impressão de que elas foram encontradas em um campo, e não cultivadas em estufa. Embora o arranjo típico em geral tenha apenas um punhado de flores e folhagens diferentes, os dela com frequência têm dúzias. "Quando estou montando um arranjo, definitivamente penso em variedade", explica. "Coisas muito grandes e muito pequenas. O mesmo vale para textura. Você quer elementos bem texturizados, suaves. Cheios de brotos, cabeludos, com bagas um pouco maiores."

"Cabeludos"? Não é uma palavra que se costuma usar quando se descreve um buquê. Mas embora o cultivo apare as arestas, polindo a penugem, as cerdas e os tufos, na natureza as texturas são mantidas intactas. E não estou falando apenas de flores. Uma pedra preciosa com uma superfície texturizada parece mais bruta que outra lisa. Uma mesa de madeira que mantém a casca parece mais rústica que outra que foi lixada para formar um retângulo perfeito. Até o vinho pode ser feito de um jeito mais natural. O modo biodinâmico de produção, que está fazendo sucesso entre entusiastas da bebida nos últimos tempos, cria vinhos que são um pouco embaçados, têm personalidade e efervescem ligeiramente na língua, como se estivessem vivos.

Quando a recessão bateu, em 2008, as flores delicadas e pouco robustas que eram a marca de Sarah começaram a desaparecer dos mercados. Os comerciantes não podiam arriscar inserir no balanço um monte de itens não vendidos, então reduziram as opções para flores mais resistentes e que tinham giro certo. Ela viu nisso uma oportunidade. "Eu queria mais flores do que havia disponível no mercado, coisas diferentes, mais incomuns." Então começou a procurar produtores e encomendar diretamente deles. Em setembro de 2011, ela e sua sócia compraram uma antiga fazenda a cinquenta quilômetros de Albany para transformá-la em um campo de flores. Ali havia um celeiro detonado construído em 1825 e 43 hectares de solo argiloso e pedregoso. As duas a chamaram de Fim do Mundo.

O processo de transformação da fazenda foi muitas vezes frustrante. "Aprender a ser paciente dói", Sarah reconhece. "Na fazenda, se você quer alguma coisa diferente, precisa encontrar — sejam as sementes ou as plantas. Tem que levar até lá, plantar e às vezes esperar dois anos até que floresça." Mas a recompensa foi a liberdade de plantar flores que talvez não fossem do gosto comum, com caules em espiral, estranhos padrões de cores e variações inesperadas. Elas são "lindamente imperfeitas", nas palavras de Sarah. Como a própria natureza.

Em agosto, entrei em um pequeno jardim particular em Hummelo, a algumas horas de Amsterdã. Era um lugar discreto, com uma placa tão pequena que passei por ele duas vezes antes de encontrar a entrada. Parecia o reflexo perfeito do dono, o holandês Piet Oudolf, que aos 73 anos mantém uma humilde timidez apesar de ser uma das mais aclamadas figuras do mundo do design de jardins. Oudolf colaborou com James Corner no High Line, criando as muito amadas faixas de gramíneas e plantas perenes que fazem o terreno raso do parque parecer uma extensa campina. O jardim Hummelo é tanto sua oficina quanto seu laboratório.

Assim que saí do carro, a esposa de Piet, Anja, veio me encontrar, seguida por um cachorrinho preto e marrom. Eu estava um pouco adiantada, então ela indicou a direção do jardim, seguindo por um caminho de tijolos mais à esquerda, ao longo de uma sebe. Conforme virei a esquina, perdi o fôlego. Vi uma vastidão de verdes, dourados e roxos ondulando como a superfície do mar. Havia tufos de grama longos e curtos, rígidos e flexíveis, alguns ligeiramente prateados, parecendo lâminas, outros loiros e desgastados, como a ponta de uma corda. E havia flores entremeadas: malvas-rosa altas, colunas de sálvia-azul, asteráceas subindo como foguetes, além de centenas de outras plantas vivazes cujos nomes me eram desconhecidos. Iluminado de trás pelo sol, o jardim brilhava.

Não era um jardim muito controlado, em que cada flor se mantém com as outras de seu tipo. Era uma balbúrdia, uma malha luxuriosa de gramíneas através da qual constelações de flores rastejavam e se emaranhavam. Duas borboletas de cor creme perseguiam uma à outra, roçando a superfície das plantas. Eu as segui pelo caminho em forma de oito que levava ao fundo do jardim, quase bloqueado pelo mato, cuja plumagem em arco preenchia o espaço com uma névoa luminosa de sementes. Tive uma vontade repentina de sentar em meio à grama macia, bem no meio do caminho. Mas, olhando em volta, reparei nos membros do clube de jardinagem reunidos ali, então me conformei em apenas passar a mão pelos filamentos suaves.

Logo ouvi a voz de Anja interromper meu devaneio. Piet estava pronto para me receber. Eu a segui até o escritório, um espaço moderno e simples com janelas grandes em três paredes. Piet levantou para me cumprimentar. Alto e corado, tinha cabelo loiro bem claro, do mesmo tom de algumas de suas gramíneas favoritas. Ficamos à mesa no centro do escritório, com xícaras de chá e sanduíches de pão integral, queijo e manteiga que Anja trouxe em uma bandeja de aço. Alguns minutos depois, tinha me deixado distrair pelo aroma peculiar e resinoso — quase como verniz de madeira, mas com um toque de ervas similar ao do coentro. Tentei me concentrar, mas o cheiro me cercava, como uma nuvem. "Sei que parece estranho", eu disse, "mas é possível que algum aroma do jardim tenha me seguido até aqui?"

Piet sorriu como se eu tivesse acabado de lhe dizer que conhecia um velho amigo seu. "*Sporobolus!*", ele respondeu. "É uma gramínea. Posso te mostrar quando terminarmos." Seu caso de amor com as plantas se iniciou aos 25 anos, quando, cansado de trabalhar no restaurante da família, aceitou um emprego num centro de jardinagem. Piet começou a fazer experimentos no jardim da mãe, mas não havia espaço suficiente. Então, em 1982, ele e Anja se mudaram com os dois filhos para Hummelo. Passaram a reunir sementes de jardins botânicos ao redor do mundo e cultivá-los, se especializando em variedades que tinham sido negligenciadas porque não seguiam o molde das plantas mais típicas.

"Nessa época, a cultura da jardinagem era muito forte na Inglaterra", Piet disse, falando de seu início de carreira. "Eu estava tentando compreender como faziam os jardins. Mas me pareceu muito restrito. Há muitos dogmas na jardinagem: o que se deve fazer em dada época do ano, que plantas vão bem juntas, que cores combinam e não combinam. Todas essas regras." Ele falava devagar, parando para encontrar as palavras certas. "Eu queria que fosse algo um pouco mais solto." Essa busca por uma sensação mais livre culminou numa epifania. Na época, a maioria dos jardineiros usava arbustos podados de forma rígida para dividir os espaços do jardim. Piet se deu conta de que podia fazer o mesmo com gramíneas. Como os arbustos, certas espécies delas crescem em aglomerados densos e imponentes, que fornecem estrutura; ao contrário dos arbustos, as gramíneas têm extremidades flexíveis, que se movem com a brisa. Assim, podem tornar uma paisagem mais dinâmica, em vez de formal e sólida.

Ao procurar por formas "mais soltas", Piet encontrou a liberdade. As gramíneas permitiram que ele aliviasse as restrições do jardim formal, como se o espartilho de um vestido fosse removido. Muito da nossa relação com o ambiente é uma luta entre a vontade da natureza e a vontade do homem, tentar fazer com que a primeira se curve à segunda. Em vez de lutar contra a obstinação das plantas, Piet decidiu abraçá-la. "Eu estava tentando encontrar mais espontaneidade no processo da jardinagem. Algumas plantas desaparecem; outras crescem um pouco mais rápido do que você tinha imaginado. Temos que aprender a aceitar que as coisas crescem e tentam encontrar seu próprio caminho.

Permitir que as plantas sejam como são." Piet falava como o pai experiente de um adolescente (outra espécie selvagem). Se quisermos ter mais natureza em nossa vida, temos que estar dispostos a abrir mão do controle.

Saímos do escritório e fomos para o jardim. No trajeto, vimos Anja se despedindo do pessoal do clube, senhoras grisalhas e elegantes na faixa dos cinquenta ou sessenta. Elas ficaram visivelmente abaladas quando viram Piet se aproximando, e então me lembrei de que o designer gentil e de fala mansa era o George Clooney do mundo da jardinagem. Piet parou para cumprimentá-las e apertar a mão delas. O cachorrinho marrom e preto, Duffi, estava tomando sol em cima de uma toalha na parte de trás de uma van, mas pulou assim que o viu e nos seguiu até o jardim. Duffi desapareceu em meio às gramíneas, pulando com alegria para dentro e para fora dos canteiros. Piet suspirou ao ver a cena. "É comovente, o tempo todo", ele disse. "Um único fio de grama pode te absorver completamente." Demos uma volta, e Piet respondeu com paciência às minhas perguntas sobre esta e aquela planta, até que senti aquele aroma pungente de novo. Como se lesse minha mente, Piet disparou: "*Sporobolus*", e apontou para a nuvem de sementes de gramínea que eu tinha admirado algumas horas antes. Inalamos a estranha fragrância juntos por um momento, então nos despedimos.

Fiquei parada ali enquanto Piet desaparecia na esquina. Então, quando tudo estava quieto, larguei o caderno e a câmera e deitei sobre os tijolinhos. Mantive os olhos fechados por alguns instantes abençoados, sentindo a grama se curvando sob mim, num templo improvisado ao verde.

Jardim de Piet Oudolf, Hummelo

Alguns quilômetros adiante na estrada, conforme o cheiro de *Sporobolus* começava a se dissipar, me dei conta do paradoxo. Um jardim de Oudolf parece selvagem tanto visual quanto emocionalmente, mas na verdade é bastante produzido. "Nunca chamo de 'natural'", Piet disse, enquanto olhávamos seus mais recentes rascunhos. "É um mundo artificial que passa a impressão de selvagem e pode lembrar alguma coisa, ainda que você não saiba onde viu aquilo antes. Se trata de intensificar e aprimorar a natureza." Os jardins de Piet me pareceram mais naturais do que muitas campinas. Mas como um jardim pode parecer mais natural que a própria natureza?

Foi Sarah Ryhanen que me conduziu à resposta, através de um livro que me recomendou, *The Moth Snowstorm* [A tempestade de neve de mariposas], de Michael McCarthy. Uma espécie de elegia à natureza, o livro lamenta o que seu autor chama de "grande desbaste":[34] o declínio vertiginoso do número de espécies selvagens na zona rural devido à perda de habitat e ao uso extensivo de pesticidas e herbicidas. McCarthy aponta que, desde 1970, a população combinada de dezenove espécies de pássaros que habitam terras cultivadas caiu mais do que a metade, e que ¾ das espécies de borboletas sofreram redução, algumas de até 79%. O resultado é uma arrebatadora perda de biodiversidade na natureza, não apenas na Inglaterra, mas no mundo inteiro.

A natureza está se tornando cada vez menos natural. Ainda assim, porque as perdas ambientais foram graduais, ocorrendo ao longo de várias gerações, a maioria das pessoas nem notou. Ecólogos chamam esse fenômeno de "síndrome da mudança de base";[35] essencialmente, significa que adaptamos a definição de "selvagem" às atuais condições da natureza. O que vemos quando visitamos o campo é muito menos texturizado e diverso do que nossos avós viam com a mesma idade. Em contraste, os jardins de Oudolf e os arranjos de flores de Ryhanen parecem mais selvagens que a própria natureza. Neles, reconhecemos uma natureza que nunca vimos, e da qual não tínhamos sentido falta até então.

Acompanhando a tendência mais "selvagem" na moda, na culinária, em jardins e flores, surgiram muitos movimentos sérios de renaturalização, com o intuito de promover a restauração de espécies de plantas nativas, a reintrodução local de animais extintos e a recuperação de espaços em desuso para habitats naturais. Parece que, quanto mais atraídas as pessoas são por uma estética silvestre, mais se dedicam a cuidar dos ecossistemas que a produzem. Em 2015, Sarah Ryhanen começou a guardar as flores descartadas durante os casamentos e eventos da Saipua e levar de volta ao Fim do Mundo para decomposição. O uso de plantas perenes por Piet Oudolf inspirou milhares de jardineiros amadores a recriar comunidades vegetais naturais de seu país, que revitalizam populações de insetos benéficos. Através do prazer estético da natureza, esses artistas cultivaram um novo tipo de ambientalismo, enraizado não na obrigação, mas na alegria.

4. Harmonia

Quando eu era pequena, um dos meus momentos favoritos era pouco antes das festas de fim de ano, quando meu pai me levava ao *Christmas Spetacular*, no Radio City Music Hall. Eu amava me arrumar e ir ao teatro, com seu letreiro de neon e assentos acolchoados em vermelho, ver as luzes brilhando, os ursos dançando e Papai Noel e seus elfos. Mas a melhor parte de cada apresentação, e a mais famosa, era quando as 36 dançarinas de pernas longas do Radio City entravam no palco em seus collants de veludo vermelho e ficavam ombro a ombro, formando a mais perfeita e homogênea fileira. Suas pernas se moviam em uníssono, como se controladas por fios invisíveis, e seus sapatos cintilantes chegavam exatamente à altura do rosto a cada chute animado. Todos os olhos ficavam grudados no espetáculo, e a enxurrada de aplausos que se seguia era sempre a maior de todo o show.

No ano passado, voltei ao Radio City para rever os chutes das dançarinas. Me perguntei se minha lembrança da fileira seria exagerada, como recordações de infância muitas vezes são. Mas, quando elas começaram a entrar em formação, senti a energia no teatro crescer. À minha frente, uma mulher na faixa dos setenta tremia de ansiedade. No primeiro chute alto, ela começou a pular no assento, retorcendo as mãos de tão emocionada. Me virei brevemente para olhar a multidão atrás de mim. A expressão no rosto das pessoas era de puro êxtase.

Fiquei surpresa com a excitação coletiva. Entre todos os números, aquele era o menos evocativo, já que não tinha nem contexto, além de ser o mais previsível, pois encerrava cada apresentação. A coreografia não é elaborada, desafiadora ou intricada. Mas há uma alegria simples e profunda em ver uma fileira impecável de dançarinas se movendo em perfeita harmonia.

Por volta dessa época, deparei com um blog chamado Things Organized Neatly. Como o nome sugere, é um compêndio de objetos harmonicamente organizados, como se um fanático por arrumação tivesse ordenado e endireitado pequenas pilhas de coisas variadas ao redor do mundo. Havia folhas secas organizadas em um gradiente colorido, penas alinhadas por tamanho, conchas dispostas por tipo. Havia seleções excêntricas, como um conjunto de utensílios diminutos — garfos e facas, conchas e espátulas — de diferentes casas da Barbie, e uma escala com noventa fatias de torrada, indo das mais brancas às mais queimadas. Algumas seleções eram inteligentes e visualmente deslumbrantes, como os layouts de Carl Kleiner para o livro de receitas da Ikea *Homemade Is Best* [Feito em casa é mais gostoso], que conta com todos os ingredientes necessários para cada receita bem arrumadinhos: pequenos montes de farinha, pirâmides de manteiga, favas de baunilha alinhadas como soldados. Outras eram impactantes, como as coloridas composições de lixo plástico devolvido pelo mar de Barry Rosenthal. O mais intrigante, no entanto, era a maneira como a ordem tornava prazerosos itens que não o eram em particular, objetos que em outros contextos poderiam evocar até medo ou repulsa, como facas, instrumentos cirúrgicos ou uma pilha de peixes prateados mortos, dispostos por tamanho.

Na verdade, o que estava sendo ordenado não importava. Apenas organizar objetos similares em uma configuração geométrica era o bastante para transformar qualquer coisa em fonte de deleite. A princípio isso me incomodou, porque, na superfície, a ideia de ordem não me parece tão alegre. Para mim, alegria era algo energético e desenfreado. A ordem parecia rígida, estática, letárgica. Mas eu não tinha como negar: a fileira de dançarinas do Radio City (com seus mais de 75 milhões de espectadores desde 1932) era um deleite, assim como todas aquelas imagens perfeitamente arrumadas. Algumas tinham centenas e até milhares de curtidas e compartilhamentos. Então me vi em um impasse: a alegria podia ser livre e selvagem, mas às vezes também era muito organizada.

Enquanto eu me perguntava o porquê disso, comecei a descobrir exemplos de ordem escondida no mundo natural. A maior parte das plantas e dos animais apresenta uma simetria de algum tipo, quer seja a radial encontrada nas estrelas-do-mar e nos ouriços-do-mar ou a bilateral dos vertebrados, incluindo humanos. Formas geométricas coladas umas às outras adornam o corpo dos peixes e o casco das tartarugas. Padrões temporais, como ondas, controlam a curva sinusoidal de nossos batimentos cardíacos e a entrada e saída de ar através da respiração.

A vida é um esforço muito mais ordenado do que parece na superfície. Como o escritor Kevin Kelly observou: "A diferença entre quatro frascos de nucleotídeos na prateleira do laboratório e os quatro nucleotídeos presentes em nossos cromossomos reside na estrutura adicional, ou na ordenação, que essas moléculas adquirem ao participar das espirais do seu DNA autorreplicante".[1] Enquanto formas inorgânicas como galáxias e átomos demonstram simetria impressionante, a olho nu esses padrões são um sinal de vida.[2] A maior parte dos objetos inanimados é simétrica por puro acaso. Pense no prazer de encontrar um seixo perfeito ou uma formação de nuvens equilibrada. Formas simétricas e padrões que emergem de princípios puramente físicos — cristais, marés e flocos de neve — parecem milagres e, com frequência, são tomados como evidência de algo divino.[3] A ordem sugere a presença de uma força animada, que envolve moléculas, dispõe paredes celulares, faz os nutrientes circularem e canaliza energia no crescimento e na propagação. Quando pensei desse modo, me dei conta de que a alegria que a ordem gera vem em larga medida de seu oposto: o caos e a desordem. A ordem não é maçante e sóbria. É uma manifestação tangível de uma harmonia vibrante, de partes distintas trabalhando juntas para sustentar o gracioso equilíbrio da vida.

A influência da harmonia em nosso entorno é forte e muitas vezes inconsciente. Hilary Dalke, a especialista em cor que conhecemos no primeiro capítulo, descobriu isso quando lhe pediram que projetasse a área de banho de um presídio feminino. "Só diga que azulejos devemos usar", lhe disseram, esperando que fosse escolher um branco básico e pronto. Mas quando Dalke chegou ao presídio, se viu em um ambiente tão hostil que foi inspirada a fazer algo um pouco diferente. "Escolhi duas cores de azulejo: um bege-claro rosado e quente e outra cor um pouco mais escura, um terracota leve." Ela especificou que faixas simples das duas cores fossem dispostas ao longo da parede, com azulejos brancos em cima, e seguiu com seus outros projetos sem pensar muito a respeito.

Seis meses depois, Dalke voltou ao presídio. Ela foi muito bem recebida pelos funcionários, que a conduziram até os chuveiros. "Olha!", eles disseram. "O quê?", Dalke perguntou. "Olha!", eles repetiram. Sem ver nada de extraordinário, Dalke replicou: "O que há de tão especial nisso?". Os funcionários explicaram que em geral os azulejos dos banheiros de presídios não são mantidos intactos, porque os internos os quebram para usá-los em suas tentativas de se machucar ou até mesmo se suicidar. Com a simples adição de duas faixas coloridas, o cômodo passou de uma extensão vazia a um espaço definido com simetria e proporção. Nenhum azulejo tinha sido quebrado.

A harmonia oferece evidências visíveis de que alguém se importa o bastante com um lugar a ponto de investir energia nele. A desordem tem efeito oposto. Ambientes caóticos foram ligados a sentimentos de impotência, medo, ansiedade e depressão, e exercem uma influência sutilmente negativa no comportamento.[4] Uma série de estudos conduzidos na Holanda em 2008 mostrou que a presença de pichação dobrava a probabilidade de que transeuntes jogassem lixo ou roubassem um envelope com uma pequena quantidade de dinheiro.[5] Isso está de acordo com o princípio controverso chamado "teoria da janela quebrada", segundo o qual sinais de desordem como pichação e acúmulo de lixo tendem a aumentar a incidência de crimes mais sérios. A premissa é de que a evidência de pequenas infrações cria uma impressão de que a lei não é cumprida, tornando seu descumprimento a norma, não a exceção. A cidade de Nova York usou essa teoria como parte de uma estratégia para reduzir o crime nos anos 1990, mostrando tolerância zero com o vandalismo e pequenas violações, como pular as catracas do metrô. Seus apoiadores acreditam que esses esforços contribuíram com a considerável queda nas taxas de criminalidade na cidade. (Já seus detratores argumentam que a redução no crime pode se dever a outros fatores e que o princípio abre brecha para abordagens policiais desproporcionais, com base na raça e no status econômico dos indivíduos abordados.) Estudos recentes, contudo, sugerem que pode haver um efeito mais sutil desse tipo de iniciativa. Pesquisadores da Universidade de Chicago expuseram duzentas pessoas a imagens de ambientes visualmente caóticos, com muita assimetria e linhas desiguais, mas sem sinais de atividade ilegal. Outro grupo viu imagens de ambientes ordenados. Cada grupo tinha feito um teste de matemática na chegada ao laboratório, e agora os participantes precisariam dar uma nota a si mesmos. Eles receberiam um bônus para cada resposta correta relatada. Aqueles que tinham sido expostos a ambientes caóticos tiveram maior propensão a roubar, e mais vezes, do que aqueles que haviam visto as cenas harmônicas.[6]

Mesmo Piet Oudolf, mestre do estilo selvagem, acredita no valor da harmonia. Ele me disse que um movimento anterior de jardinagem naturalista havia falhado na Europa. Os jardins resultantes eram "largados demais", em sua visão. "Nosso cérebro precisa de alguma ordem", ele afirmou, descrevendo a maneira como cria harmonia através de equilíbrio, ritmo e repetição.

Embora inicialmente eu tivesse visto a harmonia em tensão com a liberdade e a energia, comecei a suspeitar que poderia ancorar e equilibrar essas estéticas mais exuberantes de maneira a torná-las ainda mais poderosas. Ao notar e trazer à superfície a harmonia escondida no mundo, incorporando mais dela ao nosso entorno, poderíamos encontrar um tipo de alegria subestimado em nossa vida?

COMO O CÉREBRO ORDENA

Olhando mais de perto para as imagens do blog Things Organized Neatly, me dei conta de que eles se apoiam em uma regra simples para criar uma sensação de harmonia entre os objetos: semelhanças ficam bem juntas. Colocar coisas com características parecidas juntas toca em um princípio da gestalt chamado "similaridade", segundo o qual o cérebro tende a perceber objetos parecidos como um grupo. Cada pena, folha ou brinquedo deixa de ser visto como algo independente, virando um módulo de uma composição maior. De acordo com os teóricos da gestalt, o cérebro faz isso para simplificar e processar a informação que chega pelo sistema visual. Afinal, objetos similares costumam ter uma relação prática uns com os outros, e não apenas visual. Um conjunto de folhas parecidas provavelmente pertence à mesma planta, e é mais simples olhar para uma floresta e ver uma centena de árvores em vez de milhões de folhas individuais. De acordo com o neurocientista V. S. Ramachandran, a sensação prazerosa de "ahá!" que temos quando vemos itens relacionados como um grupo sugere que os processos cerebrais para identificar objetos podem estar intrinsicamente ligados aos mecanismos de recompensa do sistema límbico.[7] Em outras palavras, a alegria é a recompensa natural do cérebro por se manter alerta a correlações e conexões em nosso entorno.

Esse princípio ajuda a explicar por que coleções são tão agradáveis. Mesmo se cada item por si só não tenha muito valor, nossos olhos leem uma coleção como mais do que a soma de suas partes. A designer de interiores Dorothy Draper estava muito ciente disso quando aconselhou os leitores a "decorar com seus hobbies" em um de seus artigos da coluna Good Housekeeping, na época da Segunda Guerra Mundial. "Não perca sua coleção de vista em uma confusão sem sentido", ela escreveu. "Note como grupos de pequenos objetos, quando bem organizados, se tornam importantes e eficazes."[8] Uma de suas sugestões, por exemplo, era encher uma parede de imagens de pássaros ou flores em molduras idênticas, ou transformar uma mesa de centro em vitrine pra exibir pequenos itens, como pesos de papel. Como os olhos naturalmente procuram traços similares, se você conseguir encontrar algo que conecte os objetos pode provar que eles devem ficar juntos. O elemento em comum pode ser tamanho, cor, formato ou material. Na minha casa, me dei conta de que mantinha objetos parecidos em pontos diferentes sem motivo. Por exemplo, eu tinha um vaso turquesa no quarto, livros turquesa na prateleira e caixas de fósforo turquesa na cozinha. Quando reuni esses itens e os deixei no aparador da entrada, eles se transformaram de porcarias aleatórias em uma encantadora composição.

Uso esse princípio de maneiras simples. Por exemplo, quando colocamos coisas no quadro de avisos ou na porta da geladeira, gosto de usar tachinhas ou ímãs da mesma cor. Desse modo, cartões, páginas arrancadas de revistas e outros objetos parecem fazer parte de uma mesma composição. Um pequeno luxo, mas que vai durar a vida inteira, consiste em comprar cabides combinando para todo o armário. Isso tem o efeito de unificar as roupas, fazendo com que pareçam tão coordenadas quanto na loja. Se gosta de peças avulsas e incompatíveis, como pratos ou talheres antigos, procure por aquelas que tenham mais ou menos o mesmo tamanho, para dar a sensação de que pertencem ao mesmo conjunto. Muitas das técnicas de armazenamento de Marie Kondo recorrem a esse princípio. Por exemplo, seu método de guardar meias — enrolando-as como sushi e colocando-as de pé na gaveta — impõe uma uniformidade tranquilizadora a uma seção tipicamente bagunçada da casa.

O mesmo raciocínio pode ser aplicado em escala maior. Repetir cores, formatos e texturas em diferentes partes de um cômodo ajuda os olhos a vê-lo como um todo, e não como uma miscelânea de coisas desconexas. Isso é importante porque pesquisas mostram que somos atraídos por ambientes com grau de complexidade moderado, mas apenas se tal complexidade for bem estruturada.[9] Quanto mais complexo for um ambiente, maior a necessidade de uma harmonia subjacente que dê uma sensação de ordem e tranquilidade a um espaço. Por causa disso, a harmonia pode ser um complemento vital à estética da abundância. Sou levada de volta ao Dylan's Candy Bar e ao modo como usam elementos consistentes para unificar a loja. Embora os variados doces sejam bem diferentes em aparência, os potes transparentes de acrílico que os contêm são todos do mesmo tamanho e formato. E a disposição em arco-íris agrupa diferentes tipos de cores pelos tons, constituindo um espectro simples. (O que é um arco-íris, afinal de contas, senão um conjunto organizado de cores?)

"Se estiver procurando dar uma sensação de unidade ao seu apartamento, considere cada espaço como se fosse uma composição", diz a designer de interiores Ghislaine Viñas, reconhecida por criar espaços vívidos com cores deslumbrantes que carregam influências de sua criação na África do Sul e na Holanda. Ela acredita que é possível usar a cor como uma ponte entre diferentes cômodos e estilos ecléticos. "De que cor é o seu sofá? De que cor são suas cadeiras? Você pode relacionar algo que está acontecendo na sua cozinha com algo na sala de estar?" Ela aposta em tecidos e almofadas que misturam múltiplas cores para que o olho se movimente de maneira harmoniosa. Enquanto eu visitava seu escritório colorido uma tarde, ela apontou para uma almofada forrada com uma estampa laranja, marinho e verde. As cores chamavam atenção para as cadeiras laranja fluorescente na cozinha, o tapete marinho e os detalhes em tons de verde na área de estar. "Você nem nota que está acontecendo, mas basicamente cria ordem." Viñas também usou cores e padrões para unificar as características estruturais que fragmentam um espaço. Por exemplo, um cliente tinha um quarto pequeno em que mal cabia uma cama. Ela pintou listras horizontais nas paredes, cobrindo a porta e até mesmo os quadros. Isso unificou as diferentes formas — o retângulo da porta, o quadrado das pinturas e das molduras — que em situações normais dividiriam a parede, fazendo o cômodo parecer maior.

O PARAÍSO DA SIMETRIA

Se eu pedir a você para citar uma forma alegre, qual é a primeira que vem à sua cabeça? Para muitas pessoas com quem falei ao longo dos anos, a resposta é o círculo. Há muito eles vêm sido usados como símbolo de harmonia e plenitude, em tradições sagradas ou seculares. Círculos representam halos na arte cristã e o sol nos templos egípcios, além de serem o formato do *rangoli*, símbolo feito para celebrar o Diwali, festival hindu das luzes. Os cavaleiros do rei Arthur se reuniam em volta de uma távola redonda porque o círculo atribuía o mesmo peso a todas as posições. Por motivos similares, essa forma também cria uma sensação de harmonia social em reuniões de negócios ou informais. Pesquisas sugerem que as pessoas preferem sentar em um ângulo ligeiramente diferente das outras, em vez de lado a lado, e que arrastam cadeiras para formar uma roda sempre que possível.[10] O perímetro inquebrantável do círculo e até mesmo o grau de curvatura o tornam a forma mais estável, completa e inclusiva. Mas ele também é alegre por outro motivo: é infinitamente simétrico.

A simetria é uma das preferências humanas mais estudadas. Em 1871, Charles Darwin observou: "Os olhos preferem a simetria ou figuras com recorrência regular. Padrões desse tipo são empregados até mesmo pelos mais selvagens como ornamentos; eles foram desenvolvidos através da seleção sexual para o adorno de alguns machos de animais".[11] O consenso científico concorda com Darwin.[12] O olho humano é incrivelmente sensível à simetria. Nosso cérebro pode reconhecer formas simétricas bastante rápido, em menos de cem milésimos de segundo, muito mais depressa do que formas assimétricas.[13] Podemos detectar formas simétricas contra fundos ruidosos, e as notamos mesmo quando nossos olhos não estão focados diretamente nelas. Em um estudo de 2013 da Universidade de Liverpool, psicólogos descobriram que as pessoas associam de maneira inconsciente formas simétricas com palavras positivas, como "prazer", "paraíso" e "céu", e formas assimétricas ou aleatórias com "desastre", "mal" e "morte".[14] Outro estudo recente descobriu que a simetria literalmente faz as pessoas sorrirem. Olhar para composições simétricas estimula uma leve contração do zigomático maior, um dos principais músculos faciais envolvidos no ato de sorrir.[15]

Talvez amemos a simetria por se tratar de um símbolo externo de harmonia interna. Rostos simétricos são em geral considerados mais atraentes por membros de ambos os sexos, e uma pesquisa demonstrou que pessoas com traços mais simétricos são consideradas mais saudáveis, ciosas e inteligentes que seus pares menos simétricos.[16] Tais julgamentos podem parecer superficiais, mas têm uma lógica mais profunda. Foi provado que a simetria facial está relacionada a uma diversidade maior em um conjunto de genes relacionado à resposta imunológica, que confere maior resistência a doenças, enquanto pessoas com corpo simétrico comprovadamente têm uma taxa metabólica de repouso mais baixa, sugerindo que usam energia de modo mais eficiente. Em estudos da saúde reprodutiva, mulheres com seios mais simétricos tendem a ter marcadores de fertilidade mais altos, enquanto homens com corpo mais simétrico têm contagem de esperma mais alta e esperma com mais mobilidade que seus pares assimétricos.[17] Essa visão sustenta que consideramos a simetria mais atraente porque é sinal de vitalidade e saúde em um parceiro, além de aumentar a probabilidade de que esses atributos sejam passados para os filhos. Espécies tão diferentes quanto a mosca-escorpião e a andorinha-de-bando usam a simetria como referência na hora de escolher um parceiro.

Mas a atração da simetria não se restringe ao apelo sexual. Estudos com bebês a partir de quatro meses de idade mostram que eles também preferem padrões simétricos a assimétricos.[18] Cientistas cognitivos acreditam que, assim como o cérebro obtém prazer ao agrupar objetos similares, também o faz ao identificar objetos simétricos, porque tendem a ser mais significativos do ponto de vista evolutivo que as formas assimétricas. Um corpo humano é mais intrigante que um seixo, uma maçã é mais valiosa que uma pedra. Uma forma simétrica sugere a presença de vida, ou de algo produzido por uma criatura viva, como um ninho, uma colmeia ou um formigueiro. A simetria perfeita não é fácil de conquistar, o que talvez explique sua frequente associação com a harmonia espiritual. Por exemplo, a geometria bilateral e quádrupla que aparece na tecelagem dos navajos é uma tentativa de criar *hózhó*, uma palavra que quer dizer aproximadamente "equilíbrio" ou "harmonia".[19] Ter *hózhó* resulta não apenas em beleza, mas também em paz e bem-estar. Quando pesquisadores da Universidade Estadual do Michigan tentaram alterar sutilmente padrões clássicos abstratos de culturas como a aónikenk, a navajo e a iorubá para torná-las assimétricas, descobriram que foram classificadas como menos atraentes.[20]

Desde a Antiguidade, a simetria tem sido um princípio básico da arquitetura. A geometria era amplamente usada, e arquitetos do Egito à Índia recorriam a ela para criar templos, palácios e mausoléus com plantas baixas baseadas na simetria precisa. De um ponto de vista histórico, a maior parte dos lares também é simétrica. Quando se trata de arquitetura, a simetria não é apenas agradável; é simples e eficiente. Afinal, um prédio com dois lados espelhados necessita de apenas meia planta, que pode ser refletida a partir de um ponto central.

Nos últimos cinquenta anos, entretanto, a assimetria se esgueirou até os lares e prédios. A crítica de arquitetura Kate Wagner rastreia essa mudança até o boom da construção nos subúrbios nos anos 1980. Enquanto a crise energética da década de 1970 manteve o tamanho das casas modesto, os anos Reagan trouxeram grandes incentivos para a indústria da construção e uma cultura de notável consumo que transformou as casas em símbolo de status. As construções luxuosas, que ficaram conhecidas como "McMansões", incharam para incluir todo tipo de novidade: salas de ginástica, home theaters, garagens para três carros e entradas grandiosas. Loucas para agradar, as construtoras sacrificavam a simetria em nome da escala, produzindo casas gigantescas que não raro pareciam bastante esquisitas. Elas às vezes tiravam os arquitetos da equação, usando uma abordagem modular que permitia aos futuros moradores customizar o projeto com base em um kit de opções. Detalhes arquitetônicos como arcadas, molduras e janelas salientes eram então aplicados ao acaso à superfície, em vez de serem integrados à estrutura. McMansões estão entre os exemplos mais notórios de arquitetura assimétrica, mas não são os únicos. Muitos apartamentos foram subdivididos e reformulados ao longo dos anos através de reformas que criaram espaços com estranhas proporções, num contraste extremo com a harmonia dos templos gregos.

Se a arquitetura do seu espaço for assimétrica, você pode criar sua própria simetria. Dispondo objetos similares em pares, como cadeiras ou vasos de plantas, de cada lado de uma linha predefinida, você pode criar um eixo de simetria. Ele pode ser medido a partir da metade de uma parede ou de outro elemento arquitetônico proeminente, como uma cornija ou estante embutida. Certifique-se de que os móveis, tapetes e lustres estejam posicionados de acordo. Pesquisas sugerem que o eixo de simetria mais evidente é o vertical, provavelmente porque é nesse sentido que o nosso próprio corpo se espelha.[21] Espelhos, sobretudo os grandes, criam uma simetria vertical imediata porque refletem o espaço sobre si mesmos. Somos menos atentos à simetria horizontal, mas ela também pode ajudar a criar harmonia em determinado espaço. Dorothy Draper sempre recomendava alinhar a cúpula dos abajures em um cômodo: isso cria um sutil eixo horizontal. Se parecer minucioso demais a você (admito que para mim parece), garantir que as superfícies e os quadros estejam alinhados já é um bom começo. Às vezes, é melhor alinhar as molduras pelo topo, mas nem sempre é o caso. Se estiver em dúvida, confie em seu olho.

Criar simetria não precisa ser um exercício muito sério. A designer de interiores Ghislaine Viñas descreveu a extravagante solução que encontrou para um espaço sem equilíbrio. "Estávamos tocando um projeto cujos clientes tinham um piano. Ele estava me deixando louca, porque tudo na casa era branco e muito claro, mas do outro lado havia esse piano preto e superpesado. Eu não tinha ideia do que fazer para equilibrar o ambiente." A falta de simetria a preocupava. "Aquilo me deixava muito inquieta. Simplesmente não estava certo." Então, um dia, a cliente mostrou a Viñas a foto de um abajur gigante em forma de cavalo. Quase em tamanho real. "Assim que o colocamos no cômodo, tudo pareceu equilibrado." A designer e sua equipe costumam marcar a posição dos tapetes e móveis no chão com fita-crepe antes de se comprometerem com um layout, para garantir que o espaço esteja harmonioso.

Assim como temos uma intuição para a simetria vertical e horizontal, nossos olhos também gravitam inconscientemente para o centro de um objeto ou espaço. Em *Uma linguagem de padrões*, Christopher Alexander e seus colegas chamam atenção para nosso impulso de colocar uma fruteira ou vela no centro da mesa, como se ter alguma coisa ali apenas parecesse "certo".[22] Do mesmo modo, pátios e praças públicos têm um ponto focal: uma fonte, um obelisco ou qualquer outro objeto interessante no centro. Algo no meio de um espaço tende a transformar o que está em volta, ancorando a extensão em branco. Talvez definir um centro aguce a sensação de simetria que nos ajuda a nos situar.

SINTA O RITMO

Enquanto pesquisava a arquitetura simétrica, descobri um lugar que por acaso ficava a um pequeno desvio do meu caminho para Palm Springs, onde eu passaria as férias, de modo que não precisei me esforçar muito para convencer Albert a ir comigo. Dirigindo pelo limite sudeste do deserto de Mojave, perto do Parque Nacional Joshua Tree, quase perdemos a cúpula branca multifacetada em meio a toda a poeira do entorno. O lugar foi todo construído em madeira por um antigo engenheiro da aviação chamado George van Tassel, com base em instruções que alegava ter recebido de extraterrestres vindos de Vênus. Ele o chamou de Integração. A intenção de Van Tassel era que fosse um gerador eletrostático e uma máquina de rejuvenescimento celular e de viagem no tempo, mas ele morreu em 1978, depois de mais de duas décadas trabalhando na estrutura, e seu potencial sobrenatural nunca se concretizou. No entanto, o enorme domo de madeira tem propriedades que o tornam valioso mesmo que não possa nos levar de volta à era dos dinossauros. É um ambiente quase perfeitamente acústico.

Nos deitamos em almofadas listradas e ficamos olhando para a abóbada subdividida acima, com um leve fio de incenso de palo santo flutuando sobre nós. Cada murmúrio era magnífico, de modo que até mesmo um suspiro na direção do domo soava como se tivesse sido pronunciado no meu ouvido. Os visitantes se acomodaram no lugar e o silêncio tomou conta. Então um tom baixo e ressonante preencheu tudo. Logo veio uma nota mais alta, suave e pulsante, então outra. O som emanava das taças de cristal de quartzo sendo tocadas, mas parecia estar por toda a volta. Agora eu entendia o que o homem que nos recebeu queria dizer com "a sensação de quando você vê um violão e só quer se aninhar dentro dele". Lá estávamos nós, dentro de um instrumento de corda oco gigantesco, nadando nas ricas vibrações do som. Foi como estar suspenso entre o sono e a consciência, quase alucinógeno, cheio de estranhas imagens e pensamentos desatrelados da realidade. Não me surpreende que os fãs desses "banhos de som" relatem uma espécie de transe, além de alegria e relaxamento profundos.

Vendo músicos se perderem em um riff ou dançarinos envolvidos pelo ritmo, você pode ficar tentado a acreditar que a música é alegre por ser livre e sem restrições. Por baixo do prazer da música, porém, há camadas de ordem: a repetição de sons, a sequência de batidas e, no nível mais profundo, as oscilações das próprias ondas sonoras. Nossa primeira experiência com o ritmo é no útero. Mesmo lá de dentro, os bebês são reconfortados pelos batimentos cardíacos, pelos sons repetitivos e pelo balanço rítmico da mãe.[23] Embora as tradições musicais do Ocidente e do Oriente possam parecer radicalmente diferentes, adultos e crianças de variadas culturas concordam a respeito de quais tons são consonantes e quais são dissonantes. A quinta justa e a quarta justa, por exemplo, são consideradas agradáveis em todo o mundo e aparecem na música da maior parte das culturas. Até instrumentos rudimentares — flautas feitas de ossos de cisnes ou mamutes há 43 mil anos — produzem esses intervalos harmoniosos.[24] Musicólogos dizem que esses intervalos soam agradáveis a nós porque a proporção na qual a nota vibra, 4:3 em uma quarta justa e 3:2 em uma quinta justa, cria intersecções regulares entre os diferentes comprimentos de onda.[25] Em um violino tocando a quinta justa, uma corda vibra na razão de três oscilações a cada duas das outras, o que significa que dois comprimentos de onda com frequência coincidem. Contraste isso com um intervalo chamado trítono, sugestivamente conhecido como "o diabo na música". Esse intervalo tem uma razão de 42:35, que cria um som dissonante e agourento. Em 1787, um físico alemão chamado Ernst Chladni descobriu um modo de ver essas oscilações musicais. Cobrindo uma placa de metal com areia e fazendo-a vibrar como uma bateria, ele notou que desenhos simétricos surgiam na superfície, revelando uma forma distinta para o timbre de cada tom e nos lembrando de que a música é essencialmente som padronizado.

Sejam sônicos ou visuais, padrões são uma fonte atemporal de alegria. Um dos motivos pelos quais amamos padrões e ritmos é que sua repetição estruturada de elementos estabelece um nível básico de harmonia. Padrões nos permitem experimentar uma abundância de sensações sem que nos pareça opressivo, além de criar um pano de fundo ordenado contra o qual se pode detectar quando algo está fora de lugar ou apenas errado. Eles deixam nosso cérebro relaxar, sem precisar permanecer em estado de alerta total.

Até agora, pesquisas mostraram que a batida regular e a melodia da música reduzem mais o estresse que sons sem estrutura, como o ondular da água,[26] e que colorir um padrão estruturado como uma mandala pode reduzir consideravelmente a ansiedade.[27]

Como Darwin observou, quase toda cultura no mundo usa padrões em suas artes decorativas, do xadrez escocês ao *kente* ganense e à estampa clássica da caxemira. Uma variedade considerável de padrões pode ser produzida de modo simples: gravando barro ou madeira, entrelaçando lã ou folhas, tingindo com pigmentos feitos de plantas ou pedras esmagadas. A produção de padrões não exige materiais elaborados ou caros, só prática e paciência. Mesmo culturas relativamente mais pobres se esforçam para criar padrões, dando significado e alegria a um jarro d'água ou a uma vestimenta.

Numa viagem pela Rota da Seda há alguns anos, me vi atraída por um mundo de lindos padrões: cerâmicas ultramarinas e *suzanis* bordados no Uzbequistão, tapeçarias vermelhas do Turcomenistão, tapetes de feltro com estampas gráficas do Quirguistão, tradicionalmente usados por pastores nômades para adornar suas iurtas. Quando voltei, senti falta do modo fácil como as culturas da Ásia Central inserem padrões em suas vidas, então comecei a colecionar tecidos com estampas alegres. Procurava em lojas de antiguidades e em mercados, em casa e quando viajava. Embora eu nem sempre saiba como usá-los, eles sempre encontram seu lugar — às vezes como almofada ou capa para um banquinho que começa a ficar velho, ou só jogados sobre uma cadeira. Uma das melhores coisas sobre padrões é que eles podem ser alegres e discretos ao mesmo tempo: aqueles com branco, como renda ou malhas de tricô, podem trazer alegria até aos mais cromófobos!

Nosso desejo de localizar padrões é tão forte que às vezes os vemos onde não existem. Essa tendência explica o prazer que sentimos ao localizar constelações no céu noturno, rostos nas nuvens ou uma melodia em ruídos aleatórios na rua.[28] Padrões tendem a conter informações valiosas. Historicamente, é mais seguro para humanos interpretar informações sem sentido do que deixar passar um padrão significativo, como a folhagem de uma planta comestível ou uma sequência de torrões na terra que poderia indicar a presença de animais. Por outro lado, alguns padrões são tão sutis que nem percebemos sua existência. Quando comparamos uma floresta com um prédio de escritórios, pode parecer que o segundo constitui um cenário muito mais ordenado. Janelas repetidas e formas geométricas criam simetrias e relações matemáticas simples, enquanto a floresta parece selvagem e caótica. Mas, nos anos 1970, um matemático chamado Benoit Mandelbrot propôs que muitos objetos naturais continham padrões que se repetiam não de forma linear, como a estampa de um tecido, mas por meio de diferentes escalas de visão. Quando se amplia a visualização de um ramo de árvore, você notará o mesmo padrão em forma de garfo que se vê no tronco repetido em escalas cada vez menores. Mandelbrot chamou esses padrões de "fractais";[29] eles podem ser encontrados em muitos objetos e fenômenos naturais, como litorais, redes fluviais, flocos de neve, vasos sanguíneos, panoramas urbanos e até mesmo em nossa frequência cardíaca. Esse tipo de padrão também é conhecido como "simetria em expansão", porque o motivo central cresce conforme é repetido. Pesquisas sugerem que temos uma forte preferência por fractais com um grau mediano de complexidade — que, por acaso, é o tipo mais comum na natureza. Olhar para esses fractais estimula as ondas alfa do córtex frontal, um estado conhecido por se relacionar com o relaxamento desperto, o que pode ser outro motivo pelo qual passar tempo ao ar livre nos parece tão agradável e restaurativo.

Fractais também aparecem em determinados contextos produzidos pelo homem. Nos redemoinhos de tinta de Jackson Pollock, pesquisadores encontraram padrões fractais que foram ficando cada vez mais intricados ao longo da carreira do pintor.[30] A arquitetura gótica é rica em fractais, assim como alguns templos hindus.[31] Vilarejos inteiros na África são dispostos de acordo com algoritmos fractais.[32] O matemático Ron Eglash estudou vilas na Etiópia, em Camarões e no Mali e descobriu que fractais são usados por todo o continente africano não só como princípio arquitetônico, mas também como base de muitos costumes e ritos religiosos.

A alegria dos fractais e dos padrões complexos é um lembrete de que a estética da harmonia nem sempre é algo que se possa ver. Muitas vezes, é só algo que podemos sentir.

ENCONTRANDO O FLUXO

Como harmonia pode ser algo sutil, às vezes surge uma sensação de desequilíbrio. Mesmo com minha formação em design, nem sempre sei como resolver isso. Quando senti a necessidade de um direcionamento mais concreto no sentido de criar harmonia em um espaço, me voltei para a história da arquitetura e do design. Não demorei muito para me dar conta de que havia uma prática de harmonia espacial milenar: a arte chinesa do feng shui.

Sempre fui muito contida em relação ao feng shui. Os artigos que havia lido prometiam sorte e prosperidade com a adoção de algumas poucas dicas, mas nunca compartilhavam os motivos pelos quais produziam resultados tão maravilhosos. Me dava a impressão de ser menos uma ciência e mais uma crença no poder do pensamento positivo, uma espécie de astrologia para o lar. Por outro lado, o feng shui é praticado há mais de 5 mil anos. Essa resistência ao tempo sugeria que eu o devia avaliar mais de perto.

Encontrei uma companheira nessa exploração em Cathleen McCandless, uma sensata profissional do feng shui cujo livro, *Feng Shui That Makes Sense* [Feng shui que faz sentido], desbanca muitos dos mitos que envolvem as promessas mais místicas da disciplina. McCandless começou a carreira como ambientalista, estudando o desmatamento na bacia amazônica. Então sua mãe foi diagnosticada com câncer de estágio quatro e ela voltou para casa. Estava em uma livraria quando por acaso encontrou um volume com um capítulo curto sobre feng shui. McCandless experimentou algumas das ideias na casa da mãe e, para sua surpresa, ela lhe disse que de fato a faziam se sentir melhor. Depois que a mãe morreu, Cathleen se devotou a traduzir antigos preceitos do feng shui para a realidade da vida moderna.

McCandless me contou que, quando a prática foi inventada, a sociedade chinesa era agrária e estava estabelecida em uma paisagem altamente dinâmica. O feng shui ganhou esse nome a partir de duas das mais potentes forças naquele contexto: o vento (*feng*) e a água (*shui*). Quando ambos fluem rápido demais, o resultado é destruição: furacões, enchentes, tsunamis. Quando fluem devagar demais, resultam em ar pesado, água turva e estagnação. "Em sua profunda sabedoria", McCandless explica, "os antigos chineses decidiram criar um sistema que garantiria a segurança e um ambiente melhor para seu povo." Como a localização das casas e dos campos podia influenciar a saúde das pessoas, a qualidade da safra e até mesmo a sobrevivência, o feng shui naturalmente passou a ser visto como uma maneira de aumentar a sorte e a prosperidade de alguém.

Curiosa para compreender por mim mesma como o feng shui poderia criar harmonia no mundo moderno, decidi experimentar em minha casa. McCandless mora em Maui, no Havaí — uma localização que, tenho certeza, é ideal do ponto de vista do feng shui, mas infelizmente ficava longe demais do meu apartamento em Nova York para que ela pudesse me dar uma consultoria. Então me voltei à profissional Ann Bingley Gallops, que mora no Brooklyn. Ela pediu que eu mandasse uma planta do meu apartamento e respondesse um questionário rápido. Então, uns dias depois, foi me visitar.

Gallops nem piscou por trás dos óculos de armação vermelha quando lhe contei sobre meu ceticismo em relação ao feng shui. Como McCandless, ela acredita que o poder dessa ciência vem da maneira como reformula nosso relacionamento com o entorno, e não de qualquer propriedade mística. "Não se trata de magia", Gallops disse. "É uma questão de dar atenção a cada área do seu espaço." Com isso em mente, demos uma volta no apartamento começando pela porta da frente. Enquanto eu tagarelava sobre como planejávamos substituir a antiga estante móvel lotada que ficava à entrada e como em geral não havia tantos sapatos e caixas espalhados pela casa, Gallops absorvia com tranquilidade tudo o que havia ali. Sua atitude cuidadosa me fez diminuir o ritmo. Ela abria e fechava portas, olhava nos cantos e se afastava para ver cada área de diferentes ângulos. Me dei conta de que andava tão ocupada vivendo ali que talvez não fizesse uma pausa para olhar o lugar desde que havia me mudado, três anos antes.

"O chi parece ótimo na maioria dos lugares aqui", ela afirmou. Me senti lisonjeada por um momento, mas me dei conta de que nem sabia o que aquilo queria dizer; então pedi que explicasse. Gallops falou que a premissa essencial do feng shui é que toda a matéria, esteja à nossa volta ou dentro de nós, é animada por uma energia invisível chamada "chi". Tanto a acupuntura quanto o feng shui são centrados no chi; a primeira procura reequilibrá-lo através do nosso corpo, e a segunda, através do entorno. Devo ter feito uma cara de dúvida, porque Gallops prosseguiu com analogias mais práticas. "É quase como ter um animal de estimação. Ele pode entrar, explorar o espaço e encontrar a saída com facilidade? O fluxo saudável de chi é assim." Imaginei o chihuahua de um amigo solto em nosso apartamento, com suas patas minúsculas batendo no chão enquanto corria de um lado para o outro. Como a água e o vento que deram nome ao feng shui, o bom chi flui através do espaço (e do nosso corpo) de um modo vívido, mas gentil, como a brisa à beira-mar. Por exemplo, um corredor comprido vazio cria um fuga rápida de chi que pode funcionar numa pista de aeroporto, mas em casa parece desconfortável. Um quarto bagunçado prende o chi num redemoinho. Eu não tinha certeza de como me sentia em relação ao chi como força vital, mas, como conceito, fazia sentido para mim. Chi é a circulação de ar no espaço, o movimento do olhar em um cômodo, as órbitas diárias dos moradores de uma casa. Chi é fluxo.

De repente, enxerguei a alegria da ordem sob uma nova luz. Foi como aquela ilusão de óptica clássica em que se veem dois rostos de perfil, mas de repente a perspectiva muda e surge um vaso no espaço negativo entre eles. Alegria não é uma questão de estrutura ou organização por si só. Trata do fluxo suave de energia que essa ordem permite. A fileira de dançarinas do Radio City, por exemplo, tem regras estritas. Bailarinas que se candidatam a ela precisam ter altura entre 1,67 e 1,77. As mais altas são colocadas no meio, e o tamanho das moças vai diminuindo gradualmente até as extremidades. Tudo isso é importantíssimo, mas a alegria não está nas regras meticulosas e no alinhamento dos bastidores. Está na maneira como tal ordem permite que as dançarinas sincronizem seus movimentos, fazendo com que a dança pareça uma ondulação que não exige esforço. Ou então considere as imagens do blog Things Organized Neatly. Quando falei com Austin Radcliffe, seu criador, aprendi que os layouts ordenados que aparecem nele têm raízes em duas práticas: o *knolling* e o *mise en place*. *Knolling* é um sistema de disposição de objetos, em geral ferramentas, em ângulos específicos em relação uns aos outros sobre uma superfície de trabalho. Foi originado na oficina de móveis de Frank Gehry no fim dos anos 1980 e popularizado pelo artista Tom Sachs. *Mise en place* é uma prática similar usada em cozinhas profissionais para adiantar um turno, deixando à mão todos os ingredientes e utensílios que serão utilizados. Ambas são estratégias que permitem um fluxo de trabalho tranquilo, de modo que os envolvidos vejam os materiais e os usem de maneira fluida. (É claro que "fluxo" também é o termo adotado pelos psicólogos para quando se está completa e alegremente envolvido em uma atividade, seja trabalho ou diversão.) Mas o subproduto de dispor as coisas para um bom fluxo de trabalho é que resulta em um bom fluxo visual, sem ângulos desconfortáveis e com bastante espaço negativo para que o olhar se mova com facilidade.

Sabendo do poder dessas técnicas, comecei a usá-las em momentos comuns. Quando corto uma maçã para comer de lanche, disponho os pedaços em um círculo em vez de empilhá-los de qualquer jeito no prato. Ou então organizo minha mesa ao estilo *knolling* no fim da semana, para que pareça pronta quando voltar a ela na segunda-feira. Mesmo o método de organização de Marie Kondo pode ser visto com as lentes do fluxo. Removendo obstáculos do entorno, abrimos canais para a energia fluir de forma suave em nossa vida.

De volta ao apartamento, Gallops me conduziu até a entrada e disse: "O único lugar onde sinto que o chi fica preso é aqui". Ela me contou que o feng shui colocava ênfase especial naquela área porque era a porta de acesso à casa ou ao escritório. É preciso passar por ali toda vez que se entra ou sai, e é onde os hóspedes são recebidos. Se sua porta emperra ou você está sempre tropeçando nos sapatos, haverá atrito em um momento que você precisa de ímpeto. Pode ser algo mental, mas também é físico. Em vez de fluir para fora de casa tranquilamente pela manhã, seu corpo vai absorver a força desse atrito. Isso pode fazer com que você aperte os dentes ou tensione os músculos, o que por sua vez pode influenciar o modo como lida com o trânsito ou cumprimenta seus colegas ao chegar ao escritório. É um breve momento que pode ter efeitos secundários ao longo do dia. Quando você volta à noite, acontece o contrário. Deparar com o caos já de cara gera uma irritação que afeta o restante da sua noite. Com isso em mente, olhei para a entrada cheia de caixas do apartamento e vi que Gallops estava certa. Escrevi "arrumar entrada" no topo da lista.

Para Gallops, outro lugar que precisava de atenção era o quarto. Logo de início, ela notou que a cama ficava no canto, o que atrapalha o feng shui. Nós a tínhamos colocado ali para maximizar o espaço, mas a consultora apontou que criava assimetria no cômodo. "E no relacionamento", acrescentou, tentando não parecer agourenta demais. Um membro do casal tem fácil acesso à cama, enquanto o outro precisa se arrastar até seu canto de maneira desconfortável. Segundo Gallops, sempre que um parceiro enfrenta maior resistência que outro para fazer uma atividade cotidiana, um desequilíbrio é criado na casa. Eu conseguia ver como ele podia parecer pequeno, a princípio, mas tinha o potencial de evoluir até dificultar a vida conjugal. Acrescentei "reorganizar quarto" à minha lista de afazeres.

Naquela noite, repassei as recomendações de Gallops a Albert. Decidimos reconfigurar o quarto de imediato e colocamos quadradinhos de feltro nos pés dos móveis, para poder arrastá-los com mais facilidade. O quarto passou uma impressão melhor no mesmo instante, como se sempre devesse ter sido do novo jeito. Passei o domingo num evento familiar. Quando voltei, meus olhos quase caíram da órbita: a entrada estava completamente desobstruída! Albert tinha passado a tarde toda movendo móveis e organizando tudo. Era como se eu estivesse entrando em outro apartamento. Agora que a estante tinha saído, havia espaço para me mover. Pude tirar o casaco sem bater em nada, e havia um banquinho no ponto exato para que eu sentasse e tirasse as botas. Das primeiras vezes que saí de casa, foi tão fácil que até tive a impressão de que estava esquecendo alguma coisa.

Os profissionais do feng shui amam propagandear os efeitos misteriosos de reajustar seu espaço. Um homem solitário por fim começa a namorar; um empreendedor com dificuldades recebe uma grande chance do nada. Fico tentada a revirar os olhos diante desses relatos, mas quando sobreponho o que aprendi com o feng shui à ciência mais ampla da desordem, as histórias começam a soar um pouco menos absurdas. Se o ambiente faz com que você se sinta estável, equilibrado e ancorado, você tem maior probabilidade de se sentir confiante ao tomar medidas arriscadas e explorar novas oportunidades. Outras pessoas podem notar seu comportamento calmo e tranquilo e ser atraídas por você. Como vimos, um entorno ordenado também pode diminuir a ocorrência de comportamentos que possam minar a confiança dos outros em você, como mentiras ou traições.

Não houve nenhuma revolução na minha vida nas semanas seguintes à experiência com o feng shui. Mas um tipo mais mundano de mágica ocorreu. Algumas noites depois de termos feito as alterações, Albert e eu cozinhamos juntos. Fazemos isso com bastante frequência, e muitas vezes perdemos um pouco a paciência um com o outro. Ele abre a torneira para lavar uma tigela bem quando estou tentando escorrer a salada, ou eu tento jogar algo no lixo no mesmo instante em que ele abre a gaveta dos talheres, que fica acima. As cozinhas de Nova York não são exatamente espaçosas, mas sempre imaginei que era algo com que precisava me conformar. Mas, naquela noite, entramos em um ritmo simbiótico silencioso. Não houve encontrões ou trombadas, nada de "Ei!", "Opa!" ou "Desculpa!". Uma mosca no teto teria visto cada um se movendo em círculos despreocupados em torno do outro, como se estivéssemos traçando os arcos de uma coreografia invisível. Embora estivéssemos cansados, parecíamos ter uma consciência mais elevada um do outro. Desconfiei que ele ia querer colocar salsinha no peixe que estava preparando, então piquei um pouco antes que pedisse. Quando abriu a geladeira para pegar o vinho, Albert aproveitou para pegar a mostarda do molho que eu ia preparar e a deixou à minha frente sem que eu precisasse pedir. Foi um jantar simples: filé de linguado frito, vagem na manteiga e salada. Mas sentamos para comer nos sentindo calmos e à vontade, como se a comida tivesse chegado até nós num tapete voador.

Estranhamente, nenhum dos nossos ajustes tinha sido feito perto da cozinha. Não temos mais espaço nela do que tínhamos antes. Mas acho que é simples assim: harmonia gera harmonia. Um lar é composto de muitas partes independentes, e, assim como costumamos esquecer que o ambiente afeta nossas emoções, também esquecemos que uma parte do espaço afeta outra. Gosto da noção de fluxo porque nos lembra de que eventos em determinado espaço não são definidos por limites claros. Efeitos de um cômodo podem se espalhar por outro. Assim como um breve momento de caos pode iniciar uma espiral negativa e criar um estrago, pequenos pontos de ordem podem afetar positivamente o sentido maior de fluxo em nossa vida.

PERFEITAMENTE IMPERFEITO

A harmonia é uma das poucas estéticas da alegria que tem elementos de fato mensuráveis. Energia e abundância são enganosas quando se trata de quantidade. Com a liberdade, é difícil saber por onde começar. Mas, ao criar harmonia, tanto a régua quanto a bússola e o nivelador podem ser úteis. No entanto, esse aspecto quantitativo também carrega riscos. Se não formos cuidadosos, os ângulos e as proporções podem fazer com que nos fixemos em um ideal de perfeição em vez de na experiência da harmonia. Ferramentas podem ser úteis, mas, no fim das contas, não são os árbitros da alegria. Você é. Por isso considero a noção de chi, ou fluxo, tão importante. O fluxo nos traz de volta ao corpo. Ele nos lembra de que as mais importantes ferramentas para alcançar a harmonia são aquelas com que nascemos: nossos sentidos e nossas emoções.

Compreender isso é vital, porque às vezes a harmonia aparece de formas não tão visualmente perfeitas quanto poderíamos esperar. Quando comecei a pesquisar padrões alegres para este livro, descobri que, embora a maioria exibisse simetrias impecáveis, outros pareciam violar muitas das "regras". A Ikat, por exemplo, é uma fábrica de tecidos que aplica um processo pouco convencional, no qual as linhas da urdidura são tingidas antes de serem colocadas no tear. Conforme a trama é entrelaçada, a urdidura se desloca ligeiramente, criando um visual emplumado que quebra as linhas de simetria. Cada módulo no padrão parece um pouco diferente, mas o desenho geral guarda uma sensação dinâmica e suave de harmonia. Os artesãos islâmicos, por sua vez, acreditam que a verdadeira perfeição cabe a Deus; assim, alguns deles acrescentam pequenas falhas a seus trabalhos, pois nenhum humano deveria tentar rivalizar com as criações divinas. Essas falhas podem até arruinar a perfeição matemática dos padrões, mas nossos olhos passam por elas sem ao menos notá-las.

O exemplo mais estonteante de imperfeição harmônica, para mim, são as obras de uma pequena comunidade no Alabama rural. As colchas de patchwork de Gee's Bend parecem irradiar um equilíbrio estático ao mesmo tempo que desafiam todos os dogmas de padrão e simetria. Vi essas colchas pela primeira vez em uma série de selos postais, e fiquei impressionada com seu ritmo incomum mesmo naquele tamanho tão diminuto. As colchas de retalhos de Gee's Bend não seguem os diagramas altamente estruturados das outras tradições. Uma delas, chamada *Snowball*, da artesã Lucy T. Pettway, tem uma grade de nove por dez círculos dentro de quadrados, alternando vermelho em branco e branco em vermelho. Embora alguns dos retalhos vermelhos sejam lisos, outros são feitos de um tecido com estampa pequena de flores. Estes últimos se concentram perto do canto inferior direito e à esquerda do centro da colcha, com um ou dois em outras áreas, atraindo o olhar. Uma das peças mais celebradas, *Bars and String-Pieced Columns*, de Jessie T. Pettway, apresenta três colunas de tiras em rosa, branco, violeta e amarelo, cortadas por quatro rios de vermelho sólido. Os retalhos coloridos que formam as colunas não são retangulares, mas cortes inclinados, resultando em um visual que lembra rochas sedimentares. A costura se movimenta com o trabalho, sobrepondo uma segunda textura ondulada à primeira.

Há poucos ângulos de noventa graus nessas colchas, além de poucas costuras retas e poucas formas que seguem a geometria euclidiana. Mas, longe da imperfeição, as sutis curvas e inclinações dão uma forte sensação de movimento. Soam musicais, e as melhores analogias para sua estrutura parecem de fato vir da música: síncope — a ruptura rítmica que torna certas músicas tão agradáveis de dançar — ou improvisação no jazz. Olhando para aquelas colchas, me perguntei se haveria uma ordem nelas que me passava despercebida, então decidi verificar se alguma artesã concordaria em compartilhar seu método.

Pouco depois da saída de Selma, a estrada se afunila em uma única pista, e o sinal do meu celular foi de baixo a inexistente. Mas o GPS não seria de nenhuma ajuda naquele momento. Verifiquei mais uma vez as instruções que Mary Ann Pettway, gerente do coletivo de artesãs, me passou por telefone. Virei à esquerda na rua sem saída e peguei a estrada 29. Depois de alguns quilômetros, vi uma construção em formato de celeiro, com a tinta branca descascando nas laterais. Eu tinha chegado a Gee's Bend. Agora compreendia o isolamento que impedira as colchas das artesãs de serem descobertas por tantos anos. Aninhado em uma curva do rio Alabama, o enclave negro foi outrora a plantação de algodão de um homem chamado Mark H. Pettway. Depois da emancipação, a maior parte da população manteve o sobrenome dele e ficou na região como arrendatários, muitas vezes lutando contra a pobreza devastadora. Só há uma estrada entrando e saindo da cidade (conhecida oficialmente como Boykin). O meio de transporte principal é uma balsa que atravessa o rio, mas o serviço foi suspenso nos anos 1960, quando moradores foram até Camden tentar se registrar para votar, e só voltou a funcionar em 2006. As mulheres de Gee's Bend fazem colchas de retalhos desde pelo menos os anos 1920, mas foi só quando um intrépido colecionador chamado William Arnett começou a visitar a região nos anos 1970 que a singularidade desse trabalho passou a ganhar amplo reconhecimento.[33] Críticos compararam as obras delas a Henri Matisse e Paul Klee, e muitas colchas foram exibidas em museus ao redor do mundo. A maioria é vendida por mais de 5 mil dólares.

Muitas colchas de Gee's Bend têm raízes em padrões comuns. No prédio do coletivo, Nancy Pettway listou alguns, abrindo as colchas para mostrá-los. Um "telhado" apresenta quadrados concêntricos. Uma "cabana" é similar, mas com cores contrastantes que enfatizam as linhas diagonais dos quadrados. Um "nove retalhos" é de fato o que o nome sugere. Esses padrões, contudo, não são layouts fixos, mas estruturas soltas que permitem uma alegre improvisação. "Este aqui começou como telhado, mas acabou como cabana", a mulher de bochechas redondas me diz enquanto desdobra uma colcha e a exibe sobre as pernas, de modo que a peça se mistura com a estampa floral da saia dela. Com frequência, uma colcha começa de um jeito e depois a artesã muda de ideia. Na parede, pendurada com prendedores de papel, estava uma colcha que de um pequeno e doce tabuleiro de damas parecia se transformar em uma cambalhota selvagem em azul e vermelho antes de se acomodar em um estilo "telhado" clássico com florais de vovó. Talvez a improvisação possa ter se originado em parte por necessidade, como a própria produção de colchas. As casas de Gee's Bend não tinham aquecimento suficiente, e as mulheres faziam cobertores porque precisavam manter a família aquecida. Ao explicar por que sua mãe a fez aprender o ofício, Lucy Marie Mingo, de 84 anos, conta: "Minha mãe me disse isso, e era verdade: 'Você precisa aprender a fazer uma colcha porque não sabe quantos filhos vai ter depois que casar. Se souber como fazer suas próprias colchas, não vai ter que comprar tudo'". (Lucy acabou tendo dez filhos, sem mencionar o marido de quase dois metros de altura que precisava de cobertores maiores que o normal.) Até a metade do século xx, quase todas as colchas de Gee's Bend eram feitas de roupas velhas: jeans e veludo cotelê, algodão leve, às vezes uma bandana. Outrora moldados ao corpo humano, esses materiais vinham com contornos próprios. Uma artesã, Polly Bennett, descreveu suas colchas como "reuniões",[34] porque eram feitas de quaisquer retalhos que conseguisse reunir. As mulheres trabalhavam com o que tinham e tentavam encontrar beleza ali.

Mas a improvisação prosperou em Gee's Bend não apenas por necessidade. Também se tratava de uma fonte de alegria e orgulho. Como boa parte do tempo das artesãs era empregado no cuidado com a plantação, as crianças e a casa, a produção de colchas oferecia um respiro criativo raro. As mulheres enalteciam a engenhosidade umas das outras e compartilhavam suas técnicas. Curiosa sobre como essas artistas desenvolviam composições tão harmoniosas sem aderir aos padrões mais estritos, perguntei a Mary Ann Pettway se poderia explicar como produzia suas peças. Sem dizer uma palavra, ela foi até a mesa de trabalho e começou a me mostrar. Esvaziou uma sacola com pequenos retalhos de tecido e fez uma seleção com as pontas dos dedos cobertas de fita adesiva, procurando quase mais pelo tato que pela vista. Encontrando dois pedaços que pareciam funcionar, ela alinhou as beiradas e então as passou pela máquina de costura. Cortou o fio e recomeçou. Seleção, posicionamento, costura, corte. A mulher espiralava como um náutilo, começando com retalhos pequenos e depois acrescentando maiores em volta, equilibrando tudo de forma intuitiva ao longo do caminho. Às vezes, ela colocava um pedaço numa ponta, depois o experimentava em um ponto diferente antes de costurá-lo no lugar. Parecia um pouco com cozinhar sem seguir receita. Quando não há diagrama, é preciso confiar mais na calibração dos seus sentidos. Você pesa os ingredientes com as mãos, confirma com o nariz. Confere o progresso vendo as mudanças na cor, ouvindo os assovios e o borbulhar que vêm do forno. Nada é medido; nada é perfeito. Quando perguntei a Mary Ann como ela sabia quando a composição estava boa, ela me deu a mesma resposta direta que ouvi de Nancy Pettway e Lucy Mingo: "Apenas parece certo".

Preciso admitir que eu esperava encontrar algum padrão secreto naquelas colchas, um pouco como os fractais nas manchas de tinta de Pollock. Talvez um dia um intrépido matemático com uma queda por arte folclórica encontre um. Mas deixei Gee's Bend com um lembrete de que a harmonia reside não só na perfeição, mas no perfeitamente imperfeito. Do outro lado do vidro do carro, vi trechos de grama aparada em faixas verdes irregulares. Cercas dividiam a terra em pedaços desproporcionais. Na estrada pavimentada, as linhas amarelas duplas se estendiam como uma trilha sinuosa de pontos costurados, mantendo seu próprio ritmo e encontrando seu próprio fluxo.

5. Diversão

Eu estava a mais de quinze metros da costa, em uma enseada no lado ocidental da ilha Isabela, sem fôlego. Apontei a máscara para baixo e dei uma volta, procurando por uma fêmea de leão-marinho. De repente, eu a vi nadando, seu imenso corpo marrom avançando na minha direção em uma velocidade impossível. O medo começou a tomar conta do meu corpo, mas mal tive tempo de me preparar quando ela mergulhou poucos centímetros à minha frente, me deixando sozinha com suas bolhas. Tirei a cabeça da água e arranquei o snorkel. Uma risada chacoalhou meu corpo inteiro. Eu já tinha brincado com bebês, cachorros e gatos, mas nunca experimentara alegria igual a fazê-lo com um leão-marinho de Galápagos.

Brincar é uma das melhores maneiras de acessar o prazer, com raízes profundas na vida humana. Arqueólogos encontraram brinquedos infantis, como bonecos, piões e chocalhos em diferentes localidades do mundo antigo.[1] Mas como as crianças brincam com todo tipo de objeto, não apenas com aqueles projetados para tal, a brincadeira talvez seja muito mais antiga do que os registros arqueológicos sugerem. Todas as espécies de primatas brincam —

incluindo nossos parentes mais próximos, os chimpanzés e os bonobos, que são os mais brincalhões. Embora já se tenha acreditado que apenas mamíferos brincavam, pesquisas observaram comportamento desse tipo em recantos surpreendentes do mundo animal:[2] polvos mexendo com blocos de Lego, tartarugas jogando bola e crocodilos carregando uns aos outros nas costas. Nossa expressão mais humana de alegria, a risada, provavelmente surgiu da diversão. Cientistas acreditam que ela evoluiu a partir dos sons ofegantes e da careta que os primatas fazem quando imersos numa brincadeira.[3]

A diversão foi um ponto de partida óbvio quando minha pesquisa a respeito da alegria teve início, porque é a fonte das primeiras lembranças alegres de muitas pessoas. Uma amiga se lembrou de tentar segurar as risadas enquanto brincava de "sardinha" com os primos. É como esconde-esconde, só que apenas uma pessoa se esconde; quando as outras a encontram se esgueiram em silêncio junto dela, se apertando como sardinhas, até que o último a descubra e todos saiam. Um amigo falou com carinho sobre os fortes elaborados de papelão que costumava construir na sala de casa com os pais. As brincadeiras ficam profundamente gravadas em nossas lembranças por um bom motivo: são a única atividade conhecida na qual os humanos se envolvem apenas porque produz alegria.[4] Comemos e fazemos amor porque são prazerosos, mas esse prazer está a serviço de necessidades maiores. Precisamos nos alimentar, e sexo sem controle de natalidade é responsável pela propagação da espécie. O trabalho também pode ser fonte de prazer, mas em geral ele está ligado a um resultado: dinheiro, comando, reconhecimento ou a satisfação de ter ajudado alguém ou produzido algo. Contudo, a única métrica de sucesso da brincadeira é quanta alegria ela produz. Como resultado, a diversão com frequência foi dispensada como algo fútil e desnecessário. Como a emoção, ela recebeu pouca atenção da comunidade científica. No entanto, em anos recentes, houve um enorme aumento do interesse em seu estudo, tanto em humanos quanto em animais, e inúmeras pesquisas apontaram seu papel crucial na vida humana.

Seria difícil encontrar um defensor mais exuberante da diversão que Stuart Brown, o ativo fundador de 82 anos do Instituto Nacional da Diversão. Fui conhecê-lo em sua casa em Carmel Valley, Califórnia, em um dia ensolarado de outono. Ele apareceu usando agasalho laranja e tênis, com tanta energia quanto um labrador, e me levou até seu escritório.

"A necessidade de brincar está dentro de nós", Brown disse depois que nos acomodamos. "Se não a atendermos, estamos encrencados." Ele chegou a essa conclusão seguindo uma rota improvável. Anos atrás, Brown recebeu a tarefa de estudar assassinos condenados do sistema carcerário do Texas, em um esforço para entender se havia fatores que poderiam tornar uma pessoa suscetível ao comportamento violento. Ele e sua equipe fizeram um vasto inventário da vida dos criminosos, conduziram entrevistas detalhadas, consultaram amigos e familiares deles e os compararam com uma população não criminosa equivalente. Depois de avaliar todas as informações, eles notaram um traço comum surpreendente. "Quase todos esses infratores violentos tinham históricos de diversão deficientes ou desviantes",[5] contou Brown. Alguns tinham pais abusivos com temperamento volátil ou controladores, que impunham regras rígidas. Outros eram isolados socialmente. Por uma variedade de motivos, a infância deles havia sido marcada por uma severa falta de diversão.

Embora o comportamento violento provavelmente tenha origem em uma série de fatores, de predisposição genética a abuso físico, a ligação em potencial com a falta de diversão se destacou para Brown porque lhe pareceu surpreendente. E começou a fazer mais sentido quando ele aprendeu sobre as muitas maneiras como a brincadeira influencia nosso desenvolvimento emocional e social. Brincar nos permite praticar o dar e receber, através do qual aprendemos sobre empatia e justiça. Também promove a flexibilização do pensamento e a resolução de problemas, que aumenta nossa resiliência e nos ajuda na adaptação diante de mudanças. Quando brincamos, nossa noção de tempo diminui e nossa timidez desaparece. A diversão pode nos colocar num fluxo poderoso, que nos faz esquecer preocupações mundanas e ser absorvidos pela alegria do momento.

Para crianças, livres de responsabilidade, o mundo da brincadeira se mistura com a vida real. Brincar de "achou!", caminhar pelo parque e até acompanhar o pai ou a mãe em seus afazeres podem ser ocasiões para soltar a imaginação e se divertir. Conforme ficamos mais velhos, nos dizem para "parar de brincar", temos mais lição de casa e menos tempo livre, e aprendemos que a seriedade é colocada acima da alegria. É claro que a maioria de nós mantém sua criança interior, que aparece de vez em quando para uma guerra de travesseiros, uma volta na montanha-russa ou para pegar um floco de neve com a língua. Mas esses momentos são muito raros. Na visão de Brown, a natureza orientada por objetivos da nossa sociedade começa a reprimir nosso impulso natural para a diversão ainda na infância. "Se seus pais são do tipo que controla todo o seu tempo, ou se você for recompensado por desempenho, surge um débito de diversão que bloqueia o acesso ao impulso brincalhão." Brown descobriu que essa "dívida" é mais alta entre os melhores alunos que conheceu quando dava palestras em universidades importantes. Ele acredita que os estudantes de hoje têm mais conhecimento do que nunca, mas são menos espontâneos e alegres. "A cultura precisa de mais brincadeira", ele diz, melancólico.

Depois dessa conversa comecei a notar que, embora o assunto do equilíbrio entre vida pessoal e trabalho surja com frequência na imprensa, a diversão costuma ser deixada de fora da questão. A noção de ter mais tempo livre vem ganhando espaço, mas quase todo mundo que conheço usa esse tempo para ficar em dia com seus afazeres, mandar e-mails ou recarregar as baterias com uma forma de relaxamento passiva, como vendo Netflix ou fazendo compras pela internet. Só que as pessoas mais alegres que conheço conseguem reservar um espaço para a diversão mesmo na vida adulta, seja praticando um esporte recreativo, fazendo comédia de improviso por hobby, tocando com uma banda nos fins de semana, promovendo noites de jogos em família ou passando uma hora por semana pintando com aquarela. E não só isso: elas também levam esse espírito de diversão para outros aspectos da vida. Brincam com os amigos em jantares e com os cachorros em parques. Brincam em reuniões de negócios e com o marido ou a esposa.

"Ainda temos aquela criança dentro de nós", disse a comediante Ellen DeGeneres em uma apresentação de comédia stand-up. "Cada um de nós tem dentro de si aquela criança com quem precisamos brincar todos os dias."[6] Ela brincou que talvez a insônia fosse o resultado de uma criança interior cansada de ficar confinada o dia todo. "Não sei o que acontece, mas em algum ponto do caminho ficamos tão fatigados que perdemos aquela alegria, aquele êxtase." Como remédio, ela sugeriu o seguinte: "Amanhã, chegue em um completo desconhecido na rua e diga: 'Está com você!'. Então saia correndo!". Sua visão era de um enorme jogo de pega-pega pela cidade, com todos jogando, com a pasta na mão ou a mochila nas costas, gritando: "De quem é a vez?", "Minha?", "Não, sua!".

A noção de Ellen da criança interior que está viva e passa bem, mas se sente entediada, me pareceu um grande alívio. Não perdemos nosso instinto para a brincadeira, mesmo que às vezes percamos o contato com ela. Stuart Brown concordou. "A diversão é gerada bem dentro de nós, como uma força instintiva, subcortical e primária. Está lá." Mas como a trazemos à tona? Uma abordagem comum usa a nostalgia para inspirar a brincadeira. Se somos mais brincalhões na infância, então um ambiente que nos transporta de volta a ela pode evocar lembranças alegres que nos reconectem com nosso impulso à diversão. Em um esforço para estimular a criatividade, algumas organizações, em especial startups de tecnologia e grupos corporativos de pesquisa e desenvolvimento, criaram espaços de inovação inspirados em parquinhos e salas de aula do jardim de infância. As cores são primárias e fortes, e o piso é coberto por placas de borracha ou tapetes felpudos. Também há pufes coloridos ou cubos de espuma que podem ser levados de um lado para o outro. Algumas empresas até substituem as escadas por paredes de escalada ou escorregadores.

Essa abordagem pode ser eficiente, até porque leva outras estéticas da alegria ao espaço, como energia e liberdade. A maior parte dos lugares que vemos como descontraídos tende a incorporar essas estéticas, porque a energia exuberante e a liberdade desimpedida ajudam a alimentar a sensação de um jogo espirituoso e criativo. Mas essa estratégia também tem um lado negativo. Para pessoas que não se conectam com sua criança interior há um bom tempo, tais ambientes podem parecer opressores, até condescendentes — em especial no contexto do trabalho. Brincar pode ser profundamente libertador, mas também pode fazer com que nos sintamos vulneráveis. Quebra a rotina e nos expõe ao imprevisível. Embora aqueles que brincam a vida toda saibam que não há certo ou errado na brincadeira, quem não está acostumado pode duvidar se está se saindo bem ou mal. O lamentável resultado é que às vezes esses parquinhos para adultos estimulam mais a resistência a brincar que um desejo de fazê-lo.

Enquanto eu pensava a respeito de haver ou não outra abordagem possível, me lembrei do que Brown me contou sobre a brincadeira animal. Disse que eles convidam uns aos outros para brincar com gestos. Cachorros, por exemplo, mergulham as patas da frente no que os etologistas consideram uma espécie de reverência. Outros animais batem uma pata de leve. Entre os humanos, um sorriso travesso, uma expressão tola ou um soquinho brincalhão no braço sugerem que provavelmente haverá alguma travessura. Essas dicas são um convite para adentrar um espaço alegre e seguro, governado por regras diferentes daquelas do cotidiano. Nas palavras de Brown, são "dicas fundamentais de mamífero para mamífero que dão espaço para o prazer, a segurança e a não violência". O que me impactou nisso foi a constatação de que são todos gestos não verbais. A diversão parece ter sua própria linguagem física.

Me perguntei se havia uma variação dessa linguagem no mundo inanimado. Objetos de alguma forma sugerem, por sua estética, que dariam bons brinquedos? Certos espaços têm dicas inerentes que nos fazem querer brincar? Voltei à parede do meu escritório em que havia pendurado imagens alegres e passei os olhos por brinquedos, salões de jogos, parques de diversão e pátios de escola. De repente, tive uma revelação. Uma única forma reaparecia repetidas vezes nas fotos.

A FORMA DA DIVERSÃO

Peguei um marca-texto e tracei o círculo do bambolê e o perímetro de um pião. Desenhei a borda de uma piscininha de plástico fotografada de cima, um círculo azul refrescante. A roda-gigante, o carrossel e a roda do passa-anel envolviam círculos. Bolhas de sabão, bolas e bexigas, todos redondos. Esteticamente, a história da infância é a história do círculo e da esfera.

Formas redondas são magnéticas, sobretudo para crianças, e com frequência se tornam brinquedos independente de seu propósito original. Meu pai aprendeu isso do modo mais difícil, quando eu tinha seis anos. Um dia, deparei com uma esfera de cerâmica brilhante no jardim do vizinho e não consegui resistir ao impulso de rolá-la ladeira abaixo. A "bola" era uma escultura da artista Grace Knowlton, mas só fiquei sabendo disso depois de estilhaçá-la. Muitas lágrimas de culpa foram derramadas, embora felizmente a artista tenha sido simpática o bastante para colar a escultura e, de acordo com meu pai, declarar que tinha gostado mais dela daquele jeito. Mas era fácil compreender minha confusão: objetos circulares e esféricos têm sido usados como brinquedos há milhares de anos. Um círculo feito de ramos de videira, parecido com o bambolê moderno, era usado por crianças egípcias em 1000 a.C. Culturas mesoamericanas tinham um jogo com uma bola de borracha chamada *ulama* que data de pelo menos 1600 a.C., constituindo um dos mais antigos esportes do mundo. Jogos de bola também eram comuns na Grécia e na Roma antigas. Basta jogar uma bola para um cachorro, um chimpanzé ou um golfinho tentarem brincar com ela. Leões-marinhos até brincam com baiacus como se eles fossem bolas de praia. "Não deveria nos surpreender que uma bola nas mãos de um animal altamente inteligente e social desperte comportamentos familiares",[7] diz o antropólogo John Fox no documentário *Bounce: How the Ball Taught the World to Play* [Quicando: Como a bola ensinou o mundo a brincar]. Mas por que objetos redondos são veículos tão poderosos e universais da diversão?

Conforme as crianças crescem, precisam transitar entre dois objetivos opostos: a segurança e a exploração. Aprender sobre esses mundos exige engajamento, o que envolve certo risco. Brinquedos resolvem essa tensão, promovendo a descoberta sem sujeitar o jogador a um risco desnecessário.

Círculos e esferas são formas mais acessíveis, sem cantos afiados que possam oferecer perigo. Nosso cérebro emocional compreende isso de forma intuitiva e prefere inconscientemente formas redondas às mais angulosas. Pesquisas demonstraram que as pessoas associam implicitamente formas curvas a segurança e positividade, ao mesmo tempo que relacionam ângulos afiados a perigo e negatividade.[8] Um estudo de 2007 descobriu uma possível explicação: a ativação aumentada de uma parte do sistema límbico chamada amígdala, uma pequena estrutura amendoada conhecida por estar envolvida no processo da sensação de medo. Usando imagens criadas a partir de ressonância magnética funcional, pesquisadores descobriram que a amígdala direita se iluminava quando os sujeitos olhavam para um objeto anguloso, como um prato quadrado ou uma cadeira cheia de cantos, mas permanecia como estava quando olhavam para uma versão arredondada da mesma coisa.[9] Eles especulam que, como objetos afiados no ambiente natural (como dentes ou chifres) representavam potenciais fontes de perigo para nossos ancestrais, evoluímos para responder a contornos angulosos com um nível inconsciente de cuidado.

Como qualquer pai ou mãe de um bebê que engatinha logo aprende, cantos pontudos são inadequados para a brincadeira. Empresas de produtos "à prova de crianças" vendem todo tipo de proteção, de modo que os pais podem cobrir seus móveis angulosos com espuma macia. Mas uma casa cheia de ângulos não é só perigosa para as crianças. Ela deixa todo mundo sutilmente no limite. Cantos pontiagudos tornam o movimento mais lento e aumentam a sensação de formalidade de um espaço. Você não começa a dançar do nada em uma sala se pode bater a canela na mesinha de centro; não sai correndo e pula na cama com seu parceiro se pode bater o dedo do pé no móvel. Como ângulos acentuados inibem o movimento alegre, também diminuem o fluxo, e não fiquei surpresa ao descobrir que praticantes de feng shui não incentivam seu uso em casa. Cathleen McCandless chega ao ponto de recomendar plantas com folhas arredondadas em vez de pontiagudas.[10] Embora eu tenda a achar que qualquer planta é melhor que nenhuma, os conselhos dela apontam para um nuance importante. Objetos angulosos, mesmo se não estiverem no caminho do seu deslocamento pela casa, têm um efeito inconsciente sobre as emoções. Podem parecer chiques e sofisticados, mas inibem os impulsos divertidos.

Formas arredondadas fazem o oposto. Uma mesa de centro circular ou elíptica transforma a sala de um espaço para interações contidas em um ambiente vívido de conversas e jogos improvisados. Quando você substitui sua cadeira do escritório por uma bola de pilates grande, faz mais do que fortalecer o abdome e corrigir a postura. Ela também cria uma sensação de descontração, especialmente se mais funcionários optarem por ela. Pompons costurados na barra das cortinas e das almofadas as tornam irresistíveis e táteis, enquanto bolinhas e mosaicos de azulejos fazem jornada dupla: trabalham tanto com a ideia de diversão quanto com a de abundância. Até flores podem entrar na jogada: um buquê de dálias-pompom ou de craspédias amarelas une a diversão às texturas naturais da estética da liberdade.

Tenho acrescentado formas redondas ao meu apartamento aos poucos: um lustre esférico aqui, um espelho circular ali. É claro que às vezes o perfil retangular pode funcionar melhor no espaço em que você mora. Se esse for o caso, ainda pode abrandar as arestas escolhendo um design com cantos arredondados. É uma estratégia comumente empregada por fabricantes de brinquedos: muitos deles são versões arredondadas de carros, ferramentas e outros objetos angulosos do dia a dia. Mas isso não significa que sua casa tenha que ficar parecida com uma loja de brinquedos. Usando materiais mais discretos, como madeira ou mármore, e limitando o uso das cores primárias, é possível incorporar o caráter brincalhão das formas arredondadas sem a sensação de jardim de infância. Por um tempo, tentei convencer Albert a encontrar um lugar fora do apartamento para guardar sua bicicleta, até o dia em que ele comentou casualmente: "Gosto que ela fique dentro de casa, porque tem dois círculos grandes". Olhei para as rodas e percebi que não podia discordar. A bicicleta continuou ali.

Segurança não é a única coisa que as formas redondas têm a seu favor. Objetos curvos têm uma ampla variedade de "affordances", o termo que os designers usam para descrever as diferentes maneiras como algo pode ser usado. Quando criam objetos para o cotidiano, os designers em geral tentam limitá-las de modo que sua função fique clara para quem for usá-lo. Por exemplo, uma porta com maçaneta em forma de barra sugere que pode ser empurrada ou puxada. Como ambas as ações parecem possíveis, os fabricantes com frequência têm que colocar um adesivo indicando "puxe" ou "empurre". Quando vemos uma porta com placa de metal plano, contudo, sabemos imediatamente que devemos empurrar, porque é a única ação disponível. Objetos do cotidiano com usos limitados nos ajudam a transitar pelo mundo com mais facilidade. Mas, como a brincadeira envolve atividade indireta e busca de novidades, os melhores brinquedos são aqueles que podem ser usados de diversas maneiras. Isso explica por que objetos aleatórios como pedras e gravetos se tornam brinquedos tão atraentes, e por que a neve é tão alegre: eles mudam os usos da paisagem, transformando uma superfície comum em algo que pode ser escavado, deslocado, moldado em uma variedade infinita de formas.

Entre todos os brinquedos, a bola é o que tem mais "affordances". Ela toca o chão em um único ponto, reduzindo o atrito e se tornando dinâmica e imprevisível. Uma bola rola, rodopia, gira e quica. Pode ser batida ou chutada, empurrada com um graveto ou passada por um cesto, golpeada com uma raquete ou com as mãos nuas. Duas crianças com uma bola e supervisão limitada podem inventar toda uma Olimpíada em uma tarde. (Minha brincadeira de bola favorita quando criança era "panquecabol", uma espécie de tênis usando espátulas no lugar de raquetes, que fica melhor quando jogado longe de louças caras e espelhos.) Objetos redondos oferecem um potencial único para a descoberta e o deleite.

Talvez outra razão pela qual as curvas pareçam tão amistosas é que ecoam os movimentos que fazemos quando brincamos. As crianças correm em arcos grosseiros e, quando brincam de boxe, sinalizam que não são perigosos para os outros tornando seus movimentos sutilmente mais circulares, em vez de se mover em linha reta. De acordo com Stuart Brown, gestos curvilíneos mandam a mensagem de que estamos operando na terra do irreal, de modo que estamos seguros. Isso me lembra de algo que a designer de interiores Ghislaine Viñas disse quando perguntei como projetaria uma casa divertida. Ela ficou em silêncio por alguns momentos, então fez cara de quem havia chegado a uma conclusão. "Criar círculos numa casa, se possível, é incrível para as crianças", declarou. Lembranças de casas da minha própria infância me vieram à mente. O lugar em que cresci tinha um círculo no térreo, que conectava a cozinha, a sala de jantar, a sala de estar e um pequeno escritório. A casa de uma amiga era ainda melhor, com duas escadas conectadas que subíamos e descíamos correndo. Nem sempre é fácil fazer isso, mas, se estiver redecorando a casa, acrescentar uma porta extra pode abrir possibilidades divertidas. "Acontece algo mágico", disse Viñas. "Se você mora em um espaço confinado, a forma circular pode criar muito mais continuidade que becos dos quais você entra e sai pelo mesmo lugar." Conforme pensava a respeito, me dei conta de que esse layout também torna festas mais agradáveis. Os círculos aumentam o movimento, reduzindo a probabilidade de convidados ficarem presos em um canto e facilitando a mistura. Parece que o movimento circular pode ser alegre mesmo para os adultos.

FILHOTES FOFINHOS

Em um quadro de 2008 do *Saturday Night Live*, o ator Christopher Walken interpreta um jardineiro todo certinho, mas com um problema sério: ele tem medo de plantas. Felizmente, desenvolveu uma estratégia para mitigar essa fraqueza. A câmera corta para o ator de avental bege em meio a cactos com pares de olhos de plástico colados. "Em geral, plantas não têm olhos", Walken comenta, com seu tom inexpressivo característico, "então é difícil confiar nelas." Ele dá de ombros. "Por isso os olhos de plástico."[11] Não apenas suculentas com espinhos, mas também samambaias, árvores e até gramíneas recebem os olhinhos — ainda que, para a consternação do personagem, eles não grudem no último caso. O jardineiro tímido atribui o sucesso de sua estratégia ao fato de que ela permite o contato visual com as plantas. Mas os olhos de desenho animado têm outro efeito, muito mais sutil: fazem até o mais espinhento dos cactos parecer simpático e inocente. Embora fosse apenas uma cena boba, fiquei curiosa. Os olhos de plástico não tornavam os cactos menos perigosos, então por que de repente eles pareciam tão mais amistosos?

Uma dica chegou na forma da gatinha nova de um amigo. Em uma visita recente, eu havia sentado no chão para brincar quando ela se animou um pouco demais e enfiou as patinhas afiadas no meu braço. Gritei e afastei a mão. A gatinha inclinou a cabeça de lado e me olhou com seus enormes olhos redondos. Embora soubesse que ela poderia me arranhar de novo, voltei a esticar o braço para brincar. Logo descobri que havia mais naquele olhar arregalado do que eu tinha pensado. Olhos grandes são uma característica-chave do que o etologista Konrad Lorenz chama de "esquema do filhote",[12] uma série de atributos físicos comuns a jovens animais de muitas espécies (incluindo humanos) que contribuem para uma aparência de inocência e vulnerabilidade. Comparados com os adultos, os filhotes de animais tendem a ter rosto mais redondo e maior em relação ao corpo, feições mais circulares e nariz ou focinho menos pronunciado. O resultado é tão fofo que fica difícil resistir.

Todos sucumbimos aos encantos da fofura em um ponto ou outro, seja fazendo graça para um recém-nascido na mercearia ou assistindo a um vídeo com filhotes de lontra compartilhado nas redes sociais. Mas o que não pensamos tanto é que a fofura ajuda a garantir a sobrevivência da espécie. Mamíferos em geral dependem dos pais por um período significativo após o nascimento, e os humanos mais ainda. Enquanto o cérebro de um macaco rhesus recém-nascido tem 65% do seu tamanho adulto, o dos humanos recém-nascidos tem só 23%.[13] Bebês humanos ficam particularmente desamparados e não se tornam autossuficientes por muitos anos. Em momentos variados dessa longa jornada, como os pais sabem, as crianças podem ser desafiadoras, desviando recursos de outros prazeres e interesses. Os olhos grandes e as bochechas gordas criam uma fagulha de alegria e estimulam os impulsos de proteção e criação que ajudam em sua sobrevivência.

Uma pesquisa já demonstrou que traços infantis são detectados pelo cérebro mais rapidamente que os adultos, e descobriu que olhar para fotos de crianças bonitinhas estimula a atividade em uma área do cérebro chamada córtex orbitofrontal médio, envolvida nos sentimentos de recompensa e motivação.[14] A atração por traços infantis é tão universal que se aplica aos que têm e aos que não têm filhos, sejam homens ou mulheres.[15] Afeta até mesmo crianças por volta dos três anos (talvez como uma defesa contra o ciúme dos mais velhos). Mais do que uma forma de garantir os cuidados, a fofura também garante uma resposta no sentido da diversão. Não nos recostamos e ficamos assistindo a um bebê ou um filhote brincar à distância. Nos abaixamos e brincamos com eles. Fazemos cócegas e os tocamos. Os psicólogos Jonathan Haidt e Gary D. Sherman acreditam que essa resposta pode ter valor adaptativo, porque aumenta o engajamento social.[16] Tempo gasto brincando juntos estimula a formação de laços, que aumenta o apego do cuidador e cria uma abundância de estímulos sensoriais e verbais para o bebê. As feições suaves e arredondadas que consideramos fofas funcionam como um convite atraente à brincadeira. Eles nos convencem a ajudar no desenvolvimento da criança. Em troca, nos dão acesso à nossa própria vontade de brincar.

Dada nossa reação diante de gatinhos e praticamente qualquer filhote de animal, fica óbvio que a atração pela fofura não se restringe aos bebês humanos. Mas logo descobri que traços fofos nem precisam pertencer a uma criatura viva para evocar uma alegria terna. A cabeça desproporcional, as orelhas arredondadas e a cobertura macia de bichos de pelúcia fazem deles objetos muito queridos no mundo todo. Personagens de desenho animado como Bambi, Piu-Piu e Hello Kitty também são arredondados e sugestivos. Não é por acaso. Walt Disney conhecia muito bem o poder da fofura de mexer com as emoções e supostamente colocava recados para "Deixar fofo!" na mesa de seus animadores. Como resultado, personagens bonitinhos em geral têm rosto ainda maior e olhos mais redondos que os mais adoráveis filhotes de animais. É estranho pensar que algumas poucas linhas curvas em uma página ou tela podem gerar uma pontada genuína de afeição e simpatia. Essas linhas se aproveitam do capricho psicológico conhecido como efeito de intensidade máxima,[17] que pode nos levar a responder a um estímulo exagerado com ainda mais força que ao reagir à coisa real. Muitos animais são suscetíveis a esse efeito.[18] Alguns pássaros, por exemplo, ignoram seu próprio ninho para alimentar um bico de filhote falso na ponta de um graveto, se ele for mais vermelho e maior do que o de seus filhotes. O efeito de intensidade máxima explica por que bonecos cuja cabeça chacoalha são tão encantadores e por que olhos de plástico em cactos (ou em qualquer outro objeto) nos desarmam por completo. Todos possuem uma forma superpotente de fofura que somos programados para achar irresistível.

Logo me dei conta de que objetos comuns podem se aproveitar da nossa receptividade natural às feições fofinhas. O Cinquecento, da Fiat, e o Mini Cooper são carros incrivelmente fofos, que inspiram grande carinho por parte de seus proprietários. Um estudo recente comparou fotos da dianteira de carros com imagens similares que tinham sido alteradas para aproximar o visual do rosto de um bebê, ampliando os faróis (em geral vistos como olhos) e encolhendo a grade e a saída de ar (relacionadas ao nariz e à boca). Pesquisadores descobriram que olhar para os carros alterados motivava a ativação súbita do zigomático maior,[19] um dos principais músculos envolvidos no sorriso. A fonte Comic Sans continua extremamente popular, apesar de ridicularizada pelos designers, por causa de sua forma arredondada e infantil, capaz de aparar as arestas de qualquer mensagem que se queira transmitir. A fofura dá uma sensação descontraída a objetos cotidianos como utensílios de cozinha, talheres, louças, copos e acessórios tecnológicos. Devemos a proliferação das coisas fofas na nossa vida em grande parte à colaboração, iniciada em 1999, entre a Target e o arquiteto Michael Graves, em um esforço para tornar o design da gigante do varejo mais acessível. Os produtos daquela coleção, entre eles uma torradeira arredondada e uma chaleira com apito, conquistaram tantos fãs que Graves acabou desenhando mais de 2 mil produtos para a Target, inspirando outros designers a adotar a estética da fofura. Depois de ficar paralisado por conta de uma doença em 2003, Graves ficou chocado com o visual espartano e depressivo dos produtos para idosos ou pessoas com necessidades especiais. Na última década de vida, ele projetou cadeiras de rodas, camas de hospital, bengalas e barras de suporte para banheira com curvas gordinhas, que eram ao mesmo tempo agradáveis de ver e mais fáceis de segurar e usar.

Apesar da nossa atração por coisas fofas, notei que a fofura às vezes tem conotação pejorativa. Tal qual a diversão, ela costuma ser descartada como algo frívolo. Mas pesquisas indicam que a fofura afeta nossa atenção de um modo positivo. Um estudo japonês recente mostrou que as pessoas têm melhor desempenho em tarefas que requerem intensa concentração depois de olhar para bebês e filhotes.[20] Pesquisadores especulam que a estética da fofura pode ser benéfica quando é demandado muito foco, como para dirigir ou no trabalho de escritório. Isso sugere que a Apple estava certa quando lançou o iMac arredondado no final dos anos 1990, e que uma luminária de visual simpático ou materiais de escritório bonitinhos não são apenas divertidos, mas também práticos.

Em nenhum lugar há mais fofura por metro quadrado que na Disney, que não apenas desperta nossa criança interior como faz o adulto exterior se derreter. Barcos e carros engraçadinhos levam famílias em viagens por mundos coloridos em miniatura. Personagens de olhos grandes posam para fotos com fãs entusiasmados. Há muitos cantos arredondados e música festiva no ar. Em uma visita recente, encontrei três irmãos na faixa dos setenta anos. Um deles usava uma camisa branca com os personagens clássicos da Disney bordados na frente. "No meu coração, sou uma criança", o homem me disse. "Gosto de cor. Gosto de risadas. Onde eu moro não há muito disso, então, se puder encontrar em outros lugares, vou até eles." Ainda que a fofura da Disney seja um tanto excessiva, tem o seu valor, porque ali é um dos poucos lugares no qual adultos se permitem brincar. Como a sobrevivente do Holocausto Elie Wiesel escreveu depois de uma visita aos parques, em 1957: "Hoje, visitei não apenas a Disney, mas também, e principalmente, minha infância".[21]

À FRENTE DA CURVA

"Por que para serem sérias as coisas precisam parecer sérias?" Gaetano Pesce levantou uma sobrancelha grisalha e deu de ombros. Se o mundo tinha uma resposta para aquela pergunta, eu sabia que não a encontraria ali, no estúdio do designer italiano no SoHo, uma mistura selvagem de formas excêntricas. Piscinas de resina colorida se transformavam em cadeiras, mesas e vasos quando dobradas. Uma coleção de urnas com a aparência de criaturas marinhas se espalhava pela mesa e pelo chão. Muitos itens pareciam feitos de açúcar. Um manequim usando uma série de colares de borracha, como cordas de bala de goma, fazia companhia a uma tigela que tinha a textura vítrea das balas duras, transparentes e azedinhas que meu avô costumava ter no seu Cadillac.

Me aninhei em um semicilindro de feltro vermelho forrado com um tecido turquesa acolchoado. O feltro se dobrou sobre si mesmo, criando uma capota ajustável que me pareceu tanto suntuosa quanto confortável. Pesce sentou à minha frente em outra de suas criações: um sofá feito para lembrar o panorama urbano da cidade de Nova York, o encosto como uma enorme lua se levantando atrás dele. Com 78 anos, o designer não mostrava nenhum sinal de diminuição do ritmo de sua força criativa — uma lousa no escritório com o título LISTA PROGETTI (lista de projetos) continha mais de 22 itens ativos. Pesce tampouco parecia inclinado a domar a estridente mistura de formas e materiais que o tornou um dos mais aclamados designers do mundo. Fui visitá-lo porque ele é um dos poucos profissionais do ramo que produz objetos abertamente alegres. Sim, como qualquer designer, Pesce cria objetos úteis: cadeiras, mesas, abajures, sapatos. A diferença é que eles parecem, em primeiro lugar e acima de tudo, desenhados para criar deleite. A alegria é sua razão de existir, não um verniz aplicado ao fim.

"Sempre quis produzir coisas que fizessem as pessoas rirem", explica Pesce. "Com meu trabalho, tento criar uma sensação positiva, oposta à do noticiário." Para ele, isso implica cor, luz e, acima de tudo, curvas. "Não há alegria no retângulo, no triângulo, no quadrado. Tento criar com formas amistosas. Uso um catálogo geométrico orgânico e vivo." E, de fato, "catálogo" parece ser a palavra certa. No estúdio de Pesce, vi toda uma paleta de formas divertidas que iam muito além do círculo e da esfera. Suas linhas podiam ser laços, ondas ou meneios; suas estruturas, abauladas e bombásticas, ou pegajosas e elásticas. Pensei no comentário de Stuart Brown de que os gestos tendem a ser curvilíneos e me dei conta de que é exatamente isso que Pesce faz: cristaliza em formas os movimentos da diversão. A maior parte de seus designs é desenvolvida através da exploração prática com materiais. Enquanto olhava para os diferentes objetos, comecei a imaginar os movimentos que os haviam criado. Linhas retorcidas, rabiscos ondulados, esguichos e manchas — as formas pareciam cheias de energia, como se a brincadeira fosse começar a qualquer momento.

O trabalho despreocupado de Pesce o tornou uma anomalia no mundo do design de vanguarda, no qual a necessidade de se levar a sério e uma intelectualidade fria reinam supremos. Seu trabalho é como um surto de risadinhas em uma sala de leitura acadêmica, uma explosão brilhante de humanidade em meio à sobriedade da filosofia e da pretensão. Mas a extravagância dos trabalhos de Pesce esconde o fato de que contêm inovações importantes. Olhei para a direita e vi o exemplo perfeito, o corpo voluptuoso da poltrona Up5 (também conhecida como La Mamma), a primeira peça dele com que deparei na vida. Eu a vi no apartamento do amigo de um amigo, no canto, coberta por um tecido com listras vermelhas e douradas que ondulava por cima das curvas fartas. Era pura alegria afundar naquela poltrona, tentar equilibrar meus pés em sua otomana arredondada, amarrada a ela por uma corda grossa. Passei a maior parte da noite sentada ali, como uma princesa de desenho animado em seu trono, e tive que ser retirada dali quando chegou a hora de voltar para casa. O que eu não sabia na época era que Pesce tinha usado novas técnicas de manufatura para moldar a poltrona apenas com espuma de poliuretano de células fechadas, sem qualquer estrutura interna. Isso permitia que ela fosse comprimida até 10% de seu tamanho e selada a vácuo em um envelope de vinil, de modo a ser transportada tão fina quanto uma panqueca. Quando chegava à sua casa, ela crescia magicamente até voltar à forma.

A natureza inovadora do trabalho de Pesce confirma a noção de que a diversão pode facilitar a criatividade. Como muitos cientistas, ele acredita que, quando as pessoas conseguem manter a perspectiva infantil, elas se abrem a novas ideias que ficam de fora no quadro tradicional. Ainda assim, alguns meses depois que visitei seu estúdio, fiquei intrigada ao encontrar uma pesquisa que sugeria uma ligação mais inconsciente entre diversão e criatividade, envolvendo os movimentos curvos tão comuns na primeira. Em uma série de estudos, foi pedido que pessoas desenhassem com formas livres, que forçavam os braços a se mover em curvas fluidas, ou com linhas retas, que produziam interrupções e recomeços bruscos. Em seguida lhes foi dada uma tarefa criativa. Participantes que se movimentaram fluidamente foram capazes de ter ideias mais numerosas e originais para se usar

La Mamma

um jornal.[22] (Por exemplo, um uso típico para o jornal era cobrir o chão quando se estava treinando um filhote de cachorro. Uma ideia original era transferir suas palavras para o esmalte recém-aplicado sobre as unhas.) Movimentos curvilíneos supostamente destravavam um padrão de pensamento mais flexível, o que por sua vez despertava a criatividade. Estudos subsequentes revelaram que gestos curvos diminuíam a rigidez em outros tipos de padrões de pensamento.[23] Curvas tornavam as pessoas mais propensas a acreditar que categorias raciais são socialmente construídas e elásticas, em vez de biológicas e fixas; observou-se também uma tendência menor a fazer julgamentos discriminatórios sobre os outros com base em estereótipos.

Jogos ou atividades que fazem seu corpo se mover em arcos curvos — jogar uma bola de um para o outro, brincar de bambolê ou até dançar — podem ser uma maneira de encorajar ideias mais inovadoras e a colaboração no ambiente de trabalho. Pode até ser o bastante estar num lugar onde se pode simplesmente olhar para curvas. Em muitos dos estudos mencionados anteriormente, os participantes não chegaram a fazer movimentos fluidos com os braços. Em vez disso, eles assistiram a um vídeo de um círculo vermelho fazendo movimentos curvos. Embora mais pesquisas sejam necessárias, isso levanta a possibilidade de que espaços com linhas curvas induzem o olho a se movimentar de maneiras que estimulam o pensamento fluido.

A princípio eu estava focada em como a estética da diversão poderia levar mais leveza para a casa. Mas essa pesquisa me fez pensar que ela poderia ter um potencial ainda maior nos espaços onde trabalhamos e aprendemos. A maior parte dos escritórios, das fábricas e das escolas não tem curvas. (O elemento-chave dos escritórios tende a ser o exato oposto: o cubo.) Um motivo certamente é custo. Estruturas curvas, como portas ou janelas, tendem a ser feitas sob medida, consumindo mais tempo e dinheiro. Essa foi a razão que o governo britânico deu em 2012 para banir o uso de curvas no design dos prédios escolares.[24] Mas isso não explica por que quase nunca aparecem curvas mesmo no tratamento das superfícies dessas construções — na pintura ou no piso, por exemplo —, em móveis — como mesas e cadeiras — ou na iluminação, casos em que a curvatura não implica maior gasto. Voltei a pensar na pergunta de Pesce: "Por que para serem sérias as coisas precisam parecer sérias?". Acredito que seguimos esse princípio inconscientemente porque nossa noção de trabalho está enraizada na economia industrial, que valoriza a eficiência e a estrutura em detrimento da alegria e da criatividade. Nossos ambientes profissionais e escolares (começando no ensino fundamental, se não antes) não convidam à diversão, criando um lembrete tangível de que o trabalho é um empreendimento sério em que a criança interior não é bem-vinda. Mas, como Stuart Brown observa, a separação entre profissão e diversão é um construto falso. "O oposto da diversão não é trabalho", ele com frequência diz. "É depressão."

A aproximação entre trabalho e diversão não vai acontecer do dia para a noite, mas talvez incorporar curvas divertidas ao ambiente corporativo possa começar a ajudar nessa fusão. Brown aponta a forma de anel da nova sede da Apple, criada por Norman Foster, como exemplo de como uma empresa inovadora pode começar a trazer a estética da diversão para o ambiente de trabalho. Se uma nova sede não está no orçamento da sua companhia, divisórias e móveis circulares ou tapetes redondos podem ajudar. Se você não tem controle sobre seu ambiente de trabalho, um objeto decorativo com desenho fluido ou acessórios de mesa arredondados podem levar elementos mais curvilíneos ao seu espaço. Tenho uma coleção de pequenos piões de madeira na minha mesa. Sempre que empaco em um ponto, eu os giro. Isso me dá a sensação de que meus pensamentos continuam fluindo.

Curvas desempenham um papel vital em um prédio com uma história impactante que foi recentemente redesenhado: a Escola Fundamental Sandy Hook, em Newton, Connecticut. Depois do devastador tiroteio ocorrido em dezembro de 2012 que causou a morte de vinte crianças e oito adultos, a cidade decidiu demolir o prédio de tijolinhos original e contratar a empresa de arquitetura Svigals + Partners, de New Haven, para projetar outro. Segurança era a preocupação número um de todo mundo — uma longa lista de novas regulamentações nesse sentido tinha sido elaborada pelo estado —, e o prédio resultante poderia facilmente parecer uma fortaleza. Em vez disso, a escola lembra um par de braços estendidos para um abraço de boas-vindas. O andar térreo é curvo, com a espinha dorsal do prédio se curvando ligeiramente na direção do estacionamento. Essa forma não é apenas descontraída, mas também consiste em uma maneira sutil de garantir a segurança:[25] os funcionários da administração, de um lado do prédio, têm visão das salas de música, e do outro, de arte, aumentando assim a vigilância natural dentro da escola. Uma linha ondulada de revestimento de madeira de dois tons percorre a extensão da fachada, e as janelas desalinhadas parecem quase balançar suavemente com ela. O teto é ondulado nas entradas da escola. A inspiração para as formas curvas são os rios e as colinas da região, mas Barry Svigals, fundador do estúdio de arquitetura contratado, também admite uma inspiração mais intuitiva. "Alguns elementos são ondulados porque, bom, pareceu divertido!"

Um importante objetivo de Svigals era integrar a diversão ao território escolar. Ele apontou que o contraste entre os parquinhos e o edifício em si muitas vezes implica que a brincadeira só pode se dar em certos lugares e de certas maneiras. Dando uma forma divertida à escola e mantendo os usos em aberto, os arquitetos criaram um espaço para as crianças exercitarem sua própria criatividade. Ele disse que com frequência observa exemplos espontâneos e surpreendentes de brincadeiras quando visita a escola. O corredor principal, por exemplo, é curvado e tem alguns vitrais em sua extensão. "Quando saí de uma reunião semanas atrás", disse Svigals, "vi crianças correndo para entrar e sair dos reflexos da luz colorida que eram projetados através dos vitrais." Ele riu ao recordar. "Nunca teria pensado em fazer isso."

De volta ao meu apartamento, eu estava organizando fotos quando passei pelas que tirei do estúdio de Gaetano Pesce. Então notei algo sutil que havia deixado passar até então. O teto tinha a forma de uma série de ondas. Era como se eu estivesse debaixo d'água, olhando para a superfície do oceano. Então olhei para meu próprio teto, um retângulo amplo cortado em cruz por vigas retangulares. Meu apartamento retangular tinha paredes retangulares e chão retangular. Uma janela retangular moldava minha vista, que dava para o panorama urbano da cidade de Nova York, um mar de retângulos. Eu tinha acrescentado curvas aqui e ali, mas não pude deixar de imaginar como a vida poderia ser em uma moldura mais circular.

É surpreendentemente difícil encontrar arquitetos especializados em construções redondas, mas, depois de alguma pesquisa, descobri fotos de uma estranha casa, constituída apenas de esferas. Construída na década de 1970 na França por um arquiteto húngaro desconhecido, chamado Antti Lovag, deveria ser um novo tipo de moradia, mais alinhado com os movimentos do corpo humano. "A movimentação dos braços e das pernas traça círculos no ar", Lovag havia dito. "Temos um campo circular de visão. O convívio é um fenômeno circular. O círculo estrutura o modo como a vida humana é vivida."[26] Como Arakawa e Gins, que projetaram os lofts sensorialmente estimulantes do destino reversível no Japão, Lovag era um iconoclasta que acreditava que a arquitetura estava arruinada. Ele queria desenvolver um novo estilo de construção e habitação personificado numa estrutura que chamava de "casa-bolha". Mas, embora fosse dogmático em suas crenças, não tinha muito interesse em dinheiro e sua abordagem era um tanto excêntrica. Quando o raro cliente queria uma casa-bolha, Lovag estabelecia três condições: "Não sei como vai ficar, não sei quando vai estar concluída e não sei quanto vai custar".[27] Com essa falta de precisão, ele não conseguiu muito trabalho, mas encontrou seu mecenas no estilista francês Pierre Cardin, que comprou uma casa-bolha não terminada em 1992 e contratou Lovag para expandi-la. O resultado é um complexo vasto e impressionante de esferas em cascata no maciço de l'Esterel, na costa sul da França. Foi apelidado de Le Palais Bulles — o palácio das bolhas.

Escrevi um e-mail apressado para o monsieur Jean-Pascal Hesse, diretor de comunicações da Pierre Cardin, e comprei uma passagem para a França.

VIVENDO NUMA BOLHA

Aluguei um carro em Nice e comecei a viagem ao longo das águas até Théoule-sur-Mer, parando no caminho para pegar minha tradutora, Sylvie. Traçamos uma rota intricada ao longo da costa, serpenteando através de vilarejos cor-de-rosa e amarelos, hotéis grandiosos e marinas cheias de mastros delgados. Ainda era cedo, mas os guarda-sóis já estavam abertos em algumas praias e os que tinham viajado no fim da estação se divertiam na estreita faixa de areia entre nós e a água. Conforme nos aproximávamos, a estrada fazia uma curva numa colina, se estreitando conforme subia os picos avermelhados cheios de pinheiros. Estacionamos ao lado de uma parede de estuque, ladeada por opúncias e interrompida por um portão de aço na forma de um sol gigante.

Sylvie espiou por cima do portão. "Parece a casa dos Barbapapa!", ela exclamou, em referência ao refúgio cheio de círculos em que morava o protagonista cor-de-rosa do desenho animado de mesmo nome, muito popular na cultura francesa. Juntei-me a ela para dar uma espiada nas curvas orgânicas da casa e no distintivo panorama de bolhas que mais pareciam olhos. Um personagem de desenho certamente se sentiria muito confortável ali. Vimos um portão estreito à esquerda — uma entrada de pedestres. Através dele, era possível divisar um caminho estreito e curvo que levava à casa. Eu mal conseguia me segurar de tanta ansiedade, mas tínhamos chegado cedo, então hesitei em tocar a campainha. Logo ouvimos uma movimentação. "*Bonjour?*", eu chamei. "*Bonjour, bounjour!*", ouvi em resposta, e logo a figura alta e de óculos de Jean-Pascal Hesse apareceu e nos deixou entrar. Ele nos conduziu pela entrada até a parte principal. Chegamos a um átrio amplo e redondo por meio de um óculo espaçoso que abria para cima, como uma porta de garagem. À direita, havia uma janela elíptica que dava para o mar. Outras aberturas redondas marcavam o espaço, dando vislumbres dos cômodos acima e abaixo do salão principal. Hesse nos conduziu pela casa, passando pelos andares de acima e de baixo, através de caminhos sinuosos que entravam e saíam dos inúmeros cômodos, cada qual decorado por um diferente jovem artista. As camas eram todas circulares, cobertas com colchas feitas sob medida em tons de framboesa, menta e violeta, cada qual com um pequeno amontoado de travesseiros, como se fossem doces. Seguimos Hesse por um extenso corredor até o coração da casa, uma sala de estar e jantar construída em uma escala mais íntima. Havia um ambiente de estar redondo com sofá em formato de C, uma área de jantar com uma mesa circular com bandeja giratória embutida e, meu favorito, um cantinho para tomar o café da manhã, envolto por uma bolha, que podia ser destravado e girado para fora caso se quisesse comer ao lado da piscina. Hesse pediu licença para atender uma ligação e nos convidou a explorar o lugar à vontade.

Comecei a perambular, pensando em refazer meus passos e ver tudo de novo com mais calma. Mas a casa me levou em sua própria jornada. Peguei o caminho que levava ao átrio principal, mas não consegui resistir a enfiar a cabeça em cada abertura circular e seguir cada ramificação curva do corredor. Subi uma escada em espiral até uma porta de fibra de vidro convexa, em forma de ovo de pata e da cor do mel. Estava fechada, mas parei um momento para estudar suas curvas, como uma bola no topo de uma ladeira antes de começar a escorregar. Então fui em frente, seguindo os trajetos que levavam para dentro e para fora, tirando fotos de palmeiras emolduradas por pórticos e trechos redondos de nuvens através das claraboias. Perto de outro lance de escadas, fui detida brevemente por uma janela circular que irradiava uma luz verde-água: estava abaixo do nível da piscina. Continuei seguindo a curva e subi alguns degraus até outro quarto, com carpete marinho e inúmeras prateleiras embutidas com vasos de vidro em cores de pedras semipreciosas: ametista, lápis-lazúli, turquesa. Uma faixa de carpete salmão com bolas gigantes me conduziu a um lounge ensolarado com cadeiras de plástico arredondadas dispostas em círculo, tão brilhantes quanto maçãs do amor. Uma escada sinuosa chamou minha atenção, então subi. Segui o novo caminho que se apresentou. A casa se desdobrava inúmeras vezes. Era como se eu estivesse brincando de esconde-esconde comigo mesma.

O vocabulário arquitetônico não é suficiente quando tento descrever essa casa. Os volumes esféricos pareciam mais vasilhas que cômodos. Eles se derramavam uns nos outros gentilmente, em intersecções elípticas que lembravam portais, e não portas comuns. Paredes e teto se encontravam não em linhas duras, mas em arcos suaves e formas convexas. Em vez de serem empilhados, os cômodos eram aninhados como bolhas de sabão em meio à espuma. A estrutura delicada e ondulante era resultado direto do método pouco ortodoxo de design e construção de Lovag. Em vez de seguir a prática arquitetônica tradicional de projetar plantas precisas, ele chegava ao lugar com sua equipe e nenhum plano definido. Então juntos criavam esferas de malha de aço, as couraças para os inúmeros espaços da casa, depois as rolavam como bolas de praia. A construção era vista como brincadeira, um processo improvisado que permitia ao arquiteto experimentar diferentes composições e criar uma casa que respondesse aos contornos naturais do local.

Lovag só tinha uma regra estrita: *pas d'arrêtes*, nada de pontas. O poder desse preceito simples se tornou evidente conforme me acomodei no espaço. Me senti abraçada pela casa, algo que não me lembro de ter experimentado em nenhuma outra estrutura. Sobre o Palais Bulles, Cardin comentou: "Amo esta casa, tão natural quanto um ovo, quanto uma matriz, ainda que muitas pessoas achem difícil imaginar viver aqui. Ela causa uma sensação de bem-estar, e você nunca se machuca se dá uma topada, porque tudo é arredondado, até as camas".[28] A luz também se comporta de maneira diferente. Os cantos dos prédios retilíneos criam sombras e fragmentam a luz em lascas. Aqui, a ausência de ângulos mantém a luz íntegra. Ela se acumula e incha. Quando sentei sob a meia-lua de luz cor-de-rosa de uma das claraboias, senti como se estivesse em uma bolha de espumante, boiando no alto da espuma infinita e efervescente.

Antti Lovag dizia que não procurava por clientes, mas por *jouers* e *aventuriers* (jogadores e aventureiros).[29] Encontrou ambos em Cardin, uma figura cuja abordagem despreocupada em relação à moda vinha resistindo à norma desde os anos 1950. Parece apropriado que os dois tenham se encontrado, já que compartilhavam de uma profunda afinidade pela forma circular. Um dos primeiros sucessos de Cardin foi o vestido-bolha, com uma cintura fina e saia solta que volta a apertar na bainha. Ele se tornou uma sensação internacional, abrindo espaço para o estilista no mundo da moda. Cardin abraçou o círculo como nenhum de seus colegas. "Tudo no universo é redondo", ele afirmou, "dos planetas às partículas de poeira, das células do corpo humano à infinidade do cosmos. O círculo simboliza o infinito e o movimento perpétuo; em resumo, simboliza a vida. Procurei alcançar a perfeição do círculo na construção das minhas peças, nas formas e nos materiais que uso."[30] A era espacial influenciou seu trabalho tremendamente. Cardin levou às passarelas capacetes estilizados e óculos circulares que mais pareciam equipamentos de proteção. Suas coleções apresentavam casacos com bolas enormes, tubinhos com bolsos circulares, jaquetas com círculos cortados e até um vestido com dois retalhos redondos costurados sobre os seios. Em um casaco curto, Cardin acrescentou arcos de tecido rígidos para que, quando vista de determinado ângulo, a peça parecesse um círculo perfeito. Os modelos são excêntricos, mas ainda assim elegantes. Têm algo que com frequência parece faltar à moda: uma descontração que nos lembra de que se vestir é um prazer, ou pelo menos deveria ser. São roupas que nossa criança interior aprova.

É claro que a qualidade descontraída das roupas de Cardin e das bolhas de Lovag não é totalmente inocente. Conforme eu entrava e saía dos quartos hemisféricos e banheiros curvos, avançando por passagens cheias de meandros e alcovas íntimas, ficou evidente para mim que se tratava de um lugar para adultos brincarem. Muitos ensaios fotográficos destacaram a sensualidade da casa justapondo modelos de pernas compridas a suas curvas sinuosas. "É o corpo de uma mulher", Cardin disse. "As bolhas são seus seios; as passagens são seu interior. É completamente sensual."[31] Mas se trata de uma sensualidade descompromissada, rara na vida moderna. A proliferação da pornografia e a popularização da mistura de erotismo e violência retratada em livros como *Cinquenta tons de cinza* expandiram o repertório do discurso sexual, mas no processo parecem ter eclipsado uma versão mais branda e brincalhona da sexualidade. Não se trata de uma questão nova. Em 1977, o filósofo francês Roland Barthes escreveu: "A opinião atual sempre sustenta que a sexualidade é agressiva. Portanto, a noção de uma sexualidade feliz, gentil, sensual e jubilosa nunca pode ser encontrada em nenhum texto. Então onde vamos encontrá-la? Na pintura, ou melhor ainda, na cor".[32] Acho que é mais provável que resida nas curvas. Foram elas que tipificaram a estética dos psicodélicos anos 1960, marcados pelo amor livre e por limites menos claros. Foi nessa década que a experimentação começou a derreter as formas rígidas do modernismo e abrandar muitos papéis sociais e códigos tradicionais. As formas líquidas de Verner Panton, que criou interiores alucinantes feitos de espuma estofada curva, as estampas vertiginosas de Emilio Pucci e, é claro, as silhuetas curvilíneas de Cardin tinham todas uma sensualidade que, como o Palais Bulles, conseguia ser adulta sem perder a excentricidade e a verve.

Voltei para a sala de estar, onde encontrei Sylvie e Jean-Pascal. A água descia em cascata por uma série de tigelas coloridas gigantes e caía na piscina. Sylvie comentou que aquilo era lindo, e eu assenti. Jean-Pascal riu e disse alguma coisa em francês. Ela traduziu para mim: "Vocês podem nadar, se quiserem". Eu já estava na metade do caminho para o carro para pegar a roupa de banho quando me dei conta de que podia ter sido só uma brincadeira. Afinal, quem pula numa piscina no meio da semana, no outono? Eu nem tinha toalha. Mas não quis saber se minha pronta aceitação da oferta era importuna. Estava feliz demais com o tempo que havia passado perambulando pela casa para me preocupar com o que era ou não era apropriado.

Voltei correndo pelo caminho e fui para o banheiro mais próximo, tirando o vestido num ímpeto louco que bagunçou meu cabelo. Deixei as roupas em uma pilha, sem me importar como voltaria a elas. Meu único pensamento era aquela lagoa azul, empoleirada na beira do precipício como um oceano flutuante. Entrei com cuidado, vendo minhas pernas assumirem um tom azul-esverdeado. Sylvie foi procurar a vigia para tentar me ver debaixo d'água. A temperatura não era das mais confortáveis, mas o que importava? Eu estava em uma piscina em forma de bolha em um palácio de bolhas. Nadei de um lado para o outro, meu coração mais parecendo uma boia flutuando na superfície do peito, a alegria brotando de cada recanto da minha alma e me fazendo abrir um grande sorriso encurvado.

A forma do ambiente construído é definida por escolhas de centenas, senão milhares, de anos de idade. Conforme essas escolhas solidificaram nossos prédios e estradas em uma grade rígida e angular, nos levaram para cada vez mais longe da paisagem curva e ondulada na qual evoluímos. No processo, talvez também tenham nos afastado de aspectos essenciais da nossa própria natureza: o gosto pela diversão, pela criatividade, pela sensualidade e pela alegria. Talvez tenham

nos levado a um lugar onde esquecemos que esses aspectos já fizeram parte da nossa natureza. Antti Lovag chamou essa filosofia de "arquitetura da habitologia", porque acreditava que as pessoas não precisavam de lares, mas de habitats, lugares que apoiassem de fato o florescimento humano. Embora Lovag tivesse objetivos grandiosos, acredito que podemos começar aos poucos. Um dossel sinuoso aqui, um mural curvado ali. Uma vigia aqui, um pompom ali. Círculo a círculo, curva a curva, podemos arredondar as arestas e quebrar a moldura rígida do nosso mundo.

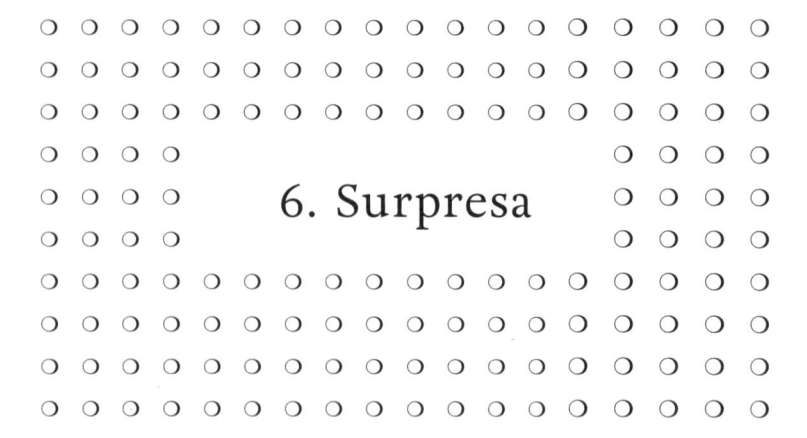

6. Surpresa

Sentei perto da cabeceira da mesa de reuniões em um arranha-céu comercial de Sydney, o coração saltando no peito. A mesa parecia se estender por mais de um quilômetro. À sua volta estavam sentados diretores de unidades de negócios, chefes de departamento e pessoas cujos cargos começavam com a letra "c". Três semanas antes, cheia de coragem e do otimismo cego de alguém de 24 anos que acabou de se mudar sozinha para o outro lado do mundo, tinha conseguido através da minha lábia um período de teste como consultora de marca, algo que nunca tinha feito. Havia trabalhado sem parar desde então em uma análise de marca para o novo negócio do cliente, esperando que meu chefe fosse apresentá-la. Alguns dias antes da reunião, no entanto, ele me disse que acreditava que as pessoas responsáveis pelo trabalho deveriam apresentá-lo e que, apesar da minha falta de experiência, ele preferia que eu o fizesse. Então lá estava eu, com o rosto pálido e trêmulo, esperando pela calamidade que escaparia assim que eu abrisse a boca.

Conforme os últimos participantes entravam, tentei fechar os olhos e respirar fundo, mas, enquanto o fazia, lembranças de minhas dificuldades passadas ao falar em público vieram à tona e comecei a sentir um pânico ainda maior. Abri os olhos e mirei os meus pés. De canto de olho, notei um vislumbre de cor. Eu podia ver um par de meias listradas multicoloridas escapando de uma perna de calça social cinza-escura. Era tão incongruente que tive vontade de rir. Olhei para quem as usava. Era o imponente e sério chefe de negócios digitais. Seus olhos seguiram os meus até as meias. Então ele me encarou, sorriu e piscou para mim. Instantes depois, ouvi meu chefe abrir a reunião e me chamar para começar a apresentação.

A alegria tem o costume de aparecer quando menos esperamos. Conforme seguimos o fluxo da vida cotidiana, pequenos momentos chamam nossa atenção e direcionam nossos pensamentos em uma direção alegre. Esses momentos podem ser bastante poderosos em períodos de estresse ou tristeza. Meu encontro com as meias multicoloridas não me transformou magicamente em uma brilhante oradora, mas fez algo muito útil naquela hora: interrompeu meu monólogo interior, desviando minha atenção de situações em que eu havia falhado ao falar em público para a incrível oportunidade de compartilhar meu trabalho com um público interessado em ouvir a respeito. Isso me levou de volta à sala e ampliou minha perspectiva. De repente, me vi tentando imaginar o que mais poderia ser diferente do que parecia. Talvez houvesse pessoas calorosas e divertidas escondidas dentro de cada um daqueles ternos poderosos. Talvez meu chefe não tivesse me passado um cliente tão importante se não acreditasse que eu era capaz de lidar com aquilo. Talvez eu conseguisse fazê-lo, no fim das contas. Não posso dizer que não fiquei nervosa diante dos outros membros da mesa. Na verdade, segurei um copo d'água com tanta força durante a apresentação que depois meu chefe disse que conseguia ver os nós dos meus dedos ficando brancos. Mas, apesar do nervosismo, houve momentos em que precisei admitir para mim mesma que estava me divertindo. No fim, me saí bem o bastante para transformar o período de experiência em um trabalho de tempo integral e consegui mais oportunidades para falar o que pensava em público.

Anos depois, pensei naquelas meias multicoloridas e comecei a me perguntar por que tinham me afetado tanto. Embora fossem um detalhe mínimo, elas foram como um bote salva-vidas naquele mar de cinza. Comecei a dar mais atenção a momentos assim, quando uma pequena explosão de alegria inesperada causava um efeito desproporcional no meu humor. Por exemplo, um dia saí do trabalho me sentindo meio desanimada, então vi algumas bexigas azuis amarradas com fita a uma escada de incêndio. Contra o fundo de pedra e aço, pareciam amoras azuis gigantes, e tive que sorrir. Outro dia, Albert e eu discutíamos no carro. Estávamos parados no farol, e quando ele ficou verde notamos que uma carinha feliz havia sido desenhada com caneta preta. Aquilo era tão fora de contexto que começamos a rir, experimentando um momento de alívio em meio a uma conversa difícil.

 Passei a entender melhor o poder que os prazeres inesperados têm de afastar o mau humor depois de pesquisar um pouco a natureza da surpresa, uma das seis emoções primárias identificadas pelo psicólogo Paul Ekman. A surpresa tem um propósito vital: redirecionar rapidamente nossa atenção. Ela age como um alarme para o cérebro, nos alertando de uma lacuna entre o

que está acontecendo à nossa frente e o que antecipávamos. Em situações estáveis e previsíveis, as partes do cérebro que focam no ambiente entram numa espécie de segundo plano. Nossa atenção ao entorno imediato retrocede, enquanto a mente consciente pensa sobre um problema, tem uma conversa ou sonha acordada. Mas um ruído inesperado ou um tapinha no ombro trazem a mente e os sentidos de volta a um estado de vigilância repentina. Isso pode ser visto na típica expressão de surpresa: olhos arregalados com pupilas dilatadas, para absorver mais do campo visual, e boca aberta para facilitar a respiração. Se o evento for particularmente chocante, também pode haver uma ativação do sistema nervoso simpático, que possibilita a resposta "lutar ou correr". Essas mudanças psicológicas focam nossa atenção e aumentam a excitação, nos preparando para reagir em caso de perigo repentino.[1] Mas nem todas as surpresas são ameaçadoras. Muitas vezes, sinalizam oportunidade, e o aumento do estado de alerta e excitação advindo da surpresa pode nos preparar para aproveitar alegrias imprevistas: felizes casualidades (como Ryan Gosling gravando um filme na sua rua), acontecimentos pouco prováveis (eba, sorvete grátis!) ou circunstâncias inesperadas (a primavera chegando mais cedo) podem influenciar nosso ânimo positivamente. Embora esses momentos de alegria possam parecer passageiros, também podem ter efeitos duradouros, pois ajudam a promover espirais ascendentes de emoções positivas.[2] Surpresas alegres afastam nossa atenção de nós mesmos e a direcionam ao mundo, nos estimulando a nos aproximar das pessoas e a nos engajar com elas e com o ambiente. Incitam a curiosidade e a exploração, e aumentam as chances de interação com os outros de forma a manter o fluxo de vibrações positivas.

A surpresa também intensifica outras emoções. Ela age como uma lupa sobre a alegria, imbuindo pequenos prazeres de um significado mais elevado. Embora pensemos pouco a respeito, a mente inconsciente é mais ou menos como um agenciador de corridas de cavalo, sempre calculando as chances de vários eventos acontecerem conosco enquanto nos movimentamos pelo mundo. Essas previsões ajudam a manejar nossa energia e nossas emoções, permitindo que nos preparemos para eventos futuros ou nos antecipemos a eles. Um estudo com atletas olímpicos ilustra bem isso.[3] Pesquisadores assistiram às cerimônias de premiação da Olimpíada de Sydney e avaliaram as emoções dos atletas. Então compararam essas reações com as previsões feitas pela revista *Sports Illustrated* sobre as chances de cada um. Eles descobriram que atletas cujo desempenho excedeu as expectativas ficaram mais felizes, mesmo que numa posição inferior no pódio. Um medalhista de bronze demonstrou mais alegria que um medalhista de prata que era visto como favorito ao ouro. Um infortúnio não previsto é especialmente doloroso porque, quando acontece, não temos tempo de reajustar nossas expectativas. Do mesmo modo, quando deparamos com uma alegria inesperada, parece sorte ou uma bênção, como se um universo benevolente estivesse olhando por nós.

Comecei a me perguntar se poderia haver maneiras de trazer mais surpresas agradáveis à nossa vida. Mas pareceu implausível: afinal, a principal característica da surpresa é que não se pode prevê-la, certo? Conforme fui pensando mais a respeito, me dei conta de que nem todas as surpresas são tão repentinas quanto um amigo que sai de um esconderijo na esquina e grita "buuu!". Muitas delas são mais sutis: o tom pastel de um ovo de Páscoa escondido em um arbusto, a música emanando de um novo restaurante que abriu no bairro, o tamanho e a forma de um cartão de agradecimento em meio a um monte de propagandas que chegam pelo correio. Passei a buscar uma estética que poderia multiplicar esse tipo de surpresas leves e trazê-las para a vida cotidiana.

UM ESTUDO SOBRE CONTRASTES

Um dia, eu estava descendo uma rua perto de casa, no Brooklyn, quando notei que os postes dos parquímetros haviam sido cobertos com luvas de tricô coloridas. Era uma visão encantadora, tão incompatível com a paisagem cinza que desacelerei meu ritmo de caminhada nova-iorquino. Eu já tinha descido aquela rua muitas vezes. Conhecia seus bancos e suas delicatessens, sua calçada cinza e suas grades de ferro forjado. Mas havia uma transformação ali. As tiras coloridas e as texturas macias davam aos parquímetros uma doçura que parecia tirada do jogo Candy Land. Toda a rua parecia mais amistosa, mais receptiva, mais viva.

Magda Sayeg, a artista responsável pelos parquímetros e fundadora de um movimento conhecido como grafite com tricô, bombardeio de fios ou tricô de guerrilha, disse em sua palestra de 2015 no TED: "Tudo o que eu queria era ver algo quentinho, felpudo e humano na fachada cinza e fria de aço que vejo todos os dias".[4] Então ela colocou uma aconchegante luva de tricô rosa e azul na maçaneta da porta de sua loja. A reação ao simples gesto a impressionou. As pessoas paravam o carro para dar uma olhada.[5] Encorajada pela reação, Sayeg começou a cobrir partes da infraestrutura pública — o poste de uma placa de "pare", um hidrante, os apoios de um bicicletário. E convidou aqueles que tricotavam a se juntar a ela. O apelo era contagioso, e grupos ao redor do mundo logo se juntaram ao coletivo de artesãos com mente guerrilheira. Como grafiteiros, eles têm como "alvo" áreas públicas, muitas vezes sem autorização. Mas seja porque o trabalho pode ser facilmente removido, seja porque é tão colorido e fofo, raramente esses guerrilheiros têm que enfrentar a polícia. De acordo com Leanne Prain, uma das autoras de *Yarn Bombing: The Art of Crochet and Knit Graffiti* [Bombardeio de fios: a arte do grafite com tricô e crochê], o tricô desarma as pessoas. "Não há nada de intimidador nele. É macio e felpudo. Faz as pessoas quererem se aproximar."

Depois que os bombardeios de fios tiveram início, comecei a encontrar peças com frequência. Se não estava com pressa, parava para observar o rosto de quem passava. Sempre via o arregalar de olhos, a boca aberta em uma expressão de surpresa, seguida por um sorriso. Pessoas exclamavam "Olha!" e cutucavam o companheiro. Alguns esticavam o braço em um impulso para tocar a peça. Os fios entrelaçados eram mesmo surpreendentes, mas eu me perguntava o que exatamente criava esse efeito.

Aprendi que o cérebro humano é bastante sensível à diferença e ao contraste. Desde os meros três meses, crianças são capazes de distinguir um objeto diferente em um grupo com outros similares.[6] O cérebro é tão apto a localizar discrepâncias que o contraste faz um objeto se destacar do fundo. Essa capacidade está relacionada aos princípios de gestalt que sustentam a estética da harmonia. Assim como sentimos prazer em agrupar visualmente itens parecidos e constituir assim um todo maior, também nos deleitamos em notar quando algo é incomum. Por esse motivo, a harmonia e a surpresa andam tão bem juntas. A consistência e a repetição ajudam a estabelecer expectativas claras, o que torna um elemento-surpresa mais propício a se destacar. Esse pareamento é muito usado na música, quando compositores constroem a antecipação do ouvinte com uma melodia repetitiva e então a interrompem com uma mudança brusca no tom ou no ritmo. Usadas juntas, a harmonia e a surpresa criam uma tensão que destaca as vantagens de ambas.

Se a essência da surpresa visual reside no contraste entre um objeto e seu contexto, então, para intensificar a surpresa, precisamos amplificar o contraste. Encontrei inspiração para isso em um pequeno e coloridíssimo pássaro, o macho da ave-do-paraíso Wilson, que faz uma dança do acasalamento pouco comum no chão da floresta tropical. Antes de dançar, no entanto, ele faz uma faxina. Não querendo que a fêmea visada se distraia, o pássaro escolhe um broto fino e começa a remover a sujeira ao redor, tomando cuidado especial para tirar todas as folhas verdes de vista. Quando a fêmea responde ao seu chamado, ela se empoleira acima do macho em um galho, olhando para baixo quando ele abre as penas do pescoço, que formam um semicírculo esmeralda impressionante contra a suave moldura marrom. As luvas de tricô nos parquímetros são um estudo similar do contraste, introduzindo texturas macias em espaços rígidos, artefatos domésticos no espaço público, o feminino na esfera masculina. A instalação alavancou outras estéticas da alegria, como energia e abundância, mas o contraste significou que apenas um pouco dessas outras estéticas era suficiente. Quando dispostas em um ambiente improvável, algumas fileiras de cor energética ou textura abundante agem como uma tinta concentrada que se espalha rapidamente em um copo d'água.

Logo comecei a descobrir outros artistas que estavam criando pequenas intervenções destinadas a levar alegria a espaços urbanos. O alemão Jan Vormann viajou o mundo todo remendando edifícios em ruínas com peças de Lego.

Em Londres, Steve Wheen criou os chamados "jardins em buracos", plantando em calçadas esburacadas canteiros de flores e musgos, ocasionalmente decorados com miniaturas de cadeiras ou carrinhos de mão. A dupla Gina Reichert e Mitch Cope, da Design 99, de Detroit, juntava pedaços de madeira compensada, pintava desenhos geométricos neles e os acoplava a janelas quebradas de prédios abandonados. Conhecidas como *Sculpture Security Systems* [Sistema de segurança de esculturas], essas instalações visavam proteger prédios desamparados de possíveis ocupantes ilegais e chamar a atenção para o problema da decadência urbana. Tais iniciativas pareciam emblemáticas de uma mudança mais ampla na arte de rua, de um ato de vandalismo com uma intenção destrutiva a um tipo de ativismo alegre, cujo objetivo é abrandar a aspereza da vida urbana inundando espaços desamparados com pequenas faíscas de alegria. Sobre o bombardeio de fios, Leanne Prain comentou: "Abandonar suas criações é como dá-las de presente ao público". É esse espírito generoso e construtivo que fez a arte de rua passar de uma atividade ilícita a algo bem-vindo. Agora, em vez de financiar seus próprios projetos e trabalhar clandestinamente, muitos desses artistas recebem bolsas de organizações públicas de arte ou fundos de desenvolvimento de negócios locais, além de grande publicidade por esses trabalhos.

É claro que algumas peças de Lego não resolvem problemas de infraestrutura, tampouco plantas consertam buracos na estrada. Mas intervenções pequenas e surpreendentes podem ser portas de entrada para um maior engajamento da comunidade. A surpresa funciona como um foco, iluminando o problema de um modo alegre. A poeta Mary Oliver escreveu: "A atenção é o começo da devoção".[7] No momento em que alguma coisa chama nossa atenção, deixamos de não ter mais relação com ela. Nós a vemos, interagimos, talvez até nos envolvamos com ela. Leanne Prain me disse que às vezes revisitava um local em que havia feito uma intervenção com tricô e descobria que alguém havia bordado margaridas ou acrescentado o que ela chamou de selo de aprovação, uma peça que complementa a primeira. A surpresa abre possibilidades de tornar a cidade mais terna e pessoal. Pode quebrar o gelo para uma conversa mais ampla sobre como melhorar o mundo à nossa volta.

O mesmo princípio do contraste pode ser usado em outros contextos, para revigorar áreas negligenciadas e reanimar experiências esgotadas. Um dia eu estava andando pela Elizabeth Street, em Manhattan, quando vi uma van com uma confusão de letras magnéticas brilhantes presas atrás, como as de um jogo infantil, com as quais alguém tinha escrito as palavras MEIAS, UAU e AVENTURA. As letras transformavam a traseira do carro num jogo para os transeuntes, e seus donos se surpreendiam ao ver as novas palavras escritas sempre que voltavam ao carro. Em Paris, uma pizzaria chamada Pink Flamingo fornece aos clientes uma bexiga rosa sempre que pedem para viagem. Eles podem encontrar um lugar para fazer piquenique ali perto, no canal Saint--Martin, e a pizzaria tem como localizá-los — um processo muito mais poético do que ser chamado por um daqueles aparelhinhos que vibram, fornecidos pela maior parte das redes de restaurante.

Aprendi algumas maneiras de levar a ideia de contraste para casa com Ghislaine Viñas, a designer de interiores parte sul-africana, parte holandesa para quem a surpresa se tornou uma marca registrada. Como no tricô de guerrilha, Viñas com frequência traz texturas macias a lugares improváveis, como na colaboração com um artista que usa fios para forrar uma cadeira comum ou um abajur com crochê. Outras vezes, ela recebe uma cadeira preta simples e a mergulha em tinta verde-limão; fica parecendo que o móvel está usando meias coloridas.

Quando visitei o estúdio de Viñas, notei um vaso branco de cerâmica com um anel de fita adesiva rosa-neon em volta. Ela me contou que o vaso tinha quebrado e que esse era seu jeito de consertá-lo, em vez de jogá-lo fora. Ela costumava usar essa técnica quando as coisas quebravam porque a lembrava da arte japonesa do *kintsugi*, ou "marcenaria de ouro", um método de consertar cerâmica quebrada com uma camada de laca misturada a ouro ou prata. Uma origem plausível situa essa arte no século xv, quando o xógum Ashikaga Yoshimasa quebrou seu copo de chá preferido e o mandou para a China para ser consertado.[8] Ele foi devolvido com grampos feios de metal, o que motivou o xógum a ordenar a seus próprios artesãos que descobrissem um conserto mais satisfatório do ponto de vista estético. Amo a ideia de que um acidente possa motivar a criação de algo ainda mais bonito. Há muitas outras maneiras de praticar essa alegre arte do conserto. Uma amiga minha, por exemplo, nunca se preocupa quando cai um botão da roupa: ela só o substitui por um similar de cor diferente, dando às peças um toque surpreendente, ainda que discreto. Um produto relativamente novo chamado Sugru, uma cola colorida moldável, torna mais alegre o conserto de qualquer tipo de objeto.

Essas pequenas surpresas podem ser muito efetivas para quebrar a monotonia da rotina diária. Uns meses atrás me dei conta de que, embora amasse a louça branca de casa, estava cansada dela. Em vez de considerar comprar um conjunto novo, encomendei dois pratos rosa a mais de cada tamanho. Eles fizeram a louça toda parecer mais interessante. Quando ponho a mesa para um jantar festivo, são como alegres pontos de exclamação. De modo similar, a moda da "filha única", que consiste em pintar a unha do dedão ou do anelar de uma cor que se destaque (como amarelo-limão ou azul-turquesa), é um jeito simples de fazer uma manicure especial.

Uma das lições mais curiosas e ao mesmo tempo importantes que aprendi quanto ao valor do inesperado se deu uns anos atrás. Albert e eu estávamos começando a consolidar nossas finanças e precisávamos de um cartão de crédito conjunto. Quando o tirei do envelope, descobri que era idêntico àquele que eu usava para minhas despesas pessoais. Para diferenciar os dois, coloquei um adesivo no novo, com o desenho de uma lhama. Não pensei a respeito até alguns dias depois, quando fui pagar a compra no supermercado. A caixa pegou o cartão da minha mão e soltou uma risadinha. "É uma lhama?", ela perguntou. "Que engraçado!" Desde então, quase sempre que uso o "cartão da lhama" me abrem um sorriso ou dão risada. No mundo brusco e plástico das finanças, um animal peludo é tão inesperado quanto possível. Parece tolo, mas a reação de surpresa das pessoas quando veem a lhama sempre me afasta do meu temperamento estressado e impaciente. Isso me faz diminuir o ritmo e incita a troca de nomes e gracejos, transformando o que em geral são transações impessoais em momentos alegres de conversa e conexão.

ACHOU!

Embora eu adore o ar livre, não sou grande fã de carregar uma mochila grande, então, quando Albert disse que queria passar uma semana acampando, minha resposta foi

"Divirta-se!". Quando me dei conta de que não conseguiríamos manter contato durante toda a viagem, comecei a chorar. Fazia menos de um ano que estávamos casados, e eu sabia que ia morrer de saudade dele. Fui dormir me sentindo sozinha e inquieta.

Na manhã seguinte, abri a geladeira e encontrei um post-it rosa em que estava escrito "Te amo muito!". Quase irrompi em lágrimas de novo, mas dessa vez de alegria, surpresa em sentir a presença de Albert num momento de ausência. Depois, fui pegar minha echarpe do cabideiro e, enquanto a estava enrolando no pescoço, ouvi um farfalhar. Tateei o pescoço e encontrei outro post-it rosa ali, com um coração desenhado. Dei um gritinho de alegria. Todos os dias aquela semana encontrei bilhetes cor-de-rosa. Um voou das páginas do livro que estava no criado-mudo. Outro estava na contracapa do meu caderno. Era um jeito alegre de fazer com que eu sentisse que ele estava comigo, embora não fisicamente.

Os post-its de Albert eram surpresinhas que surgiam em lugares muito inesperados. Mas também se utilizavam de outra técnica para criar surpresa, uma que é a base de inúmeros jogos e brinquedos infantis, do palhaço que salta da caixa quando aberta às caças ao tesouro: o esconde-mostra. Cedemos a esse prazer quando embrulhamos presentes em papel colorido e fita e quando compramos bilhetes de loteria tipo raspadinha. Muitos feriados incluem rituais centrados em revelar algo que foi previamente ocultado. No Seder da Páscoa judaica, um pedaço de matsá conhecido como *afikoman* é escondido, e as crianças têm que encontrá-lo. Muitas pessoas usam calendários do Advento nos dias que antecedem o Natal, com um doce ou uma bugiganga sendo revelado a cada dia. A quebra de uma *pi-*

ñata e a busca por um bonequinho de bebê no bolo de reis do Mardi Gras são outras tradições desse jogo de esconder e mostrar.

O esconde-mostra é inato à curiosidade humana, que nos motiva a explorar o mundo. Quando encontramos janelas, olhamos através delas. Quando deparamos com portas, as abrimos. Quando vemos potes, verificamos dentro deles. Embora, até onde sei, nenhum cientista tenha estudado esse traço, ele deve ser adaptativo. A natureza está cheia de tesouros escondidos: oleaginosas nutritivas escondidas dentro de cascas grossas, ovos dispostos em ninhos camuflados, frutas com invólucros que não são comestíveis. Certamente devemos descender de ancestrais inquisitivos, para quem o impulso de olhar em volta, embaixo e dentro das coisas significava chances maiores de fazer uma boa refeição.

Uma das grandes alegrias da estética da surpresa vem quando surpreendemos os outros, e esconder e mostrar é um jeito divertido de fazer isso. Annie Dillard escreve que, quando criança, amava esconder moedas na calçada, entre raízes de árvores ou em rachaduras no concreto, para que desconhecidos as encontrassem.[9] Então desenhava setas com giz, apontando para a localização das moedas, e escrevia coisas como SURPRESA À FRENTE ou DINHEIRO POR AQUI. Jordan Ferney, autor do blog Oh Happy Day, sugere esconder uma variedade de bexigas coloridas pequenas dentro da caixa de correio, da geladeira ou do carro de um amigo, para que quem abrir possa ter um momento de agradável surpresa. Outra maneira de surpreender amigos é com uma excursão ou férias misteriosas: diga apenas por quanto tempo vão ficar fora e o que precisam levar, mas não revele o destino até que estejam no aeroporto. Fazer uma surpresa para outra pessoa pode ser duplamente agradável, porque em geral ela fica tentada a retribuir o favor quando menos se espera, criando um círculo feliz de surpresas.

Esconder objetos também permite fazer algo que nos parece impossível: surpreender a nós mesmos. Alguns anos atrás, quando fez o primeiro dia frio do outono, coloquei um casaco que não usava fazia seis meses. Quando enfiei a mão no bolso, encontrei um trio de conchas, recolhidas em uma caminhada pela praia em um dia de inverno do ano anterior. Desde então, comecei a esconder pequenas lembranças — pedras, bolotas, canhotos de ingressos — das minhas aventuras em bolsos de casacos e mochilas, sabendo que quando as encontrar depois vão parecer presentes. Quando minha avó morreu, herdei uma de suas bolsas de festa. Dentro havia um convite para um evento de gala em Boston, ao qual ela havia comparecido muitos anos antes. De repente fui inundada por lembranças da minha avó toda elegante, com seu cabelo loiro preso no alto, e fiquei muito grata por ela ter deixado o convite na bolsa. Ainda o mantenho ali, porque me dá alegria toda vez que o redescubro. Desde então soube que não sou a única que esconde recordações. Meu amigo Danny deixa um brinquedo do filho no bolso durante o trabalho, em geral qualquer coisa com que ele esteja brincando no momento. "Agora é um lobisomem", ele me escreveu. "Na semana passada, era uma pequena calculadora musical."

Não é preciso dizer que roupas com bolsos facilitam toda a questão de esconder e mostrar — quanto mais, melhor. Roupas também podem guardar surpresas alegres. Tive uma calça com um cordão amarelo dentro da cintura. Eu só o via quando a colocava e tirava, mas era como ter um segredo divertido, e mantive a calça por bastante tempo depois que saiu de moda. Mais tarde, quando o forro do meu casaco preferido estragou, uma costureira o trocou por seda vermelha. Tais detalhes podem ser um modo de acrescentar cores alegres ao seu guarda-roupa mesmo que você relute em usar coisas chamativas demais. Um toque de neon dentro do colarinho ou listras na manga dobrada podem ser o bastante. Também dá para usar cor por baixo das roupas, com lingerie ou meias em tons vivos. São as primeiras gavetas que você abre toda manhã — por que não deveria haver um arco-íris de cores lá para te receber?

Uma alegria similar pode ser criada ao incluir padrões vibrantes em espaços reservados. Uma das minhas tendências recentes de design favoritas são os banheiros coloridos de restaurante. Em um estabelecimento chamado Dimes, em Nova York, o banheiro é coberto do chão ao teto por azulejos com pinceladas coloridas, feitos à mão pela ceramista Cassie Griffin. Comparado com a decoração relativamente discreta do restaurante, ir ao banheiro é como adentrar outro mundo. Em outros estabelecimentos que visitei há pouco tempo, os banheiros tinham papel de parede com estampa ousada ou paredes com toneladas de diferentes molduras. A mesma abordagem alegre pode iluminar um lavabo, que tende a ser um espaço usado com menos frequência na casa. Em uma escala menor, pintar um armário por dentro com uma cor viva ou usar papel estampado para forrar gavetas cria uma surpresa renovada toda vez que você os abre.

A técnica de esconder e mostrar também é usada no mundo digital. Muitos desenvolvedores incorporaram acréscimos alegres, conhecidos como *easter eggs*, no código de vários programas para que apareçam quando os usuários desempenham ações específicas. Na versão de 1997 do Microsoft Excel, por exemplo, foi incluído um simulador de voo que só abria quando os usuários pressionavam uma sequência de teclas em particular. No Google, quando se procura pela palavra "askew" [torto], a página de resultados surge inclinada, e a busca pela expressão peculiar "zerg rush" [investida zerg] gera um jogo aparentemente invencível em que letras "o" do logo começam a cair e atacar os resultados de pesquisa. Ao contrário da maior parte dos recursos de software, os *easter eggs* não têm aplicação prática. São pura diversão, feitos para que os usuários os descubram e compartilhem com os amigos.

Esconder e mostrar pode introduzir brincadeiras em muitas experiências comuns, de se vestir pela manhã a digitar um documento. Mas o impacto se estende além do prazer momentâneo. Escondendo coisas encantadoras para que nós mesmos e os outros as descubramos, agimos um pouco como esquilos, coletando alegria para que possamos desfrutar das recompensas no futuro. O mundo ganha camadas. Contém alegrias visíveis e outras que estão logo abaixo da superfície da vida cotidiana. Cada alegria que descobrimos nos faz lembrar de que somos os arquitetos do nosso próprio deleite, criadores da nossa própria sorte.

UMA CASA CHEIA DE SURPRESAS

Mandy e Kevin Holesh moravam em um apartamento em Pittsburgh fazia apenas cinco meses, mas estavam inquietos. O lugar era lindo, ficava em uma região movimentada da cidade e era o primeiro lar que dividiam. Mas eles continuavam pensando em uma viagem que haviam feito pouco depois do casamento, usando um pequeno trailer que tinham emprestado da tia de Mandy. Conforme se aventuravam pelo sul dos Estados Unidos, estacionando em parques estaduais e explorando novas cidades, descobriram que a experiência era surpreendentemente confortável, mesmo com os dois cachorros que eles tinham levado junto. Com frequência, Mandy e Kevin brincavam: "E se morássemos aqui sem tempo definido?".

De volta à cidade onde ambos haviam crescido, estavam cercados por amigos que também estavam se casando e se instalando em sua primeira casa. A tentação de comprar uma era forte — todo mundo parecia estar fazendo aquilo, e eles quase se decidiram por uma casa pequena e encantadora. Mas não era o que queriam fazer. Ambos amavam viajar e trabalhavam por conta, Mandy como fotógrafa de casamentos e Kevin como desenvolvedor de um aplicativo para celular chamado Moment, que ajuda as pessoas a controlar e reduzir o tempo de tela diário. Os dois começaram a fantasiar uma vida na estrada e a olhar anúncios de veículos à venda. Dois meses depois, compraram um.

O Keystone Cougar 276 certamente precisava de melhorias, com seu carpete azul envelhecido, muita madeira pesada e escura e um cheiro estranho. Mas custava 5 mil dólares, o que significava que não só cabia no orçamento como sobrava dinheiro para uma reforma. Eles o estacionaram na garagem dos pais de Kevin e, por duas semanas, se dedicaram a arrancar o carpete velho, trocar o estofado do sofá-cama e dos bancos em volta da mesa, e passar uma mão de tinta branca em todas as superfícies. Então reduziram suas posses ao mínimo, colocaram o restante em um depósito e pegaram a estrada.

Quando estavam escolhendo o veículo, uma das exigências era que tivesse muitas janelas, porque, como Mandy disse: "Se íamos fazer aquilo, queríamos poder ver onde estávamos". O modelo pelo qual optaram tinha janelas grandes com cantos arredondados em três paredes. Isso não só os fazia sentir imersos em cada local que visitavam como também trazia alegria ao lar. Como se estivesse provando esse argumento, durante nossa conversa por Skype Mandy de repente gritou: "Ah, olha só, tem golfinhos lá fora!". Kevin virou a cabeça para olhar. "Tem mesmo? Sério? Que legal", ele murmurou, balançando a cabeça. Os dois pediram desculpas pela interrupção, mas isso na verdade me permitiu entender perfeitamente seu estilo de vida. Quando sua casa vai aonde você quiser, as janelas se tornam uma espécie de papel de parede dinâmico, com chances constantes de surpreender. Some-se a isso o fato de que Mandy e Kevin em geral acampam na natureza, em vez de parar num estacionamento, o que permite a eles acordar em lugares como praias e parques estaduais, cujo cenário é mais incomum.

Sabendo que iam trocar um apartamento de 110 metros quadrados por um veículo de menos de dezoito, eles tinham o desafio de montar um lar sem acrescentar muita coisa. Por isso os toques de decoração são pequenos e estão localizados em pontos inesperados. Kevin riu ao recordar quando Mandy o mandou à mercearia um dia para comprar batatas de diferentes tamanhos. Ela as cortou ao meio e mergulhou em tinta preta, então as usou como carimbo para produzir uma série de bolinhas de formas orgânicas na parede atrás da cama. "Como o veículo é um longo corredor, dá pra ver essa parede de qualquer lugar", disse Mandy. "Eu não queria uma parede básica, mas tampouco queria algo que fizesse a casa parecer mais atulhada." Ela comprou alguns pompons e os amarrou a uma guirlanda, que pendurou na janela saliente. "É meu lugar favorito do trailer", Mandy conta, "e não seria legal bloqueá-lo com cortinas." O formato da guirlanda criou uma forma semelhante à de uma cortina, suavizando as beiradas da janela e dando um toque festivo de cor sem atrapalhar a vista. Mandy sabia que também queria fazer algo divertido nos dois degraus que levavam ao quarto. Ela tinha viajado para a Espanha e amado os azulejos coloridos da região, mas, por causa das restrições de peso do veículo, estava tentando evitar decorações pesadas. Então encontrou versões adesivas dos azulejos que havia visto e os aplicou ao pé dos degraus, para atrair o olho para um lugar que em geral ninguém nota.

Mandy e Kevin me mostraram que um lar pode ser um local em que se experimenta a surpresa diariamente, permitindo que seus habitantes redescubram a alegria de seu espaço pessoal todos os dias. Isso me lembrou das palavras do arquiteto francês Le Corbusier: "O lar deveria ser o baú de tesouros da vida".[10] A casa dos Holesh não é apenas um local para descansar e dormir. É um portal para novas experiências. E, embora não se oponham a em algum momento se estabelecer em um endereço, por enquanto seus planos estão tão abertos quanto a estrada à frente.

ESTRANHO E MARAVILHOSO

Para Mandy e Kevin, a decisão de ignorar a tradição de fixar residência depois do casamento e abraçar um estilo de vida nômade levou a mais do que alguns olhares interrogativos da família e dos amigos. A maior parte deles acabou se acostumando com a ideia, mas isso me fez pensar sobre como escolhas surpreendentes podem também ser atos de coragem. Quando pegamos um caminho na vida que contraria as expectativas alheias, quer seja com a escolha de carreira, parceiro ou até mesmo no modo como usamos o cabelo, nos pegamos fora de uma norma confortável. Às vezes pode parecer mais seguro trilhar caminhos já conhecidos. Ruth Lande Shuman, fundadora da organização sem fins lucrativos Publicolor, que pinta escolas da cidade de Nova York em tons vibrantes, disse o seguinte: "Acho que muitos de nós se escondem atrás da ideia de bom gosto porque temos medo de ser nós mesmos".

Essas palavras ficaram na minha mente por um bom tempo. Eu tinha passado muitos anos da minha vida atrás dos muros altos do bom gosto. Na adolescência e juventude, lia uma série de revistas de design todos os meses, estudando as escolhas dos editores como se fossem o evangelho. Me restringia a roupas acinturadas, que diziam ser melhores para meu tipo de corpo. Admirava a uma distância segura tudo o que era chamativo e cheio de fru-frus. É claro que o bom gosto é uma promessa sedutora: como o nome implica, confere não apenas estilo, mas qualidade. Sugere que podemos ir a uma loja e comprar uma cadeira, uma mesa, um objeto decorativo e, escolhendo certo, desfrutaremos de uma dose saudável de aprovação e pertencimento. O deus do bom gosto, contudo, exige sacrifícios, e são sempre as partes esquisitas, excêntricas e desajeitadas de nós mesmos as primeiras a ser jogadas no fogo.

Mas é nas partes esquisitas, excêntricas e desajeitadas que residem as surpresas e, portanto, muito da nossa alegria. O flamingo, por exemplo, é uma ave improvável, com seu tom de rosa peculiar, seu pescoço curvado e suas pernas finas. Embora muitas aves sejam encantadoras, o esquisito flamingo é o único que foi produzido em massa em versões de plástico e se espalhou por milhares de jardins dos subúrbios. Do mesmo modo, o alho é uma estranha flor, com sua forma arredondada, mas a primeira que eu plantaria se tivesse um jardim. Com sua cabeça gigante ao fim de um caule delgado, parece mais retirada de um livro de Dr. Seuss do que uma planta de verdade. Talvez a melhor ilustração da alegria da excentricidade, no entanto, seja a boa e velha exposição de cachorros. Peguei uma na TV há pouco tempo e fiquei fascinada com a voz dos comentaristas, que mudavam a cada animal novo. As raças elegantes e perfeitas exigiam um tom sério, como se os narradores estivessem discutindo as obras de arte de uma galeria. Mas para anunciar os esquisitões adoráveis — o mastim tibetano, absurdamente peludo; o atarracado corgi, com suas perninhas se movimentando rápido para acompanhar o treinador; e o komondor, que mais parece um esfregão, com os olhos escondidos atrás dos inúmeros *dreadlocks* — suas vozes se iluminavam, como se estivessem sorrindo.

Embora o bom gosto exija que as coisas sejam simples e normais, a alegria prospera nos pontos fora da curva. Isso é uma manifestação diferente da estética da surpresa, na medida em que quebra nossas expectativas em relação a como as coisas devem aparentar ser e se comportar. Demonstra certa indiferença rebelde, me fazendo pensar o que aconteceria se tivéssemos mais desse espírito pouco convencional em nossa vida.

Eu não tinha uma resposta pronta, mas tinha uma ideia de onde procurar por ela. A partir de meados dos anos 1990, criou raízes na Holanda um movimento até então florescente de design que desafiava alegremente as convenções estabelecidas para móveis e objetos decorativos. Com uma criatividade vívida e sem limites, os designers holandeses começaram a moldar as formas tradicionais, brincando com nossas expectativas de tamanho e proporção de maneiras inusitadas. Um abajur ou vaso podia se tornar gigantesco, o maior objeto do cômodo, enquanto uma mesa podia ser encolhida até chegar ao ponto de parecer destinada a duendes. Velhas cadeiras de madeira eram atadas com faixas elásticas e assim produziam formas surpreendentes. Vasos e urnas foram feitos em silicone em vez de cerâmica, de modo que lembravam o artesanato tradicional holandês, mas não quebravam quando caíam. Foi um período agitado para os designers. Depois de anos criando móveis refinados e de bom gosto, a indústria estava abrindo buracos pelos quais o ar fresco podia entrar.

"O que você chama de surpresa e outros chamam de sagacidade ou humor eu chamaria de leveza", Marcel Wanders disse, passando os dedos pelo cabelo grisalho e olhando à distância, reflexivo. Uma força propulsiva do design holandês, primeiro como membro do coletivo Droog e depois como fundador do seu próprio estúdio e da marca de móveis Moooi ("lindo", em holandês, com um "o" a mais para enfatizar), Wanders é responsável por algumas das criações mais impressionantes do movimento. Descrever seu trabalho é um pouco como tentar explicar objetos que aparecem em um sonho. Um bom exemplo é uma de suas peças-chave, a *Knotted Chair* [Cadeira de nós]. Ela lembra uma rede, feita de corda amarrada em um macramê elaborado. Só que a rede não se restringe ao assento e ao encosto. A cadeira inteira é feita de corda, incluindo as pernas. A primeira vez que deparei com a peça, me inclinei para olhar debaixo dela. Não havia nenhuma estrutura em madeira, nada de aço escondido para dar suporte. Não ficava nem um pouco claro como a cadeira se segurava de pé. Afundei nela, prendendo o fôlego. O móvel aguentou meu peso com tranquilidade. Parecia sólido, enquanto eu parecia estar flutuando. Na verdade, a corda de aspecto frágil tinha um miolo de carbono envolto em fibra de aramida, um material sintético resistente usado pelo Exército dos Estados Unidos em coletes à prova de balas e no invólucro do motor dos jatos. Depois de trançada, a corda foi mergulhada em resina epóxi para endurecer no formato de cadeira — tão sólida quanto qualquer outra feita de madeira ou metal, mas que continuou a me intrigar muito depois de eu ter descoberto o segredo.

Logo descobri que há um método na loucura de Wanders. "Se olhar para uma das minhas peças, sempre há dois elementos presentes", ele disse. "Um está relacionado a algo que você conhece. Se é uma cadeira, tem quatro pernas." Ele fez uma pausa, sorrindo com ironia. "Não faço cadeiras com dezoito pernas. Faço coisas que de certo modo são familiares, que é possível reconhecer de longe. Primeiro quero que se sinta confortável. Mas então há algo..." Aqui ele reproduziu o barulho de um carro brecando de repente, e seus olhos brilharam quando indicou uma curva brusca à esquerda com a mão. "Algo estranho acontece, algo surpreendente. Chamamos de 'inesperado bem-vindo'. Algo surpreendente, mas que é bem-vindo. É o modo como incluímos uma sensação de leveza em nossos produtos."

A cadeira de nós

Pensei em outras criações de Wanders que conhecia. Havia um enorme abajur de papel que brilhava suavemente, como um cogumelo gigante, e um tapete circular com estampa azul ao estilo da porcelana de Delft, o que fazia com que parecesse um prato gigante posto no chão. Outro exemplo é o *Sponge Vase* [vaso-esponja], um objeto que pode parecer apenas uma esponja-do-mar natural quando visto de longe. Na verdade, era mesmo isso, até que Wanders a mergulhou em argila e levou ao forno. A esponja queimou, deixando para trás uma réplica de porcelana com um buraco no meio para que se coloque uma flor.

O inesperado bem-vindo é uma contradição, uma tensão que puxa a mente em direções opostas: entre o estranho e o familiar. Estranheza pura pode ser alienante por si só. Mas o estranho se torna maravilhoso quando está ligado a um elemento que reconhecemos. O flamingo nos encanta porque, apesar de toda a sua peculiaridade, ainda é uma ave com duas asas, um bico e penas. Seu caráter "aviário" é um ponto de referência pelo qual medimos sua excentricidade. Da mesma forma, medimos coisas à nossa volta em comparação com nosso corpo, de modo que abajures gigantes ou cupcakes em miniatura transformam nossa apreensão de nós mesmos, fazendo com que nos sintamos como Alice na toca do coelho ou Gulliver entre os liliputianos. Acomodando suas ideias amalucadas em um manto de familiaridade, Wanders nos leva em uma viagem fantástica ao mesmo tempo que nos ancora com segurança. É claro que objetos não precisam ser tão ousados quanto são na imaginação do designer. Ligeiras assimetrias ou pequenos ajustes nas proporções, como aqueles comuns no artesanato, podem criar uma leve estranheza que torna a estética da surpresa mais acessível ao dia a dia.

Logo me dei conta de que essa ideia simples podia nos levar muito além da criação de momentos agradáveis em casa. Também pode desafiar estereótipos e preconceitos de um modo alegre. As contradições inerentes ao inesperado bem-vindo despertam o que os psicólogos chamam de necessidade de acomodação.[11] Surpresas pontuam nossa visão de mundo, nos forçando a reconciliar novas informações e crenças do passado. Quando estamos estressados ou ansiosos, nos tornamos menos tolerantes com a ambiguidade e o risco, e em consequência ficamos mais propensos a rejeitar o que é estranho, inusitado ou novo. No estado de alegria, contudo, nossa mentalidade se torna mais fluida e capaz de aceitar a diferença.[12] Estudos demonstraram que emoções positivas diminuem um efeito chamado viés da própria raça, em que as pessoas tendem a reconhecer rostos da sua raça mais rapidamente do que de outras. Outros estudos provaram que o afeto positivo deixa as pessoas menos inclinadas a se apegar a uma hipótese inicial quando evidências conflitantes são apresentadas. Isso sugere que surpresas alegres podem ajudar a desbancar estereótipos negativos, aumentando as chances de que vejamos a diferença como algo mais agradável do que ameaçador.

Considere, por exemplo, o que aconteceu quando a impressão tridimensional começou a revolucionar o mundo protético. Tradicionalmente, as próteses foram desenvolvidas para imitar as partes do corpo que substituem. Com um tom de pele equivalente e detalhes reais, as próteses se destinam a confortar amputados e pessoas com malformações, não apenas restaurando a funcionalidade, mas também criando uma aparência tão natural quanto possível. A impressão 3-D de membros começou como uma maneira de resolver os problemas de acessibilidade da protética, em especial para crianças — como elas crescem muito rápido e as próteses costumam ser objetos complexos e caros, a maioria das crianças sem mãos ou dedos simplesmente continua assim. Mas o advento da impressão tridimensional possibilitou que designers voluntários criassem mãos protéticas feitas sob medida que podem ser montadas pela família como se fossem Lego, às vezes por menos de cinquenta dólares (em comparação com os milhares de dólares do modelo tradicional). Essas próteses aumentaram radicalmente a acessibilidade para crianças, mas também tiveram um benefício inesperado: fazer com que os membros pareçam acessórios.[13] Produzidas em cores fortes como vermelho, azul e roxo, elas apresentam juntas visíveis e faixas elásticas que funcionam como tendões para facilitar o ato de agarrar objetos. As crianças descobrem que mãos podem ser fosforescentes ou brilhar no escuro. Jordan Reeves, de onze anos, que nasceu com um braço esquerdo que só vai até o cotovelo, criou uma prótese que atira purpurina. No momento, ela está trabalhando em um desenho intercambiável que permite ao usuário trocar a ponta, substituindo a arma de glitter por uma mão ou o que for preciso no momento.

Em vez de ter como objetivo passar despercebidas, como na protética tradicional, essas novas mãos chamam atenção para si. Assim, a percepção comum da deficiência como uma desvantagem é desfeita. Alguns pais relatam que os filhos costumavam ser provocados ou importunados, mas agora as outras crianças admiram suas mãos de super-heróis. Enquadrando a diferença de um jeito mais alegre, essas próteses feitas em impressoras 3-D dão às crianças mais liberdade para serem elas mesmas.

Todas as crianças vivem em um mundo rico em surpresas. Cada coisa nova, independente de quão comum seja, inspira uma sensação de deslumbramento e encanto. Mas a novidade naturalmente diminui com a idade, e nosso entorno começa a parecer familiar e entediante. Psicólogos chamam esse fenômeno de "adaptação hedônica".[14] Imagino que seja muito pior na era moderna do que quando éramos caçadores-coletores nômades, soltos na natureza em todo o seu dinamismo. O ambiente interno, sólido e imutável, não reserva surpresas — a menos que as coloquemos ali. O perigo da adaptação hedônica é que espalha um certo materialismo desesperado. Sedentos por novidades, jogamos fora objetos funcionais que não estão em seu esplendor e os substituímos por versões novas e brilhantes. Na verdade, a adaptação hedônica com frequência é conhecida como "esteira hedônica", porque o ciclo pode se repetir infinitamente sem nos aproximar nem um pouco da felicidade.

A estética da surpresa pode ser uma ferramenta para cultivar uma relação mais emocionalmente sustentável com as coisas que temos. Quando os objetos que estão em nossa vida continuam a nos surpreender, não os queremos trocar por novos. Redescobrimos sua alegria de novo e de novo, e nos apaixonamos um pouquinho mais a cada vez. Ao restaurar a sensação de diversão e imprevisibilidade ao entorno, pequenas explosões de surpresa também mudam nosso relacionamento com o mundo como um todo. A surpresa nos desestabiliza um pouco, só o bastante para introduzir uma nova ideia ou uma perspectiva diferente. Ela nos devolve um pouco daquele frescor infantil. Tirando-nos de nosso padrão de pensamento habitual, uma pequena surpresa pode resetar nossos parâmetros de alegria e permitir que vejamos o mundo com olhos renovados.

7. Transcendência

Mal tínhamos ido dormir quando o alarme tocou, às 3h15. Albert e eu nos vestimos, pegamos algumas barras de cereal e saímos do hotel para a noite sem lua. A viagem era curta — meros vinte minutos —, mas o estacionamento já estava quase cheio quando chegamos. Logo os portões se abriram, e atravessamos uma ampla galeria lotada de barracas de comida e quiosques de lembrancinhas. Ainda faltavam algumas horas para o amanhecer, mas o lugar tinha uma atmosfera festiva. Casais de cabelo branco, com os casacos cobertos de broches comemorativos, passeavam segurando copos de café fumegante. Adultos gritavam seus pedidos para os vendedores enquanto as crianças se afastavam para olhar vitrines repletas de brinquedos iluminados, piões e chapéus. O cheiro de fritura preenchia o ar.

Compramos sanduíches de ovo e encontramos um lugar para esperar o nascer do dia. A inquietação alegre no ar lembrava um teatro antes de as cortinas se abrirem. Quando estávamos começando a ficar impacientes, ouvimos um longo "Aaaah!" percorrer a galeria. As conversas cessaram e toda a multidão se virou para encarar o campo. Por alguns segundos, não dissemos nada. Então houve um clarão de luz laranja, e a forma arredondada de um balão de ar quente flutuando silenciosamente na direção das estrelas surgiu. Em seguida, dois outros balões começaram a subir. Eles o faziam em silêncio, um par de sombras no céu azul-escuro, até que os queimadores piscaram, revelando seus padrões distintivos. Ficamos extasiados, observando-os pulsar como vaga-lumes. Conforme se afastavam do campo, mais balões iniciavam a subida. Tremulavam um pouco no início, como uma bolha de sabão que se agarra ao final da varinha antes de flutuar para longe. Uma fina fatia de luz apareceu sobre as montanhas Sandia, e o céu começou a clarear. A Ascensão em Massa tinha começado.

Por dez dias todo mês de outubro, a Festa de Balões de Albuquerque atrai milhares de entusiastas de balões de ar quente de todo o mundo para esse exato ponto no deserto do Novo México. Durante o festival, mais de quinhentos balões levantam voo ao mesmo tempo nas manhãs do fim de semana, no espetáculo conhecido como Ascensão em Massa. É o maior lançamento simultâneo de balões de ar quente no mundo todo. O espetáculo é tão alegre que muitas pessoas comparecem só para assisti-lo do chão. Como era minha primeira Ascensão em Massa, eu estava curiosa para ver do alto também, então tinha reservado dois lugares no balão pilotado pelo veterano Jon Thompson, que estava em sua vigésima festa.

Nosso balão, com retalhos amarelos, cor-de-rosa, azuis e verdes, era maior que uma casa. Uma multidão efervescente tinha se reunido à nossa volta para nos ver partir. Crianças exibiam sua coleção de *cards* reunidos na feira, com fotos brilhantes de balões. Pais colocavam os menores nos ombros para que pudessem ver melhor. Albert me perguntou: "Vê alguém que não está sorrindo?". Olhei em volta. Na maior parte dos festivais, é possível encontrar pelo menos um rabugento ou uma criança à beira de um colapso na multidão. Mas não havia ninguém assim à vista.

Ao sinal de Thompson, subimos em um banquinho e entramos na cesta. Quando um dos controladores de voo do festival assentiu, a equipe soltou a cesta e começamos a subir. O sol tinha acabado de sair, emitindo uma luz fraca, e uma faixa de nuvens baixas brilhava rosada no novo dia. Ficamos à deriva na flotilha de balões, vendo-os subir e descer gentilmente. Estavam em toda parte: à esquerda e à direita, acima e abaixo. Olhando de cima da cena, um dos outros passageiros decretou: "Parece que alguém pendurou um monte de enfeites de Natal no ar". Às vezes, uma "forma especial" passava por perto: Yoda, um pinguim, um peixinho dourado usando uma cartola. "Olha, um ovo com calça!", gritei. Albert virou para onde eu estava apontando. "Você quer dizer Humpty Dumpty?", ele perguntou, rindo. No ar, coisas familiares me pareciam novas.

A Ascensão em Massa

Quando perguntei a Thompson por que ainda pilotava balões depois de tantos anos, seu rosto se iluminou. "É tão pacífico", ele disse. "Você flutua junto, vê coisas que em geral não consegue ver." Thompson explicou que sente um prazer profundo ao ver a reação das pessoas, em especial os novatos. "Os sorrisos são enormes", comentou, com um sorriso no próprio rosto.

Muitos dos balonistas com quem conversei no festival foram pilotos de avião ou helicóptero. Embora amem todo tipo de voo, sentem um prazer especial com os balões. Eles não são a forma mais prática de aeronave, no entanto. Não carregam cargas pesadas nem podem ser guiados. (Enquanto descíamos, a equipe de Thompson entrou em contato por rádio perguntando onde achava que íamos pousar. "Imagino que no chão!", ele brincou.) Mas o que falta de utilidade ao balão ele compensa com curtição. "O que torna a balonagem única é o fato de que você pode simplesmente subir e ficar em silêncio de fato, sem um motor", explicou Bryan Hill, balonista de Page, Arizona, que conheci uns anos atrás e reencontrei no festival. Diferente de um avião ou helicóptero, um balão não tem sistema de propulsão em expansão ou lâminas girando. Só a alegria pura e contemplativa de flutuar livre acima da terra.

Esse tipo de alegria faz parte de nossa linguagem. Flutuamos. Voamos para o sétimo céu. Nos sentimos enlevados. Estamos nas alturas quando alegres, e por baixo quando tristes. Pesquisas sugerem que essas associações são inconscientes e automáticas. Por exemplo, as pessoas reconhecem palavras positivas mais rapidamente quando surgem no topo da tela de um computador, e identificam palavras negativas mais rapidamente quando aparecem embaixo.[1] Em um estudo feito nos anos 1920, eram mostradas imagens de diferentes tipos de linhas e se pedia aos envolvidos que escolhessem uma que parecesse "feliz" ou "animada"; linhas que se curvavam para cima foram elegidas esmagadoramente, enquanto as que se curvavam para baixo foram julgadas tristes.[2] Movimentos para cima também parecem relacionados à alegria, como evidenciado por uma pesquisa recente que pediu às pessoas que recordassem certas memórias enquanto passavam bolinhas de gude de uma bandeja para outra.[3] Aquelas que moveram as bolinhas no sentido ascendente, de uma bandeja mais baixa para outra mais alta, tiveram mais lembranças positivas que as que fizeram o contrário.

Por que nossas emoções parecem residir em um eixo vertical? O linguista cognitivo George Lakoff e o filósofo Mark Johnson acreditam que isso começa em nosso corpo.[4] Um sorriso curva a boca para cima; quando estamos desanimados a curvamos para baixo. Um corpo alegre está enlevado, como Darwin observou: "Um homem nesse estado mantém o corpo ereto, com a cabeça levantada e os olhos abertos. Não há quedas nos traços ou contração nas sobrancelhas [...]. A expressão de um homem bem-disposto é o exato oposto daquele que sofre de tristeza".[5] As metáforas para alegria têm uma dimensão ascendente, assim como as para saúde e vivacidade (como demonstram as expressões "no auge" e "no pico"). Lakoff e Johnson afirmam que, porque a experiência física da alegria e do bem-estar tem uma qualidade ascendente, a ascensão se tornou uma metáfora para a positividade em nossa vida.

A explicação faz sentido, mas desconfio que haja uma lógica ainda mais profunda na conexão entre emoção e verticalidade. O movimento giratório da Terra nos mantém presos a ela de maneira tão constante e penetrante que raras vezes pensamos a respeito. Isso, no entanto, leva à mais significativa força que há no mundo: a gravidade. Cada movimento que fazemos é refreado pelo puxão irresistível da gravidade. Embora vaguemos livremente no plano horizontal, sem tecnologia somos incapazes de ficar acima do chão por muito tempo. Podemos correr, nadar, mergulhar e pular, mas não flutuar ou voar sozinhos. Não deveria ser surpresa, então, que o movimento para cima parece alegre e o céu seja a residência universal dos sonhos.

Há muito tempo humanos são obcecados pela ideia de se livrar das amarras que a gravidade nos impõe, embora, na maior parte da história registrada, o voo tenha sido uma habilidade reservada a divindades e anjos. No século II a.C., os chineses inventaram a pipa, que usavam para carregar a linha de pesca para longe da costa e produzir sinais durante a batalha. Ao longo da Idade Média, houve experiências com planadores, asas improvisadas, foguetes e brinquedos com hélice. Mas foi só após a invenção do balão de ar quente, em 1783, que as pessoas foram capazes de flutuar acima da terra sem restrições. Os primeiros voos eram cenas de alegria e deslumbramento quase indescritíveis. Em um dos primeiros testes com balões em Paris, milhares se reuniram ao longo do Campo de Marte para ver a subida. O historiador Richard P. Hallion relatou os seguintes comentários de um observador:

> A ideia de que um corpo deixe a terra e viaje no espaço era tão sublime e parecia ferir tão enormemente as leis comuns que todos os espectadores foram oprimidos pelo entusiasmo. A satisfação foi tão grande que as mulheres mais bem-vestidas deixavam a chuva molhá-las para evitar perder a visão do globo por um instante.[6]

Para os primeiros aeronautas, a alegria foi ainda maior. Jacques Alexandre César Charles, inventor do balão de hidrogênio e piloto do segundo balão tripulado lançado, escreveu sobre seu primeiro voo:

> Nada pode se comparar à alegria que me inundou quando flutuei para longe da superfície da terra. Não foi um prazer, foi um deleite abençoado [... um] espetáculo majestoso se desdobrou diante dos meus olhos. Sempre que olhávamos para baixo, víamos cabeças. Acima estava o céu livre de nuvens. À distância, a vista mais atraente do mundo.[7]

Estar acima do chão muda nossa relação com a terra e a vida que vivemos. Preocupações e pequenas divergências parecem encolher junto com as casas e os carros. É claro que o voo hoje é uma situação rotineira para muita gente. Você pode até estar lendo isto sentado em um avião, enquanto viaja para comparecer a uma reunião ou visitar a família. No entanto, o incômodo de uma viagem aérea comercial — aeroportos lotados, o empurra-empurra, a competição por espaço para a bagagem de mão, os assentos apertados — por vezes eclipsa a maravilha do voo. Minha experiência no balão de ar quente me lembrou de que a elevação pode ser mágica em sua habilidade de esvaziar a mente e abrir espaço para a alegria.

Mas temos que ficar amigos de um balonista para desfrutar dessa alegria? E o prazer tem que ser tão efêmero? Enquanto íamos embora do festival, eu me perguntava se podia haver outras maneiras de acessar essa sensação de leveza e cultivar a estética da transcendência em nosso dia a dia.

CASAS NA ÁRVORE E TORRES

Viaje pela Europa e no ponto mais alto de todo vilarejo antigo você verá uma igreja ou um forte com uma torre de vigia, possibilitando uma ampla visão da área. Seu propósito original era identificar possíveis saqueadores à distância. No entanto, essas torres sobrevivem até hoje com a contribuição de turistas, por conta do desejo quase universal de ver novos terrenos de cima. Essa peregrinação vertical também se dá em cidades grandes do mundo todo. A maior parte dos arranha-céus tem um deque de observação construído para satisfazer nosso anseio por uma vista elevada. Helen Keller, que ficou cega e surda em virtude de uma doença na infância, visitou o Empire State pouco depois de sua abertura, em 1931. Quando lhe perguntaram o que "viu" lá do alto, Keller escreveu uma carta emocionante com a seguinte descrição:

> A pequena ilha de Manhattan, disposta como uma joia em seu ninho de águas multicoloridas, olhou no meu rosto, enquanto o sistema solar se movimentava acima da minha cabeça! Nossa, pensei, o sol e as estrelas são os subúrbios de Nova York e eu nunca soube! Tive uma espécie de desejo selvagem de investir em um imóvel em um dos planetas. Toda a noção de depressão e de dificuldade desapareceu. Tive vontade de ser frívola com as estrelas.

O deque de observação do arranha-céu proporcionou a Keller uma leveza vertiginosa, uma espécie de barato. Quando li sua carta, pareceu fazer sentido que a palavra "elação", que descreve uma intensa sensação de alegria, venha do latim *elatus*, que significa "levantado" ou "elevado".

Ao longo dos anos, as pessoas criaram estruturas engenhosas para acessar a elação da elevação. Tirolesas nos levam para o meio de penhascos e árvores, funiculares sobem inclinações íngremes, restaurantes giratórios revelam lentamente vistas panorâmicas. A primeira roda-gigante surgiu em Chicago, na Exposição Universal de 1893, com a esperança de ser uma resposta inusitada à Torre Eiffel.[8] Uma inteligente fusão das estéticas da brincadeira e da transcendência, ela se mostrou um sucesso espetacular, com mais de 1,4 milhão de pessoas pagando para ser levantadas a mais de setecentos metros durante os quatro meses em que a roda ficou disponível. Hoje um elemento de parques de diversão e festivais ao ar livre, as animadas formas circulares da roda-gigante projetam alegria por toda parte.

Os imóveis mais caros ocupam os pontos mais altos da cidade; os apartamentos mais cobiçados são as coberturas.[9] Mas uma das mais alegres estruturas elevadas também é a mais humilde, escondida em muitos quintais dos subúrbios dos Estados Unidos: a simples casa na árvore. Descobri que apenas dizer as palavras "casa na árvore" faz as pessoas sorrirem, independente de idade. É como uma senha para o santuário da criança interior, um lugar ao mesmo tempo exótico e familiar, de lembranças e sonhos. A casa na árvore não nos leva às maiores altitudes. Não oferece as vistas mais amplas. No entanto, mesmo um abrigo caindo aos pedaços numa árvore — algumas tábuas velhas unidas com pregos tortos e uma escada de corda — irradia mais alegria do que a propriedade mais ostensiva no topo da colina. Por que casas na árvore exercem tanta influência sobre a nossa imaginação?

Se alguém sabe a resposta, desconfio que seja Pete Nelson, a exuberante estrela do programa *Casas na Árvore*, um homem que combina o entusiasmo de uma criança e a maestria da carpintaria para construir as casas na árvore mais únicas e ousadas do mundo. Seu bordão é "Para as árvores!", mas ele quase parece já ser da floresta, com seu corpo alto, seus ombros largos, seu cabelo castanho e o hábito de caminhar em passadas largas. Da primeira vez que vi o programa, estava num avião, e a alegria contagiante dele pareceu se expandir além dos limites da tela diminuta. Nelson abraçava e beijava árvores, conversava com elas como se fossem suas velhas conhecidas. Seu rosto expressivo se iluminou de prazer e encanto quando começou a ver cada casa na árvore se formando à sua frente. Ele tinha seu próprio léxico de exclamações jubilosas: um "Uaaaau!" baixo e reverente quando admirava o trabalho inteligente de sua equipe, um "Aiaiaiiii!" alto diante da descoberta da árvore certa, um "Uhuhuu!" que lembrava uma coruja piando da soleira de uma nova casa na árvore. Não fiquei surpresa ao descobrir que Nelson é tão amado que os fãs lhe oferecem presentes artesanais e que toda uma parede da sede da empresa é ocupada por desenhos de casas na árvore imaginárias mandados por crianças do mundo todo — de castelos cristalinos a algo semelhante a uma nave espacial e obras de arte com inúmeros andares e escorregadores em espiral.

Como essas crianças, Nelson sempre teve uma visão grandiosa de suas casas na árvore. Ele tinha seis anos quando tentou construir a primeira. "Meu plano era ter um zoológico nas árvores", explicou, assim que nos sentamos em cadeiras de madeira nodosa na Treehouse Point, a pousada que ele administra com a família no estado de Washington. "Ia ser um lugar maravilhoso." Suas ambições eram um pouco maiores que sua técnica, de modo que a primeira tentativa falhou e o pai dele teve que resgatá-lo, ajudando a montar uma casa em um trio de bordos perto da garagem.

Anos depois, quando Nelson se mudou com a nova família para Fall City, em Washington, ele imaginou que viveriam como na série *As Aventuras da Família Robinson*: em uma casa na árvore central de 4,5 metros quadrados que depois seria ampliada, com quartos-satélite e pontes de cordas. ("Seria como a terra do Tarzan", Nelson disse, com os olhos brilhando.) Mas sua esposa, Judy, levantou a sensata objeção de que os três filhos deles ainda eram pequenos demais para correr entre as copas das árvores. Então a tal casa se tornou o escritório de Nelson, que dedicou toda a sua energia aos negócios. A princípio, ele construía casas comuns para pagar as contas e casas na árvore como uma renda adicional. Não conseguia imaginar que construir casas na árvore poderia ser uma ocupação de tempo integral para um pai de três crianças. Depois que um amigo o aconselhou a elevar a aposta, no entanto, decidiu tentar. Nelson marcou uma oficina de construção de casas na árvore, e as vagas acabaram quase da noite para o dia. Alguns meses depois, encontrou o terreno que depois viraria a Treehouse Point.

"A casa na árvore é icônica, não apenas na nossa cultura, mas ao redor do mundo", Nelson explicou. Ele tinha viajado para ver casas na árvore e colaborado com fabricantes em países como Noruega, Brasil, Japão e Marrocos. Quando perguntei por que achava que casas na árvore tinham uma ressonância universal, Nelson disse: "Ter abrigo na natureza, literalmente entre os galhos das árvores, lhe dá uma incrível sensação de segurança que atravessa diferentes culturas". Isso não deveria surpreender, claro. Nossos ancestrais habitavam as árvores. Muito antes que os hominídeos caminhassem eretos através da savana, nossos ancestrais primatas se balançavam entre as copas das árvores, e ainda o fazem. Todos os grandes primatas construíram plataformas para dormir no alto das árvores — exceto o gorila macho, que é grande e pesado demais para isso.[10] Algumas culturas, em especial nas regiões tropicais do sul da Ásia, ainda usam casas na árvore como moradia principal porque mantêm os habitantes a salvo de enchentes, cobras e outros perigos. Nas árvores, nos sentimos nos braços da natureza, seguros e escondidos.

Ao mesmo tempo, no entanto, a casa na árvore oferece certo tipo de liberdade selvagem. Para uma criança, ela costuma ser o primeiro local de independência, um esconderijo fora do alcance do olhar dos pais, onde ela faz as regras e determina quem entra e quem sai. (Nelson se lembra de ser tão rigorosamente territorial com sua casa na árvore que sua irmã mais nova teve que construir outra para ela.) A casa na árvore se distancia do mundo civilizado de duas maneiras. Em primeiro lugar, fica *onde há árvores*, distante de outras casas, das cidades, dos carros e dos prédios. Em segundo lugar, fica *sobre as árvores*, acima do turbilhão da vida cotidiana. "Você olha pela janela e vê um pássaro", diz Nelson. "Está na área deles. Isso sempre me pareceu mágico e inspirador." Ele me levou até uma das suas casas na árvore, uma belezura de dois andares com uma placa de madeira do lado de fora em que se lia TRILLIUM. Havia duas paredes com janelas amplas e uma escada em espiral em volta da enorme tuia que a apoiava. A casa balançou levemente conforme nos movemos nela. Nelson sorriu. "Dá pra sentir quando vem um temporal. É como estar num barco." O movimento oscilante dava a impressão de que eu havia me tornado parte da floresta e aumentou a sensação de distância do mundo térreo.

Tendemos a assumir que casas na árvore pertencem ao universo infantil, mas, na verdade, elas têm um longo histórico como espaços usados por adultos para relaxamento e meditação.[11] Uma das primeiras referências a uma casa na árvore vem de Plínio, o Velho, no século I, que descreveu uma construída em um plátano para o imperador romano Calígula. Casas na árvore também eram populares no Renascimento (os Médici tinham muitas) e na França e na Inglaterra durante o período romântico. Nos anos 1850, um grupo de empreendedores criou um aglomerado de bares e restaurantes em casas na árvore ao sul de Paris, inspirados por *Robinson Crusoé*. Lá no alto, em meio aos galhos dos castanheiros, ficavam salas de jantar parecidas com gazebos, pintadas de um rosa antigo, onde os fregueses comiam e bebiam champanhe depois de içados em cestas movimentadas por polias. No auge do fenômeno, havia dez restaurantes diferentes e mais de duzentas cabanas nas árvores. Nelson

descobriu que os adultos estão redescobrindo a alegria das casas na árvore, principalmente como espaços para desenvolver seus hobbies e suas paixões. Ele e sua equipe construíram um estúdio de gravação, um ateliê, um spa com banheira de hidromassagem e sauna e um retiro de meditação zen, todos no alto das árvores.

"Nossa cultura é muito competitiva", contou Nelson. "Tentar ganhar a vida sozinhos nesse mundo capitalista é duro. É nadar ou afundar, o que implica movimento constante. E é aí que a casa na árvore entra, porque, quando está lá em cima, você se sente fora de tudo isso. Ela ajuda a desconectar-se quase imediatamente do movimento constante da sobrevivência." Casas na árvore são espaços ideais para a reflexão, porque nos tiram do agito da vida cotidiana e nos dão perspectiva. "Não sei por que ficar 3,5 metros acima do chão faz com que você se sinta diferente, mas aposto que te afasta da rotina", comentou Nelson. "Quem não sonha ir para longe de tudo?" Nesse tom, Nelson teve que ir embora para uma reunião, mas me convidou gentilmente para ficar na Trillium pelo tempo que eu quisesse. Sentei em uma das poltronas cercadas por janelas com vista para os galhos cobertos de musgos e fiquei escrevendo no meu caderno, ao som da água corrente do riacho próximo. No ar fresco e silencioso, minha mente quase sempre atulhada pareceu espaçosa e tranquila. Na saída, folheei as páginas do livro de convidados. "Obrigado por ter escolhido esta vida!", um hóspede agradecido havia escrito. "É como um sonho" escreveu outro, "só que, quando você acorda, continua nas árvores!"

A mudança de perspectiva que sentimos em uma casa na árvore não está apenas na nossa imaginação. Pesquisas revelam que ganhar elevação pode nos ajudar a focar no quadro geral em vez de nos detalhes de uma situação.[12] Por exemplo, quando descobrem que alguém está pintando um cômodo, pessoas que acabaram de descer um lanço de escadas eram mais propensas a pensar nas ações específicas envolvidas ("aplicar pinceladas"), enquanto pessoas que tinham acabado de subir a escada tendiam a pensar o propósito mais amplo por trás das ações ("fazer o cômodo parecer renovado"). Comprovou-se que essa habilidade de pensar de maneira abstrata promove o pensamento criativo e ajuda as pessoas a aderir a valores na hora de tomar decisões complexas e a resistir às tentações de curto prazo que podem sabotar objetivos de longo prazo.

Talvez seja por isso que as casas na árvore de Nelson não foram as únicas que encontrei na minha busca por alegria. Quando visitei Stuart Brown, o psiquiatra que conhecemos no capítulo 5, especializado no estudo da diversão, notei uma casa na árvore no jardim da frente, que ele usava como casa de hóspedes. Ellen Bennett, fundadora da empresa de aventais coloridos Hedley & Bennett, que apresentei no capítulo 1, tem uma estrutura no estilo de uma casa na árvore na sede em Los Angeles, que faz as vezes de seu escritório pessoal.[13] Depois de reformada, a Escola Fundamental Sandy Hook incluiu duas áreas de brincar que lembram casas na árvore: uma de cada lado do corredor do segundo andar, elas se projetam para fora, sobre a área verde que cerca o prédio. "São espaços sem uso prescrito", disse o arquiteto Barry Svigals. "Lugares de onde as crianças podem observar e onde podem se sentir especiais." As casas na árvore são preciosas para os alunos, de acordo com Svigal, e "se tornaram as queridinhas da escola". No Chez Panisse, um restaurante icônico ao estilo "da fazenda para a mesa" em Berkeley, há uma pequena e muito cobiçada área na frente do segundo andar que lembra uma casa na árvore. Mesmo estando apenas um degrau acima do restante do andar, as janelas amplas que revelam a folhagem das árvores no exterior fazem lembrar as tabernas francesas de madeira do século XIX.

Ver essas estruturas de casa na árvore integradas à arquitetura tradicional me fez perguntar: quão alto temos que ir para atingir alguma transcendência? Pesquisadores que estudaram os efeitos da elevação na mentalidade usaram uma escada simples, e até mesmo uma posição de pouco mais de um metro acima pode dobrar nossa altura em relação à terra. Pensei na maneira como as pessoas tendem a procurar mezaninos, patamares e janelas salientes, estruturas que proporcionam uma sutil sensação de perspectiva. Beliches e lofts com a cama na parte de cima também oferecem uma vista elevada, além de representarem um melhor aproveitamento do espaço. Quando eu era pequena, o quarto da minha melhor amiga tinha cama no mezanino. Era uma alegria dormir lá, sabendo que estávamos aninhadas no ponto mais alto da casa.

Certamente a sensação de transcendência que encontramos num loft ou em uma sacada não é a mesma de quando se está no topo de um arranha-céu. É mais provável que essas experiências se disponham em um contínuo, com a sensação excitante de voar ou chegar ao cume de uma montanha em uma extremidade e a ligeira elevação de subir uma escada na outra. No entanto, enquanto a intensidade da sensação varia, atividades ao longo de todo esse espectro podem ajudar a evocar uma alegre mudança de perspectiva, erguendo-nos acima da nossa existência cotidiana plana.

MAIS LEVE QUE O AR

Ao longo dos anos estudando a alegria, notei que as pessoas pareciam ter uma atração natural por coisas que flutuavam e voavam. A maior parte dos insetos atrai pouco interesse, mas quando uma borboleta aparece e passeia pelo jardim é recebida como um visitante querido. As pessoas ficam felizes em passar o dia todo observando pássaros ou brincando com pipas e planadores. E, nas férias de verão, quando a cesta de piquenique está vazia e todo o chá gelado e a limonada foram tomados, não há nada mais tentador que se reclinar na grama e observar o desfile de formas de algodão acima da cabeça. Coisas que flutuam oferecem um tipo de transcendência indireta. Enquanto as observamos mergulhar no ar e planar, sentimos nosso espírito se elevar mesmo que os pés permaneçam firmemente plantados no chão.

Com todos os aparelhos eletrônicos que permeiam nossa vida, no entanto, a atenção tem se voltado cada vez mais para baixo. Passamos tanto tempo olhando para o celular que estamos começando a sofrer de uma séria tensão no pescoço; pesquisas sugerem que, quando olhamos para o celular, aumentamos o estresse no pescoço em 500%, produzindo a sensação de que nossa cabeça pesa 27 quilos![14] Ao mesmo tempo, em uma cultura que abraça a ocupação, passar um tempo olhando o céu parece algo de que devemos nos envergonhar, reservado aos ociosos e sonhadores. Em defesa do passatempo indolente, o entusiasta das nuvens Gavin Pretor-Pinney criou um guia de campo chamado *The Cloud Collector's Handbook* [Manual dos colecionadores de nuvens] e fundou a Sociedade de Apreciação das Nuvens, com mais de 43 mil membros.

"Para mim, olhar para o céu é o antídoto perfeito para todas as pressões da era digital", disse Pretor-Pinney. Eu o encontrei numa manhã nublada de abril, em que o céu estava lotado de exemplos macios de cúmulos. "Nosso dia tem cada vez menos espaço no qual o cérebro pode entrar em modo inativo e descansar. Acho que esse é o momento em que atividades muito importantes acontecem", ele disse. Pretor-Pinney citou a pesquisa de imagens por ressonância magnética funcional que indica que o cérebro fica tão ativo enquanto se sonha acordado quanto durante o pensamento focado. Na verdade, ele não só se mantém ligado enquanto nossa mente devaneia como estudos mostraram que sonhar acordado desperta duas redes do cérebro cujas funções antes eram vistas como opostas: a "rede do modo padrão", envolvida no pensamento internamente focado ou autogerado, e a "rede cognitiva", que é recrutada quando assumimos tarefas trabalhosas ou perseguimos objetivos externos.[15] Os pesquisadores apontam que esse padrão de atividade neural lembra aquele do pensamento criativo e que, embora sonhar acordado possa dificultar nossa habilidade de completar tarefas no momento, também pode nos ajudar a conceber novas ideias e pensar em questões com ramificações no longo prazo.

Pretor-Pinney enxerga a observação de nuvens como um tipo de meditação, e gosta de citar o dramaturgo grego Aristófanes, que as descreveu como "as deusas patronas dos ociosos". O entusiasta acredita que olhar para as nuvens dá certa legitimidade ao ato de não fazer nada, o que pode nos ajudar a abrir um espaço em nossos dias para sonhar acordados. "Não precisa ser por muito tempo", ele explicou. "Só alguns momentos. Mas é um tipo de desengajamento, um desligamento de outras coisas aqui embaixo." Essa ideia me pareceu um eco do comentário de Pete Nelson sobre a intensidade da vida diária sendo aliviada através de um breve escape para um patamar elevado. A beleza das nuvens é que elas oferecem esse escape em qualquer lugar. "Nuvens são o traço da natureza mais igualitário", disse Pretor-Pinney. "Você não precisa morar em uma área de beleza natural deslumbrante para olhar para um céu incrivelmente bonito."

Essas palavras, por sua vez, me lembraram de minha conversa com Hilary Dalke, a londrina especialista em cores baseada em Londres que apresentei no capítulo 1, sobre seu trabalho em presídios. Por motivos de segurança, as janelas das celas em geral são colocadas no alto e cobertas de grades. Dalke sabia que não podia remover as grades, mas ela estava determinada a fazer com que parecessem menos deprimentes. "Uma das primeiras atitudes que tomei foi dizer que as grades nas janelas tinham que ser pintadas de uma cor clara", ela explicou, "para que não parecessem escuras demais em contraste com o céu." Foi um gesto pequeno, mas pungente, reconhecer o poder do céu de inspirar esperança até nos cenários mais sombrios.

Conforme eu pensava mais sobre nuvens e outras coisas flutuantes, me dei conta de que não era apenas a altura que as tornava alegres, mas também a sensação de leveza. Como a elevação, ela parece ser uma metáfora universal da alegria. Quando pedi a amigos que falavam outras línguas que me indicassem termos como "com o coração leve" e "com o coração pesado", recebi exemplos muito diversos, em francês, sueco, híndi, alemão, hebraico e coreano. Uma pesquisa conduzida na China confirma essa associação, mostrando que as pessoas identificam termos positivos mais rapidamente quando apresentados depois da imagem de um objeto leve (como uma bexiga) e identificam palavras negativas mais rapidamente depois de ver a foto de algo pesado (como uma pedra).[16] Isso me fez pensar: como podemos trazer a leveza à estrutura densa e sólida do mundo?

Bolhas parecem criar leveza onde quer que as encontremos. Uma vez, enquanto esperava pelo metrô na estação Canal Street, em Manhattan, vi uma nuvem de bolhas abrindo caminho entre os ferros escuros dos trilhos. Foi um vislumbre luminoso de transcendência em um mundo subterrâneo e úmido, e despertou minha imaginação: e se a chegada de um trem sempre fosse precedida por bolhas, em vez de um anúncio estático através dos alto-falantes? Uns anos atrás, falei com uma amiga cujo pai era encarregado do entretenimento na maratona de Portland; ele tinha contratado uma equipe para ficar soprando bolhas de sabão em uma curva do circuito. Tenho certeza de que as pernas pesadas dos competidores ficaram mais leves quando viraram e depararam com o céu repleto de bolhas.

Conseguimos captar um pouco da leveza das bolhas em um tipo de arquitetura que floresceu na década de 1960. Estruturas infláveis foram desenvolvidas pelo Exército dos Estados Unidos em meados da década de 1940 como abrigo temporário para antenas de radar.[17] O inventor, o engenheiro Walter Bird, do Laboratório Aeronáutico de Cornell, eventualmente começou a buscar aplicações mas cotidianas para essa tecnologia, criando coberturas infláveis para piscinas, estufas e galpões de armazenamento para casas no subúrbio. A arquitetura inflável decolou com o desenvolvimento da tecnologia plástica. A ascensão do ambientalismo levou arquitetos a questionar o impacto dos métodos tradicionais de construção. Itens infláveis possibilitaram visões futuristas de uma arquitetura barata, portátil e transcendentemente leve. Sem suportes pesados de aço ou fundação em concreto, eram literalmente prédios feitos de ar.

O sonho dos infláveis, entretanto, acabou estourando. As pessoas logo descobriram que bolhas de ar eram habitações pouco satisfatórias. As bombas necessárias para manter a pressão do ar eram barulhentas e quentes, e não era possível simplesmente abrir uma janela. Mas os infláveis encontraram uma alegre aplicação como estruturas temporárias cheias de energia para festivais e instalações de arte. Uma bolha de ar gigante aparecendo do nada é uma fonte de deleite, em especial no inverno, quando pode transformar um espaço externo frio em um ambiente interno mais ameno. Hoje, os usos mais comuns para infláveis estão ligados à brincadeira. Podemos encontrar o legado aerado da arquitetura pneumática no castelo pula-pula de uma festa de criança, no escorregador de um parque de diversões e nas piscininhas em que nos refrescamos nas tardes de verão.

Mas o que fazer quando você pensa que poderia morar em uma casa de ar em vez de uma de tijolos ou pedras? Voltei a pensar no estudo chinês, no qual só olhar para imagens de balões e pedras criava um efeito inconsciente, e me lembrei de um conceito que os designers chamam de "peso visual". Ele descreve quão pesadas as coisas parecem ao olho, o que nem sempre está relacionado à massa de um objeto. Por exemplo, cores claras têm menos peso visual que cores escuras. Materiais translúcidos parecem mais leves que os opacos, e itens esguios parecem mais leves que os volumosos. O espaço negativo também está atrelado ao peso visual, de modo que objetos com perfurações parecem mais leves que os sólidos. Sabendo disso, podemos imaginar maneiras de criar um espaço que empreste parte da leveza que encontramos em bolhas e nuvens. Usando cores mais claras e tecidos diáfanos, mobília com pernas altas e acessórios translúcidos, podemos trazer um pouco da leveza do céu para a terra.

OLHANDO PARA CIMA

Minhas aventuras com balões, casas na árvore e nuvens me mostraram como experiências de transcendência podem criar a sensação de uma alegria descompromissada e uma perspectiva mental mais elevada. Mas também notei outro efeito, uma sensação mais difícil de definir. Algumas pessoas o expressam em termos religiosos ou espirituais, como a consciência de uma presença divina ou sobrenatural. Outros descrevem uma sensação mais secular de paz e propósito, um sentimento de que está tudo bem com o mundo. Isso me lembra da maneira como uma imagem de profunda harmonia, seja uma formação rochosa perfeitamente equilibrada ou uma escultura islâmica de padrão intricado, pode dar um caráter sagrado a objetos comuns.

Enquanto eu pensava sobre esse aspecto da transcendência, um amigo compartilhou um estudo produzido pelos psicólogos Dacher Keltner e Jonathan Haidt descrevendo uma emoção pouco estudada: a reverência.[18] Eles a definiram como a resposta a uma experiência de vastidão, algo tão grande ou poderoso que reside fora da referência padrão. Cânions imensos, montanhas altíssimas ou fenômenos celestiais disparam nossa reverência, assim como trabalhos artísticos ou musicais magníficos. "A reverência transcende nosso entendimento do mundo", diz Keltner, que conduziu grande parte da pesquisa sobre o tema nos últimos quinze anos e tem sido a principal fonte sobre como as emoções aparecem na cultura popular: ele prestou consultoria para empresas como o Facebook, na criação da ferramenta de "reações", e a Pixar, no filme *Divertida mente*. Assim como em um momento de surpresa, a reverência desperta nossa atenção, criando uma forte necessidade de entender a magnitude de uma cena e incorporá-la à nossa visão de mundo. Mas o sentimento é mais intenso e durável que a surpresa. A reverência sobrecarrega nossos sentidos. Não é uma onda passageira, e sim uma imersão por completo.

Esse estado intenso pode nos afetar de maneira profunda. Em um estudo conduzido pelo pesquisador Yang Bai, foi pedido a turistas em Fisherman's Wharf, em San Francisco, e no Parque Nacional de Yosemite que desenhassem a si mesmos. Quando os pesquisadores compararam os resultados, descobriram que as pessoas se desenharam muito menores quando em meio à grandiosidade de Yosemite do que na confusão da cidade. Esse estudo ilustra claramente a experiência que muitos têm em momentos de reverência: a sensação de ser "pequeno ou insignificante". Keltner chama esse fenômeno de "eu pequeno" — embora possa parecer desagradável, em geral surge como um sentimento eufórico de ressonância e unidade com outros seres vivos.[19] Pessoas nesse estado com frequência afirmam que sentem a presença de um poder maior e que as preocupações do dia a dia escapam à sua atenção.

Vislumbres de transcendência são vitais ao dar à nossa vida significado e propósito, ainda que com o declínio da crença religiosa na sociedade ocidental estejamos vendo a decadência das estruturas e dos rituais que tradicionalmente promoviam esses momentos. O resultado, de acordo com o psicólogo Abraham Maslow, é um tipo de lacuna espiritual enfadonha na vida moderna, um "estado sem valor",[20] que ele descreve com palavras como "vazio", "desenraizado" e "anomia". Embora ensinamentos espirituais tradicionais pretendam remediar esse estado através de atividades voltadas para dentro, como a oração e a meditação, acredito que as pesquisas sobre reverência são poderosas porque sugerem que podemos encontrar uma maneira de acessar o lado sagrado da vida olhando à nossa volta. Conheci muitas pessoas que acreditavam que o mundo espiritual era inacessível a elas porque eram agnósticas ou ateístas, porque não se sentiam especiais ou escolhidas, ou porque não eram disciplinadas o bastante para manter uma prática espiritual regular. Reconhecer que podemos encontrar transcendência em nosso entorno liberta o sagrado e nos permite redescobrir a conexão com ele, independente de nossas crenças.

Qualquer tipo de cenário vasto pode despertar um sentimento de reverência, mas algumas das experiências mais profundas ligadas a essa emoção vêm de olhar para cima. Observando o pico coberto de neve do Kilimanjaro, as sequoias gigantes do norte da Califórnia ou a constelação do Grande Carro, sentimos o contraste entre nossa própria escala e a imensidão que vem do alto. Quando perguntei a Keltner a respeito, seus olhos se iluminaram. "Um dos aspectos mais impressionantes sobre a reverência é sua ascendência", ele disse, animado. "Ela vem de coisas grandiosas: pais, árvores, igrejas." Até os gestos de reverência têm um caráter ascendente. "Mandei uma equipe à Namíbia para trabalhar com os himba", Keltner contou. "Vinte mil pessoas praticamente intocadas pela civilização ocidental. Pedimos que contassem histórias sobre reverência, e seus corpos faziam tipo..." Aqui ele levantou os braços e os olhos em um gesto de deslumbramento, com as mãos um pouco acima da cabeça, ligeiramente dobradas, como se estivesse recebendo alguma coisa passada de uma prateleira mais alta.

Talvez seja por isso que casas de culto costumam ser tão altas. Em vez de culminar em um telhado simples, reto ou não, elas incorporam elementos como cúpulas, arcos e tetos abobadados para acentuar a sensação de elevação. Azulejos com padrões ou afrescos cobrem o teto de igrejas, templos e mesquitas, atraindo o olhar para cima. Até algumas canções religiosas têm característica ascendente. Uma manhã de domingo, arrastei Albert da cama às seis da manhã para me acompanhar até um culto gospel no Harlem. Conforme o coro começou sua animada versão de "Great Is Thy Faithfulness", convidando a congregação a participar, a energia disparou dentro da igreja. Mais tarde, Albert (que é de uma família de músicos) apontou que cada verso era cantado em um tom cada vez mais alto, criando uma sensação de movimento ascendente.

Embora a reverência seja muitas vezes relegada às margens da vida — se restringindo a feriados religiosos e acampamentos —, há lugares do dia a dia que podem, sim, oferecer espaços de transcendência. Quando bem projetados, museus podem ser catedrais da aprendizagem, propagando maravilhas como um modo de abrir a mente e convidar a uma mudança na perspectiva. No Museu de História Natural de Nova York, por exemplo, há um modelo em tamanho real de uma baleia-azul suspenso do teto com claraboias artificiais, na sala Vida Marinha. A Grand Central Station, com seu átrio aberto e vasto e seu teto marcado por constelações douradas, oferece a quem passa um espaço para a contemplação entre o trabalho e o lar. O pé-direito alto e as claraboias do Eastern Market de Washington, D.C., tornam a atividade de fazer compras uma excursão transcendente. Muitos espaços públicos do tipo são prédios históricos, mas há alguns poucos exemplos modernos: a envidraçada Biblioteca Pública de Seattle, gratuita e aberta a todos, é um oásis de luz e elevação no meio do agito do centro.

Mesmo que as proporções da maioria das casas não se prestem à reverência, ainda assim podemos criar espaços que pareçam mais inspiradores destacando a dimensão vertical do ambiente. Se você tiver a sorte de ter um pé-direito alto, pode chamar a atenção para ele acrescentando molduras decorativas, vigas de madeira ou detalhes em tinta. Lustres ou esculturas chamativos também podem atrair o olhar para cima, embora se deva tomar o cuidado de manter os elementos suspensos leves; detalhes pesados podem criar uma sensação de algo exagerado, o oposto da transcendência. Se seu pé-direito for baixo, pode dar um respiro a ele escolhendo móveis baixos, sobretudo os maiores, como sofá, cama e cômoda. O senso comum de que um teto claro dá a impressão de alongar o cômodo é confirmado por pesquisas;[21] pintar as paredes de um tom mais leve pode potencializar esse efeito. Plantas altas, listras verticais, estantes embutidas e cortinas longas posicionadas perto do teto também podem acentuar a altura de um cômodo. Essas pequenas ações podem ter efeitos surpreendentes, revelando que, mesmo em cenários modestos, a estética da transcendência pode ajudar a promover a elevação do espírito.

VENDO A LUZ

Ficamos ali, nos perguntando o que fazer. Só algumas poucas pessoas tinham permissão de entrar na galeria por vez, e todos havíamos esperado horas no frio de fevereiro para entrar. Agora nos encontrávamos de pé em uma sala branca com piso liso e lustroso e uma parede iluminada no fundo. Parecia uma tela de projeção que se estendia de uma ponta a outra, preenchendo a parede com um plano uniforme de luz branca. Até era legal, mas eu não achava que precisava de dez minutos inteiros para olhar para aquilo.

Uma mulher começou a andar até a parede. Se aproximou dela, chegando tão perto que eu tive certeza de que os funcionários da galeria iam repreendê-la, mas o silêncio permaneceu. Então ela deu outro passo — e eu observei, embasbacada, quando atravessou a parede.

Aqueles de nós que tinham ficado para trás olhamos uns para os outros com os olhos arregalados. De repente, ficou claro que não estávamos olhando para uma parede de luz, e sim para outro cômodo. Impelida pela curiosidade e pelo deslumbramento, andei até lá, cruzando hesitante o batente e entrando na sala estranhamente clara. Lá dentro, percebi que meus olhos não eram capazes de focar num único ponto. Eles entravam num leve foco conforme eu avançava pelo que parecia ser uma infinidade de luz. Era como se eu estivesse caminhando em meio a uma névoa densa ou esquiando em uma nevasca cegante. Senti uma estranha mistura de excitação e calma. O caos da cidade recuou, e a alegria passou a ocupar o espaço deixado para trás. Isso era a verdadeira transcendência, como se, em vez de entrar em uma sala, eu tivesse inadvertidamente chegado ao céu. Flutuei nessa direção, leve e eufórica, até que um abrupto sinal me trouxe de volta ao meu corpo. A visita tinha terminado. Tirei as meias de proteção brancas que tinham me entregado e, ainda confusa, enfiei as mãos dentro das mangas do casaco. Achei que iam me sobrar nove minutos, mas acabaram me faltando centenas deles.

Conforme eu refletia sobre a experiência, me perguntei o que há na luz que nos desperta tamanha transcendência. Foi só alguns meses depois, caminhando pelas sombras angulosas dos arranha-céus no centro de Manhattan, que compreendi: a luz também vive em um gradiente vertical. Os raios de sol são filtrados por nuvens, folhas e prédios até chegar a nós. As sombras se estendem da parte inferior das coisas, e a consistência desse princípio ajuda inconscientemente nosso cérebro a dar sentido à forma e à posição dos objetos em nosso entorno. Quando olhamos para cima ou somos erguidos do chão, as sombras recuam e começamos a entrar no mundo da luz. Assim, a luz se torna uma estética não apenas da energia, mas também da transcendência.

Não surpreende que a verticalidade inerente ao espectro da luz e da sombra se preste a metáforas espirituais. O céu é claro, enquanto o inferno é escuro e sombrio. No Gênesis, o primeiro ato divino depois de criar o céu e a terra é fazer a luz. Quando temos um despertar espiritual ou intelectual, dizemos que "vimos a luz". O desejo de trazer mais luz às catedrais está por trás do nascimento da arquitetura gótica, que usava inovações como arcobotantes para absorver a ênfase das paredes altas e permitir uma elaborada abundância de janelas. A luz parece nos elevar para que nos aproximemos do divino.

Mas muitas experiências transcendentais com luz são artísticas, e não religiosas. O cômodo cheio de luz que visitei era uma instalação de Doug Wheeler, um dos fundadores do movimento artístico conhecido como Luz e Espaço, surgido na Califórnia da década de 1960. Trabalhando com iluminação natural e artificial e materiais transparentes e reflexivos, esses artistas pretendiam criar experiências tocantes apenas com luz. As "salas infinitas" de Wheeler parecem simples, mas na verdade são produto de um trabalho intricado para eliminar qualquer possibilidade de sombra.[22] Para fazer isso, ele conta com uma equipe que esculpe a parede mais distante de cada cômodo de forma côncava, como o interior de uma casca de ovo, com painéis de fibra de vidro, resinas e tintas. Então a sala é iluminada por várias fontes para criar a ilusão de que a profundidade desapareceu.

Naturalmente, muitos artistas do Luz e Espaço encontram inspiração no céu, e muitas vezes parece que seu trabalho é uma tentativa de trazer as variações das luzes e cores do alto para a terra, mais perto de nós. James Turrell, outro artista que trabalha com luz, cria salas minimalistas que contam com um abertura quadrada ou elíptica perfeita no teto, como uma claraboia enorme sem vidro. Dentro desses "céus espaciais", toda a distração periférica desaparece, e ficamos em simples comunhão com o azul profundo do céu. Claraboias e clerestórios — o termo para janelas localizadas acima do nível do olho — podem trazer uma sensação similar a nossos espaços. Hoje, até mesmo quem mora em apartamento pode ter acesso a esse tipo de alegria. Uma empresa italiana chamada CoeLux criou uma claraboia falsa realista (e cara) que usa nanotecnologia para dar a sensação de que a luz do sol está entrando pelo teto.

Como acontece na estética da energia, a cor influencia a luz e vice-versa. As paredes e os tetos claros que fazem uma sala parecer mais alta também são naturalmente mais reflexivos, imitando a qualidade diáfana da luz na elevação. Gradientes de cores (também chamados de *ombré*) em nuances claras evocam o modo como os tons do céu desaparecem no horizonte. O azul, a cor do céu, é especialmente sugestivo no sentido de criar uma sensação de transcendência. A cidade de Chefchaouen, no Marrocos, levou a ideia ao extremo:

quase todas as paredes, portas e passagens dentro da medina, a cidade velha, são pintadas em tons claros de azul. Dizem que a tradição foi iniciada por judeus que se estabeleceram na cidade depois de fugir da Inquisição espanhola em 1492, mas ainda há um debate vigoroso a respeito.[23] Alguns acreditam que foi uma decisão prática, já que o azul é conhecido por repelir moscas. Outros acham que foi uma escolha espiritual e que o azul, a cor do céu e do paraíso, tinha a intenção de inspirar uma vida de plenitude e transcendência.

OBSERVANDO AS ESTRELAS

Durante o dia, o céu forma um dossel radiante acima de nossa cabeça. Mas, à noite, as estrelas reluzentes na escuridão chamam a atenção para mundos além do nosso. Menos de duzentos anos depois de o *Homo sapiens* inventar uma maneira de sobrevoar a terra em um balão, a humanidade descobriu como se aventurar além da atmosfera do planeta. Astronautas há tempos relatam uma sensação de transcendência conhecida como "efeito panorama", uma versão intensa da reverência que traz uma sensação de interconectividade da vida e de dissolução de fronteiras como nacionalidade e cultura. Neil Armstrong provavelmente estava experimentando esse efeito após sua viagem à Lua quando escreveu: "Ergui o dedão e fechei um olho, e ele cobriu o planeta Terra. Não me senti um gigante. Me senti muito, muito pequeno".[24] Outros astronautas relataram uma forte percepção espiritual despertar dentro deles, junto com uma consciência da fragilidade da vida no nosso planeta.

Agora, nossos desejos transcendentes nos levam a recantos ainda mais longínquos no vasto desconhecido do universo. O turismo espacial está no horizonte, planetas que talvez sejam habitáveis foram encontrados orbitando estrelas próximas, e a possibilidade de formar uma colônia em Marte não está mais confinada a livros de ficção científica. Mas tão importante quanto o que descobrimos lá fora é a perspectiva que ganhamos em relação à vida aqui embaixo. Enquanto orbitava a Lua em uma das primeiras expedições especiais, a tripulação da *Apollo 8* viu a Terra azul e branca surgindo no céu escuro.[25] O astronauta William Anders pegou a câmera e tirou a primeira foto de nosso lindo planeta em sua totalidade. A imagem, intitulada *Nascer da Terra*, marcou a primeira vez que a vasta maioria dos humanos que nunca iriam se aventurar pelo espaço viram a Terra da mesma maneira que os astronautas: como algo pequeno flutuando no vazio infinito. A reverência e o deslumbramento evocados por essa fotografia foram responsáveis por despertar a consciência da natureza finita dos recursos do planeta, ajudando a lançar o movimento ambiental moderno.

A transcendência nos afasta do mundo, colocando-nos acima dos turbilhões da rotina. No entanto, paradoxalmente, em vez de nos distanciar daquilo com que nos importamos, parece nos aproximar. Dos outros, do que é de fato importante e até de nós mesmos.

8. Magia

Uma das minhas cenas favoritas de filmes na infância era de *A bela adormecida*, o desenho de 1959 da Disney. Para proteger a princesa Aurora da maldição colocada sobre ela pela vilã Malévola, as três fadas boas — Flora, Fauna e Primavera — a vinham criando em uma pequena cabana na floresta sem que a garota soubesse de sua verdadeira identidade. Então as fadas decidem comemorar o aniversário de dezesseis anos de Aurora, o dia em que a maldição expiraria, com uma festa surpresa. Mas, para manter a discrição, elas tentam fazê-lo sem recorrer à magia. Fauna, que não sabe cozinhar, tem a visão grandiosa de um bolo de quinze camadas coberto de miosótis, enquanto Flora, que não sabe costurar, tenta fazer um vestido cor-de-rosa de que "uma princesa possa se orgulhar!". As fadas iniciam seus projetos com uma alegria diligente, assoviando e cantando enquanto trabalham.

Alguns minutos depois, conferimos seu progresso. Como você deve ter imaginado, os resultados não coincidem com as expectativas elaboradas das fadas. O bolo escorrega para um lado, com a cobertura azul pingando, enquanto o vestido parece um presente embrulhado por uma criança de cinco anos, com as bordas irregulares e uma estranha coleção de laços. "Não ficou igual ao livro, ficou?", comenta Fauna, desiludida. Elas acabam aceitando que chegaram ao limite de suas habilidade mortais, e Primavera vai buscar as varinhas havia muito escondidas. Em uma névoa de faíscas brancas, os ovos, a farinha e o leite pulam na tigela, e o bolo se despeja em camadas elegantes. O tecido cor-de-rosa se transforma em um vestido de baile primoroso. O esfregão e o balde criam vida e começam a dançar com as fadas, deixando um rastro de pequenas bolhas conforme limpam a cabana. Com um pouco de mágica, grandes sonhos de repente se tornam acessíveis e um mundo monótono ganha um brilho irresistível.

A magia — e a permissão para acreditar nela — é uma das verdadeiras alegrias da infância. Passamos nossos primeiros anos imersos em contos de fadas e filmes de fantasia com sereias, unicórnios e super-heróis, estranhas criaturas e personagens com habilidades extraordinárias. Esses mundos mágicos se misturam ao nosso por meio de mitos como Papai Noel e a Fada do Dente, cuja generosidade furtiva corresponde perfeitamente àquela das fadas madrinhas das histórias de ninar. Conforme envelhecemos, aprendemos a verdade por trás dessas fantasias elaboradas e começamos a estabelecer um limite entre o mítico e o real. Quando ficamos adultos, espera-se que mantenhamos os dois pés plantados com firmeza no mundo racional e abandonemos a magia por completo.

No entanto, não perdemos a sensação de encantamento. Estranhas coincidências, como encontrar um amigo nas ruas de uma cidade estrangeira, ou lances de sorte, como quando o ônibus surge assim que você chega ao ponto, fazem com que a vida de alguma forma pareça encantada. Um matemático explicaria esses eventos através da probabilidade, mas muitos de nós não resistem a ver um significado maior neles. Fenômenos astronômicos também podem parecer mágicos, como qualquer um que ficou sem sono numa noite de lua cheia pode confirmar.[1] A crença no poder de acontecimentos cósmicos influenciarem nossa sorte é tão prevalente que pode até afetar o mercado financeiro.[2] Pesquisadores descobriram que as ações das bolsas dos Estados Unidos e da Ásia caem nos dias seguintes a um eclipse solar ou lunar. Nas condições certas, até mesmo experiências comuns podem assumir um caráter sobrenatural. Os raios leitosos de sol que atravessam uma nuvem de chuva, um encontro matinal com um animal selvagem, uma espiral de folhas secas levantadas por uma rajada de vento no outono — esses vislumbres fugazes de beleza com frequência são interpretados como sinais do destino ou do divino.

Acreditar em mágica pode parecer irracional, mas, de acordo com Matthew Hutson, autor de *The Seven Laws of Magical Thinking: How Irrational Beliefs Keep Us Happy, Healthy, and Sane* [As sete leis do pensamento mágico: como crenças irracionais nos mantêm felizes, saudáveis e sãos], ela pode ser valiosa porque confere um sentido mais profundo à vida. "A magia combate a noção fria de que estamos sozinhos no mundo, de que somos apenas uma coleção de átomos que por acaso evoluiu em um organismo que reflete sobre as coisas", ele explica. "Ela cria uma história em que há um propósito final, em que o universo olha por nós, ou pelo menos se preocupa com aquilo com que nos preocupamos." Esse propósito é vital para o bem-estar humano, aumentando a autoestima, a longevidade e a resiliência.[3] Hutson aponta para uma pesquisa segundo a qual pessoas que acreditam que um evento devastador tinha de acontecer ou era parte do plano de um Deus amoroso tendem a se recuperar melhor do trauma do que aquelas que não veem significado nesse evento ou o consideram aleatório.[4] O pensamento mágico pode alimentar nosso otimismo em relação ao futuro. "Se você espera que haja um lado bom", Hutson diz, "vai procurar por ele". Psicólogos que estudam crenças religiosas e paranormais observaram que os crentes em mágica tendem a sentir mais prazer em outros aspectos de sua existência, enquanto os outros podem sofrer de anedonia, a incapacidade de desfrutar da vida.[5]

Como a mágica está profundamente conectada com um significado, ela incita a espiritualidade, seja religiosa ou secular. A ligação com o místico é um componente frequente do que Abraham Maslow chamou de "experiências de pico", momentos de euforia que afirmam nossa fé em Deus ou numa força maior. Nesse sentido, a magia é como a transcendência — mas enquanto a transcendência pode parecer elevada e distante, a magia está à nossa volta. Como a surpresa, ela se esconde por trás das coisas do cotidiano. Encontrar redutos de magia pode fazer o mundo inteiro parecer mais senciente, vibrante e, em consequência, alegre.

Entretanto, não é tão fácil acessar a magia na vida moderna. Crenças sobrenaturais estão abrigadas na religião, na sabedoria mística de profetas e anjos, na prática de rituais e na oração. Mas na maioria das crenças esses elementos não são considerados "mágicos", e chamá-los assim seria quase uma afronta. Perpetuamos histórias sobre o Papai Noel e fazemos fila para entrar no Magic Kingdom porque é gostoso criar um mundo mágico para as crianças, ver seu deslumbramento e deleite e compartilhar deles. Mas nos mantemos à parte desses mundos, sem entrar neles. Podemos consultar um médium, comprar cristais ou acender um incenso para "purificar" uma nova casa, mas admitimos isso com relutância e certa vergonha. Com poucas exceções, na cultura moderna a magia é considerada juvenil e primitiva ou sombria e ocultista. Falta uma estética da magia iluminada, benevolente e madura em nossa vida adulta.

Ou pelo menos era o que eu pensava, até deparar com uma pesquisa conduzida na Islândia em 2007 que revelou que 58% da população do país acreditava na existência de elfos.[6] (Outros 21% diziam que era improvável, mas se recusavam a descartar a possibilidade.) Isso me pareceu tão extraordinário que precisei reler o texto. Uma forma alegre de magia estava viva e ativa em uma pequena ilha no Atlântico Norte, a uma curta viagem de avião. De onde vinha essa receptividade ao sobrenatural? Me dispus a encontrar a resposta, esperando que minha descoberta me desse uma ideia de como trazer a alegria da magia de volta à vida cotidiana.

EM BUSCA DE ELFOS

Se eu ia procurar elfos, precisava saber por onde começar. Então decidi visitar a Escola Élfica Islandesa, cujo diretor, Magnús Skarphéðinsson, prometeu me explicar que aparência os elfos têm e onde vivem enquanto comíamos panquecas com chantili. Em uma sala pequena e ligeiramente abafada cheia de bonequinhos de cerâmica ele compartilhou com prazer, como se estivéssemos em volta de uma fogueira, histórias de elfos sendo avistados. Aprendi que na verdade há dois tipos de espíritos da natureza que as pessoas alegam ver na Islândia: *álfar* (elfos), menores e menos comuns, e *huldufólk* (povo escondido), mais próximos do tamanho humano. Ambos são tipicamente encontrados na natureza, às vezes com aparência translúcida e em trajes antigos.

"Não tenho dúvida alguma de que elfos existem", afirmou Skarphéðinsson, em um tom sério. Ele entrevistou mais de oitocentos islandeses que alegam tê-los visto. No meio da conversa, o diretor chamou uma dessas pessoas e permitiu que todos os presentes fizessem perguntas ao convidado. Um homem tímido na faixa dos cinquenta usando calça verde-clara, camisa menta e um paletó de veludo marrom entrou na sala, mas não sentou. Ele tinha anéis em todos os dedos e quatro cruzes e uma pena num colar. Não usava sapatos, só meias, uma preta e uma branca. Seus olhos azuis estavam úmidos por trás dos óculos de armação redonda cor de bronze.

Skarphéðinsson o apresentou, então perguntou a ele: "Quando você viu elfos pela primeira vez?".

"Quando eu tinha seis anos", o homem respondeu em islandês, e Skarphéðinsson traduziu.

"Você sabia o que eram?"

"Sabia. Já tinha ouvido falar neles. Minha mãe também os vê."

"Onde você os vê?", uma mulher perguntou.

"Vejo o povo escondido perto do mar. Na natureza selvagem, o mais longe das casas possível. Mas já vi elfos no

meu jardim. Os menores vivem nas flores." O canto direito de sua boca se curvou para cima quando ele disse isso.

"A que hora do dia você os vê?"

"Quando está claro. Nunca à noite."

"O que eles estão fazendo quando os vê?", perguntei.

"Só os vi brincando. Perseguindo um ao outro. Estão sempre felizes." Ele abriu um sorriso torto.

"Eles fazem barulho?"

"Não", o homem respondeu, arrastando a palavra. "Quando os vejo, é quase como se houvesse uma parede entre nós. Sei que estão falando, mas não consigo ouvir o que dizem."

"Eles envelhecem?"

O homem pensou a respeito por um momento, como se nunca tivesse considerado a questão. "Vejo os mesmos elfos, perto de onde minha mãe mora, faz cinquenta anos", ele disse. "Talvez envelheçam um pouco, mas muito lentamente."

Era tudo muito prosaico, como se estivéssemos falando dos vizinhos dele, e não de seres míticos. Em uma inversão do questionamento, o homem perguntou a cada um de nós de onde vínhamos. Quando chegou minha vez, contei que era de Nova York.

"Que cidade maravilhosa!", ele exclamou, com os olhos azuis brilhando. Assenti, mas comentei que provavelmente não havia elfos lá. Ele riu, mas então assumiu uma expressão melancólica. "É verdade", disse. "Não vi nenhum quando fui a Nova York."

Embora apenas 5% dos islandeses afirmem ter visto elfos e poucos o discutam abertamente, o reconhecimento tácito dessas criaturas de outro mundo exerce uma influência discreta, mas penetrante na cultura do país. Uma quantidade razoável de construções em larga escala já foi cancelada ou deslocada devido à preocupação de não destruir o habitat élfico. Uma estrada no norte do país circunda uma enorme massa de terra porque, de acordo com os moradores, a escavadeira quebrou misteriosamente no primeiro dia de trabalho e não voltou a funcionar até que os planos foram alterados e se chegou a um acordo com os representantes da comunidade élfica. (Às vezes são contratados intérpretes para esse propósito; ao contrário do homem que conheci na Escola Élfica, eles conversam com o povo escondido e negociam mudanças no projeto proposto ou o deslocamento de comunidades de elfos que poderiam ser perturbadas pelos novos prédios ou estradas.) Em outra rua, um grupo de pedregulhos recebe um número de casa, indicando que os elfos que os habitam fazem parte da sociedade como quaisquer seres humanos.[7]

A crença islandesa em *álfar* e *huldufólk* parece uma peculiaridade intrigante para um país altamente educado no qual uma em cada dez pessoas é um autor com livros publicados. Depois de alguns dias imersa em suas terras estranhas e selvagens, contudo, a necessidade de explicações mágicas começa a parecer racional. O vapor sopra nos campos cobertos de neve. Piscinas de um sal leitoso aparecem no meio do nada. Arco-íris duplos cobrem vastas cachoeiras que correm brancas de tanta força. Um dia, me peguei colocando roupa de banho para mergulhar em uma lagoa geotérmica no meio de um campo de lava congelada, com uma brancura sem fim em todas as direções. O sol mal subia além da linha do horizonte, e quando se punha o céu adquiria um brilho cor-de-rosa, que lembrava algodão-doce.

Momentos triviais podem se tornar mágicos de repente. Alguns dias depois do Natal, fiz uma viagem para a península de Snaefellsnes, no oeste da Islândia. O guia tinha planejado que nosso grupo voltasse a Reykjavik no começo da noite, mas um coral de fazendeiros ia cantar na pousada local, e havia uma fogueira e chocolate quente alcoólico. Ninguém queria ir embora. Quando pegamos a estrada de volta à cidade, a neve tinha se transformado em chuva e o asfalto fora coberto por uma camada escorregadia de gelo. Já passava da meia-noite, e em tais condições avançaríamos muito lentamente.

O guia murmurou alguma coisa para o motorista, e o veículo parou ao lado da estrada. Ele saiu para a neve. Olhamos uns para os outros, nos perguntando se havia um problema. Será que a gasolina tinha acabado? O pneu havia furado? Mas depois de um minuto ele enfiou a cabeça para dentro. "A aurora boreal está à toda acima de nós", ele disse. "E dá para ver por um buraco nas nuvens!" Ficamos todos congelados de choque por um momento. Embora a TV tivesse noticiado uma grande tempestade solar, que indicava chances de aurora boreal, as nuvens tinham formado um denso cobertor o dia inteiro, de modo que nem tínhamos considerado a possibilidade de ver alguma coisa. "Venham!", ele gritou. Pegamos chapéus e luvas e pulamos do veículo.

Por sete minutos perfeitos, nos amontoamos no acostamento coberto pelo gelo, com o pescoço inclinado para trás e os olhos arregalados de deslumbre. A princípio, achei que uma nuvem iluminada pela lua fosse a aurora boreal. Então, como vapor, ela se moveu, se dobrando em fitas luminosas. Eram como as costas de um gato ao sol, se arqueando e esticando. As luzes se separavam como caramelo e depois se solidificavam de novo. Sob a fatia grossa de lua crescente baixa e alaranjada, que em outra noite seria atração por si só, a luz formava penas verdes e cor-de-rosa. Seu movimento fantasmagórico era ao mesmo tempo rápido e lento demais, largo e fino demais, para ser capturado com a câmera. Era uma alegria incompreensível. Fiquei parada, ouvindo os suspiros de deleite e aos "aaah" de êxtase que se seguiam à movimentação da luz em ondas. Como criaturas primitivas, fomos reduzidos a sons e murmúrios. Rimos juntos, sem conseguir acreditar.

Não vi nenhum elfo na Islândia, mas encontrei muita magia. "Em certo sentido, a magia é o poder que reside na paisagem personificada", disse Terry Gunnell, professor de folclore da Universidade da Islândia e o pesquisador por trás daquele estudo de 2007 sobre as crenças sobrenaturais dos islandeses. Gunnell é inglês, mas a esposa é islandesa, e os dois ficaram no país. Ele tem cabelo preto comprido, barba com pontos grisalhos e uma voz baixa e lírica que faz com que soe como o narrador de um filme de fantasia. Nos encontramos em seu escritório na universidade, uma sala repleta de estantes de madeira que cheira a papel velho. Para Gunnell, a tradição dos *álfar* e do *huldufólk* emergiu diretamente do terreno volátil islandês. "Este é um país em que sua casa pode ser destruída por algo que nem se vê, na forma de um terremoto", ele explica. "Você pode ser derrubado pelo vento. Pode ir até uma geleira e a ouvir resmungar. Vai até as termas e elas falam com você. A terra está muito viva aqui. Nosso jeito de lidar com isso é falando com ela."

Isso batia com o que eu havia aprendido com Matthew Hutson: situações ricas em ambiguidade tendem a estimular o pensamento mágico. Quando testemunhamos algo misterioso, nossas certezas relacionadas ao mundo e a nosso lugar nele são abaladas. Buscamos explicações, e inevitavelmente algumas delas serão mágicas. Imagine como deve ter sido para os humanos primitivos tentar compreender essa paisagem. Alguns elementos estavam ao firme alcance dos sentidos: as pedras, as árvores e o terreno pantanoso que as cercava, as frutas e a carne com que nutriam o corpo. Em meio à solidez reconfortante desses objetos, no entanto, se davam acontecimentos bastante estranhos: luzes misteriosas, cores cintilando e mudando, oscilações de temperatura, movimentos de origem desconhecida. Por cima do mundo material havia outro, invisível, cheio de energias, algumas das quais benignas, outras perigosas. Sem a compreensão desses fenômenos, não surpreende que possam ter suspeitado da influência de criaturas de outro mundo.

Algumas das histórias mais originais criadas para explicar fenômenos naturais vêm de locais com paisagens tão extremas quanto as da Islândia. Na Austrália, muitos povos aborígenes acreditam que o mundo foi criado por ancestrais espirituais em um período pré-histórico chamado de Sonho. Um dos muitos mitos de criação explica que a terra era plana e fria até que a serpente do arco-íris rastejou por ela, criando as pedras e os vales, os lagos e os rios. Até hoje, alguns povos veem o surgimento de um arco-íris como sinal de que a serpente está passando de um poço para outro.

No México, há redes de piscinas de água doce que se conectam por baixo da terra através de cavernas de pedra calcária, desembocando no mar. De acordo com o cientista Matt Kaplan, os maias acreditavam que eram portais para o mundo subterrâneo e as usavam para oferendas e sacrifícios. Ele especula que, quando mergulhavam nessas piscinas, os maias encontravam os pontos de transição entre a água doce e a salgada, conhecidos como haloclinas, os quais podem criar estranhos efeitos de redemoinho que lembram portais mágicos.[8]

A mágica funciona como uma válvula de escape da ansiedade diante do desconhecido desde antes do começo da civilização. O historiador Alfred W. Crosby descreve um túmulo de 15 mil anos descoberto na Sibéria que contivera uma criança.[9] Dentro, havia uma série de tesouros, incluindo um colar, um boneco de pássaro, um osso afiado e lâminas, sugerindo que aqueles que enterraram a criança acreditavam que esses objetos poderiam ser úteis num mundo espiritual além do nosso. Assim como hoje nos voltamos a médicos e psicólogos, na Idade Média as pessoas consultavam adivinhos, astrólogos e curandeiros espirituais com regularidade.[10] Mas, a partir do século XVI, a revolução científica levou a uma série de descobertas que levaram a luz do conhecimento a lugares antes misteriosos. Demonstrações empíricas de forças como a eletricidade, a gravidade e o magnetismo estabeleceram um mundo governado não pelos caprichos dos espíritos, mas por leis naturais e definitivas.

Na Islândia, todavia, aprendi que o conhecimento científico nem sempre substitui a interpretação mágica. Mesmo compreendendo a lógica por trás do distúrbio magnético da aurora boreal ou do caldeirão geotérmico, deparar com isso em certas circunstâncias pode abrir uma lacuna entre a compreensão cognitiva e a realidade sensorial diante de nós. É nessa lacuna que a magia flui.

ENERGIAS OCULTAS

Uma noite, alguns verões atrás, enquanto estávamos visitando a família no norte do estado de Nova York, Albert me chamou para o limite do gramado, onde as árvores começavam. Uma leve neblina tinha se estabelecido entre elas e, por um segundo, não vi nada. Então um vaga-lume se iluminou, e outro, e mais outro. A neblina ampliava o brilho, refletindo cada pulso fosforescente suspenso no ar. Enquanto meus olhos se ajustavam, comecei a ver mais e mais vaga-lumes piscando para dentro da floresta, iluminando o crepúsculo. Estávamos num jardim comum, mas, naquele momento, parecia ser o lugar mais mágico do mundo. Podemos cortejar o encantamento nos levando para mais perto dos mistérios que nos cercam. Agarre o vento com uma pipa ou um barco a vela. Surfe nas ondas ou flutue na maré. Assista a uma tempestade de raios (de um lugar seguro, claro) em vez de ver um filme. Durma ao ar livre nas muitas noites de verão em que meteoros iluminam o céu com estrelas cadentes.

De certo modo, a magia age como uma contraparte da estética da energia, complementando seu foco em manifestações visíveis (ou seja, na cor e na luz vibrantes) ao destacar os outros tipos de energia à nossa volta, que raramente vemos e não entendemos muito bem. O ar, por exemplo, pode nos parecer vazio, mas coloque uma biruta ou um cata-vento no jardim e vai descobrir que não é bem assim: o ar contém massa e movimento próprios. Um móbile pode fazer o mesmo. Na nova Escola Fundamental Sandy Hook, em Connecticut, há uma série de móbiles criados pelo artista Tim Prentice. "Eles são feitos de pedacinhos de alumínio, como folhas de uma árvore", explicou o arquiteto Barry Svigals. "Quando o ar condicionado bate, os móbiles se movem ligeiramente e refletem a luz no chão. É difícil descrever o mistério e o encanto que produzem quando brincam com as correntes de ar." Sinos de vento também ganham vida com o efeito mágico da brisa. Notei que algumas empresas os vendem como presentes de condolências para pessoas que perderam entes queridos. A dança entre os sinos e a brisa invisível lembra quem está de luto de que um ente querido que se foi continua presente em espírito.

Outro objeto mágico que eu adoro é o prisma, que revela o espectro de cores escondido na luz do sol. Mantenho um na mesa e já vi pessoas que penduram aqueles multifacetados em janelas. Em certos momentos do dia, quando a luz do sol o atinge, ele espalha pequenos arco-íris pela sala. É possível comprá-los na internet em lojas de suprimentos científicos ou usar cristais de lustre, que costumam ser encontrados em lojas de antiguidades por um ou dois dólares. Taças estriadas ou gravadas podem ter um efeito similar, criando arco-íris quando cheias d'água. Alguns arquitetos chegaram a usar prismas de vidro para criar janelas ou claraboias que enchem um espaço de reflexos nas cores do arco-íris.

O vento e a luz do sol não são as únicas fontes de magia no ambiente. Dependendo de onde se está, é possível encontrar condições específicas que criam efeitos únicos. Numa noite seca de inverno, deitei na cama na escuridão e vi lampejos amarelos entre as cobertas. Era a energia estática gerada pela fricção com o pijama, mas parecia que eu tinha desvelado um poder místico. Toda noite eu me revirava para recriar o espetáculo, até que o frio arrefeceu. Se você mora em uma região chuvosa, pode produzir mágica instalando uma corrente em vez da típica calha. Ela desce do topo do telhado e canaliza a água até o chão através de uma série de elos de metal. Em vez de disfarçar o fluxo de água da chuva dentro de um cano de alumínio, a corrente o celebra, transformando uma tempestade em uma pequena cascata. As temperaturas extremas do deserto podem produzir miragens, ilusões visuais que aparecem à distância devido à refração da luz ao atravessar os campos de ar quente e frio. E é óbvio que o inverno nas zonas polares é um terreno fértil para a magia: ver a geada gravar padrões cristalinos na janela, soprar bolhas e observá-las congelar ou pisar em um lago congelado, literalmente andando sobre as águas. O inverno com frequência é acusado de ser a menos feliz das estações. Mas embora não seja tão liberadora ou vibrante quanto as outras, sem dúvida é a mais mágica. Como o escritor J. B. Priestley observou: "A primeira neve que cai não é apenas um evento, e sim um evento mágico. Você vai para a cama em um tipo de mundo e ao acordar se encontra em outro totalmente diferente. Se isso não é encantamento, então onde podemos encontrá-lo?".[11]

ILUSÕES DE GRANDEZA

O e-mail dizia para chegar entre 20h e 20h15, "nem antes nem depois". Sugeria levar um casaco extra e fornecia um endereço no distrito de Mission, em San Francisco, com um número de rua peculiar que terminava com ".5". "Você não vai encontrar esse endereço no mapa", o e-mail explicava. "O Google não vai ser de muita utilidade. Só o senso comum."

Minha amiga Ashlea e eu estávamos atrasadas naquela noite. Passamos os olhos rapidamente pelo quarteirão, em busca do estranho endereço, mas só víamos números inteiros. Diminuímos o ritmo e andamos de novo pelo quarteirão, pronunciando os números em voz alta conforme os víamos. Aninhado entre prédios, notamos um portão de metal estreito com uma pequena placa afixada nele, exibindo os misteriosos números no estilo art déco. Tentei abrir. Consegui, e seguimos pelo beco. Ao fim, encontramos um pequeno saguão decorado com diagramas vintage de truques de cartas e capas da revista *Abracadabra* em molduras douradas. Entramos na pequena fila na bilheteria. Quando chegou nossa vez, demos nossos nomes à mulher de vestido vermelho na cabine. Pagamos em dinheiro e entramos no pequeno terraço.

A atmosfera ali era em parte teatro comunitário, em parte festa no jardim. Na frente do espaço havia um palco emoldurado por uma estrutura entalhada em madeira, com uma cortina vermelha. Havia três fileiras pequenas de cadeiras simples, o bastante para cerca de quarenta convidados. As pessoas circulavam, sorrindo quando esbarravam umas nas outras no caminho para os assentos. Uma multidão tinha se reunido no bar nos fundos, tomando um drinque chamado "Desaparição do burro". Música indie folk tocava ao fundo, e havia luzinhas penduradas no alto de um lado a outro, mantendo o grupo em uma intimidade aconchegante. Depois de alguns minutos, me dei conta de que estávamos em um quintal residencial. Trepadeiras floridas se derramavam ao longo das paredes revestidas de tábuas de vinil azul. Um dos holofotes estava aparafusado a uma escada de incêndio. Conforme a noite caía, luzes começavam a se acender nas janelas das casas vizinhas, e os contornos angulares dos telhados moldava o céu. Logo a música cessou e ouvimos o sinal para nos sentar.

Assim começou minha aventura no Magic Patio, um show de mágica secreto realizado nas noites de verão pelo ilusionista Andrew Evans. Com menos de trinta anos, ele se apresenta há mais da metade de sua vida. Evans ganhou um kit de mágica quando era pequeno e pouco depois já tinha emprestado todos os livros sobre o assunto da biblioteca da escola, conseguido um emprego em uma loja de artigos de mágica e convencido os pais da vizinhança a deixá-lo se apresentar nas festas de aniversário dos filhos. Evans fez sua primeira apresentação profissional aos doze. Depois de se formar na escola foi para a Universidade Brown, sem saber que a biblioteca da instituição continha a maior coleção de livros e manuscritos sobre o assunto, com material datando do século XVI. Lá, ele começou a desenterrar projetos de dispositivos usados pelos maiores mágicos da história e a construí-los. O show que estávamos prestes a ver, *Illusions of Grandeur* [Ilusões de grandeza], incluía versões modernas desses truques antigos.

Quando a cortina se abriu, Evans entrou no palco de jeans escuro, camisa branca com as mangas dobradas, colete cinza e gravata. Seu cabelo castanho estava bem aparado, ele tinha uma barbicha e sorria como se estivesse prestes a se divertir aos montes. Evans começou com um truque envolvendo uma corda, "um pedaço absolutamente normal de corda, que se pode encontrar em qualquer quarto", brincou. É claro que a corda se mostrou tudo menos normal. Evans convidou um espectador a examiná-la e depois, imitando o movimento de uma tesoura, cortou-a em duas com os dedos. A corda cedeu com facilidade, arrancando um "aaaahhh" do público, mas Evan não ficou satisfeito com o comprimento desigual delas. Ele coçou a cabeça e olhou para ambas por um momento, então as dobrou e recitou a palavra mágica "Estica!". De repente, as duas cordas eram de tamanho igual. Ele insistiu que não era aquilo que pretendia fazer. Então mordeu a corda e dois pedaços saltaram, enquanto o restante de repente formava um laço sem quaisquer nós aparentes. Não era um truque deslumbrante, mas satisfazia por sua simplicidade. Ouvi uns "Nossa!" das pessoas nos assentos próximos.

Sempre achei mágicos de palco cafonas ou macabros, mas Evans não me pareceu nenhum dos dois. Ele tinha a energia ensolarada da Califórnia e mantinha uma conversa constante com o público que fazia sua mágica parecer animada e encantadora. Mesmo quando serrou uma mulher ao meio, não foi estranho. A alegre assistente agia como se estar dividida em duas fosse a coisa mais natural do mundo; não havia o menor traço de preocupação em seu rosto. A maior parte dos números continha outras estéticas da alegria, como surpresa e abundância. Em um truque, Evans bancava o anfitrião generoso, se oferecendo para servir aos pobres espectadores uma bebida saída de sua coqueteleira mística. Ele pediu que dissessem quais eram suas bebidas favoritas, e então uma a uma elas começaram a surgir: margarita, chocolate batido, suco de laranja, *white russian*, suco verde, vinho tinto, negroni, uísque. Antes de receber os aplausos finais, ele tirou uma rosa da chama de uma vela e rasgou uma de suas pétalas em pedacinhos. Então segurou um leque de papel com uma mão e começou a soltar os pedaços de pétalas com a outra. Conforme o fazia, eles se multiplicavam, deixando o mágico envolto em uma nevasca de confete.

De todos os truques que vi essa noite, houve um tão extraordinário que ainda me pego pensando nele. Evans levou para o palco uma mesinha coberta com uma toalha fina de cetim. Ele segurou as bordas da toalha e respirou fundo. Devagar, a mesa começou a levitar. A risada estridente e os aplausos que tinham marcado outros truques não vieram. O público se manteve em um assombro silencioso. Olhei para Ashlea com a sobrancelha erguida e vi o reflexo do meu rosto no dela. Conforme Evans puxava lentamente a toalha para cima, a mesa subia mais alto e parecia ganhar vida, girando em torno dele e ameaçando sobrevoar a cabeça dos convidados na primeira fileira. Então Evans a controlou com um puxão e a devolveu ao chão. As pessoas inclinavam o pescoço à procura de cabos de apoio, mas não havia nada ali a não ser a luz piscante de um avião atravessando o céu azul-escuro.

O clima estava leve e a plateia, animada e falante quando nos dispersamos na noite. Na saída, notei uma citação inscrita em giz que tinha deixado passar quando entrei. Era de uma peça de Oscar Wilde. "O SEGREDO DA VIDA É APRECIAR O PRAZER DE SER TERRIVELMENTE ENGANADO."[12]

No dia seguinte, voltei para encontrar Evans, esperando compreender melhor sua arte. Tive minha primeira lição quando cheguei ao endereço que ele me passou, logo ao lado daquele da noite anterior. Evans atendeu a porta em uma camiseta *tie-dye* e me convidou para entrar em seu apartamento, que parecia normal. Quando abriu a porta perto da cozinha, me vi de volta ao pequeno saguão do Magic Patio. Atrás da "bilheteria" havia uma cama visível. As paredes que pareciam feitas de tijolos eram finas e móveis. "Sim, esse é o meu quarto", disse Evans com um sorriso tímido, apontando para a cama embutida (que ele mesmo projetou) e dando um "oi" simpático para Paddy, o periquito que ele estava treinando para uma participação futura em seu show. Saímos para o pátio, já pronto para outra apresentação naquela noite, e sentamos no chão do palco enquanto eu olhava em volta discretamente à procura de mecanismos escondidos.

"Pode-se dizer que há um número finito de truques de mágica no mundo", explicou Evans. "Fazer aparecer e desaparecer, levitar, teletransportar, transformar, penetrar [fazer um objeto sólido desaparecer ao entrar em outro], restaurar [remontar um objeto quebrado como se fosse novo], prever e escapar", ele disse, contando-os nos dedos. Evans tinha citado nove tipos básicos de truque que, segundo ele, compunham todo o repertório dos mágicos ao redor do mundo.

"Só isso?", perguntei. "Por que tão poucos?"

"Bom, se você for fundo neles, vai ver que desafiam algumas leis fundamentais da física", Evans respondeu. "A levitação nega a gravidade. Fazer aparecer e desaparecer contradiz a lei de conservação da massa. A penetração viola a lei que diz que dois corpos não podem ocupar o mesmo espaço ao mesmo tempo. São coisas que sabemos pela experiência que fazem o mundo girar."

Raramente pensamos nessas leis, mas devemos o bom funcionamento de nossa vida ao fato de que toda matéria na Terra as obedece. Imagine tentar andar se a gravidade terrestre variasse dia a dia, ou tentar manter controle sobre suas coisas se elas desaparecessem e reaparecessem onde quisessem. A magia acontece quando essas leis invioláveis que governam o comportamento da matéria parecem ser desafiadas. Super-heróis e feiticeiros quebram essas leis com frequência, com capas voadoras ou da invisibilidade e outros artefatos fantásticos. Mas só podem fazer isso nos livros e nas telas. Mágicos de palco criam a ilusão de que estão violando essas leis naturais diante dos nossos olhos.

As leis naturais são tão universalmente verdadeiras que, quando vemos algo que as contradiz, respondemos não apenas com surpresa, mas com *deslumbramento*. Descartes contou essa sensação entre suas seis paixões básicas, definindo-a como uma emoção que faz a alma "focar em coisas que parecem incomuns e extraordinárias".[13] O deslumbramento se sobrepõe à reverência, e ambas as emoções motivam uma expressão similar, com olhos arregalados e queixo caído. Mas diferente da reverência, que tem traços negativos e positivos, o deslumbramento quase sempre é usado para descrever uma sensação alegre. Ele com frequência vem quando nos encontramos em terreno desconhecido, o que ajuda a explicar por que viajar pode ser tão mágico e por que a infância confunde os limites entre realidade e magia. Tudo é novo para as crianças, de modo que tudo é maravilhoso. Evans não se apresenta para espectadores com menos de seis anos porque seus truques não têm impacto neles. "Crianças novas assim ficam tão embasbacadas com levitação quanto com a abertura de uma porta de garagem", ele disse. "É bonito, quando se pensa a respeito. Tudo é mágico para elas."

E aqueles de nós no lado oposto do espectro, que têm experiência de vida o bastante para terem se cansado das façanhas de um mágico? De acordo com Evans, nosso deslumbramento é elevado quando inserimos a mágica num contexto comum. "Se sou Andrewini, o Grande, fazendo alguém levitar no palco com um cenário ornamentado e uma orquestra", ele argumentou, "parece teatral. Então você diz a si mesmo: 'É só um personagem com muita tecnologia e efeitos especiais. Não consigo ver os fios, mas sei que estão ali'." Por essa perspectiva, a escolha de situar o Magic Patio em um jardim comum a céu aberto, com os vizinhos aparecendo na janela, é significativa. Ela tira a mágica do contexto controlado de um teatro, onde acreditamos que tudo pode acontecer, e traz para o mundo real, onde sabemos que não pode. "Isto não é um cenário, não é um teatro", ele disse. "É muito exposto." Evans fez um gesto no ar, abarcando o céu aberto sobre o ponto onde a mesa tinha flutuado na noite anterior. Para que a mágica tenha esse efeito, precisamos permanecer presos à realidade enquanto um espetáculo implausível se desenrola à nossa frente.

A mágica se torna ainda mais maravilhosa quando sai do palco e se mistura à vida real. E aqui Evans tem uma perspectiva única, porque, embora à noite seja mágico, de dia é um designer de produtos na IDEO, trabalhando para levar encantamento a experiências cotidianas como dirigir, comprar comida e pegar o ônibus para a escola. Evans acredita que designers podem criar efeitos que parecem mágicos forçando as mesmas leis da física com que os mágicos brincam. Por exemplo, quando a empresa japonesa Seibu pediu à arquiteta Kazuyo Sejima que projetasse um novo trem expresso, ela imaginou um trem invisível ganhando velocidade através do campo.[14] Então criou esse efeito cobrindo a superfície dos carros com um material espelhado translúcido que reflete seu entorno à perfeição, fazendo que o trem "desapareça". A empresa holandesa Crealev desenvolveu uma tecnologia magnética que faz objetos domésticos levitarem. O designer Richard Clarkson, ex-aluno meu, trabalhou com essa tecnologia para criar um alto-falante em forma de nuvem que flutua em uma base espelhada, como um objeto tirado de uma pintura surrealista.

A famosa terceira lei do escritor de ficção científica Arthur C. Clarke diz: "Qualquer forma suficientemente avançada de tecnologia é indistinguível da mágica". Isso explica a confusão que pode ocorrer quando as pessoas veem uma inovação pela primeira vez. Embora os parisienses do século XVIII que testemunharam um dos primeiros lançamentos de balões de ar quente tenham ficado encantados com o espetáculo, as pessoas do interior que os viram descendo em um campo a alguns quilômetros de distância acharam que aquilo era obra do demônio e os atacaram com facas e forcados.[15] (Depois desse incidente, diz-se que os aeronautas começaram a carregar garrafas de champanhe como ofertas de paz a fazendeiros desconfiados.)

Mas embora a tecnologia possa criar a sensação de magia, é difícil acompanhar seu ritmo vertiginoso de mudança. Algumas tecnologias continuam encantadoras décadas depois de sua primeira aparição (pense em fotos Polaroid, ainda usadas em casamentos e festas, apesar da onipresença das câmeras nos smartphones), enquanto outras se tornam parte banal do dia a dia (como wi-fi ou GPS). Uma inovação recebida com alegria e deslumbramento pode parecer enfadonha quando atinge a saturação, e por fim se torna uma curiosidade antiga.

Depois de falar com Evans, acho que entendo melhor por que isso acontece. A indústria da tecnologia se preocupa demais com a perfeição, com fazer todos os pontos de atrito em uma experiência desaparecer. Isso certamente é conveniente, mas nos torna indiferentes quanto ao que estamos testemunhando. Um elevador ultramoderno que chega ao topo de um prédio comercial em poucos segundos é notável do ponto de vista técnico, mas a viagem não tem graça. No entanto, um elevador panorâmico que sobe três andares pode ser encantador: ao permitir que notemos a mudança de vista conforme subimos, ele nos lembra de que ser erguido no ar depois de apertar um botão é, por si só, um tipo de mágica. Vivemos um momento em que a tecnologia está redefinindo o mundo em uma velocidade sem precedentes, criando mais oportunidades de encantamento, mas com um risco maior de tédio. A melhor saída é manter a justaposição entre o altamente tecnológico e o corriqueiro. A tecnologia é mais mágica quando nos recorda dos limites da nossa existência, mesmo enquanto os destrói.

INSTRUMENTOS DE DESLUMBRE

Ainda era cedo e os jardins de Versalhes estavam silenciosos enquanto eu caminhava pela trilha de cascalho entre os canteiros. Havia plantas sazonais em vermelho, dourado e violeta. O aroma era de cravos-de-defunto e gerânios. Caminhei pelos degraus de pedra curvos, passando por uma fonte com tantas camadas quanto um bolo de casamento, adornada com sapos e tartarugas dourados cuspindo água. Arbustos podados em formas bulbosas ficavam de sentinela ao longo das margens do passeio. Folhas amareladas de sicômoros eram esmagadas pelos meus pés. Virei à direita, serpenteando pelos bosques ao longo dos caminhos ladeados por treliças, diminuídos pelas sebes altas. Cada rota por essa floresta muito bem cuidada levava a um pátio imaculado com uma fonte, uma colunata ou uma escultura de um deus romano de bronze ou mármore com vestes esvoaçantes no centro. Mas não aquela. Do fim do trajeto, vi uma massa de branco puro preenchendo a clareira. Uma nuvem em plena terra.

Conforme me aproximava, uma estrutura começou a emergir do borrão. Um amplo círculo de tubos de metal repousava sobre padrões verticais a cerca de 3,5 metros de altura, um eco discreto dos pavilhões clássicos encontrados em outras partes do jardim. A névoa subia do topo do anel em grossos fios brancos e rolava em cachos translúcidos por toda a clareira. Um garoto de casaco laranja corria para dentro e para fora do coração da nuvem, sumindo e reaparecendo como um fantasma cinematográfico. Mais para o lado, uma mulher se mantinha nas margens da nuvem, com a metade inferior do corpo quase toda obscurecida, gritando para o garoto que estava quase na hora de ir embora. Mas ele não tinha interesse em partir, e fez a mãe persegui-lo enquanto corria dando risadinhas pela neblina, levando tufos dela na direção da linha das árvores. Caminhei até o centro do anel e o toquei. Estava mais úmido do que eu esperava, e senti o vapor frio na ponta dos dedos. A grama e os trevos pareciam quase brancos de orvalho, e pequenas gotas de água se agarravam aos meus cabelos e cílios. Girei, coletando gotículas, até meu casaco de lã ficar cintilante como a grama e eu me sentir levemente tonta.

Eu tinha ido a Versalhes em busca de outro tipo de magia, mais elementar, que parecesse emanar da natureza, ainda que fosse produzida pelo homem. Aquele aparato, chamado *Fog Assembly* [Reunião de névoa], era parte de uma série de instalações temporárias do artista Olafur Eliasson. Deparei com seu trabalho pela primeira vez no Museu de Arte Moderna de Nova York, que ele lotou de curiosidades como uma cachoeira que fluía para cima, um caleidoscópio brilhante imenso e, em uma sala escura subterrânea, uma garoa luminosa dentro de um arco-íris. Talvez seu trabalho mais conhecido seja o sol gigante iluminado que instalou no inverno de 2004 no amplo átrio do Tate Modern. Visitantes passavam horas espalhados no chão, se aquecendo sob o brilho âmbar como se estivessem de férias em uma praia ensolarada. Em outra de suas instalações, uma cortina de gotas d'água pesadas caía de um cano suspenso no teto e era iluminada periodicamente por um estroboscópio. As gotas pareciam congelar por um momento no ar, como se o tempo soluçasse em vez de fluir em uma linha suave.

As instalações de Eliasson são mais instrumentos de deslumbre que obras de arte, projetados para manifestar as forças abstratas que moldam nossa vida de maneiras tangíveis. Através do fluxo de água, sentimos a passagem do tempo e somos capazes de ponderar sua natureza por vezes turbulenta. No calor de um sol artificial, somos lembrados de quão intimamente afetados somos pelo ritmo da natureza. Não surpreende que Eliasson seja descendente de islandeses e tenha passado boa parte de seus anos de formação mergulhado na paisagem incomum da Islândia. Como um mágico, ele aproveita de sua força volátil e a desloca para contextos pouco plausíveis: nuvens em um jardim, arco-íris em um porão. Esses contrastes têm o efeito de reintroduzir mistério ao ambiente construído, e não é raro ver as pessoas emergirem de uma de suas instalações piscando, como se o filme da vida tivesse sido apagado de seus olhos e o mundo inteiro parecesse novo.

Apesar de toda a mágica do trabalho de Eliasson, seus mecanismos não são nada misteriosos, o que é curioso. Suas obras em geral contêm torneiras, tubos e apoios visíveis. Ele não faz nenhuma tentativa de camuflar esses componentes, deixando-os expostos para que os visitantes os examinem. E seus materiais são tão comuns que mais parecem uma lista de estoque de uma loja de ferramentas que o meio utilizado pelo artista. "Aço, água, bocais, sistema de bombeamento", diz a descrição de *Fog Assembly*. É disso que precisamos para fabricar uma nuvem? Para a cascata que corria para cima, o inventário era igualmente conciso: "andaimes, aço, água, madeira, chapa de alumínio, bomba, mangueira". Pelo menos três desses itens são coisas que a maioria das pessoas tem na garagem de casa.

A habilidade de Eliasson de conjurar o etéreo a partir de materiais simples me inspirou a procurar maneiras de fazermos o mesmo, ainda que numa escala menor. Por exemplo, embora a tecnologia da levitação magnética seja admirável, podemos criar uma ilusão similar usando linha de pesca. Profissionais que criam vitrines chamativas usam esse truque com frequência para suspender objetos, de modo que à distância eles pareçam estar flutuando. Espelhos também podem ser usados para conferir magia a espaços comuns. Uma das minhas instalações preferidas de Eliasson é uma sala simples com um espelho circular gigantesco preso ao teto. Quando fui visitá-la com minha amiga Maggie e a mãe dela, ficamos as três deitadas logo abaixo do espelho. Depois de um minuto ou pouco mais, parecia que nossa noção de espaço tinha se invertido. Estávamos no chão olhando para o teto ou no teto olhando para o chão? A sensação se alternou inúmeras vezes, e quanto levantei, minutos depois, me sentia quase como o Homem-Aranha, com meus pés se agarrando ao teto em um mundo de cabeça para baixo. Espelhos invertem o espaço, fazendo com que pareça que a realidade foi girada ou dobrada. A magia que eles produzem fica ainda mais evidente em espaços pequenos. Um espelho grande que vai até o chão pode expandir um espaço e até criar a percepção de um cômodo extra. Um espelho posicionado atrás de uma fonte de luz parece brilhar. Posicionar um par de espelhos um de frente para o outro gera uma espécie de reflexo sem fim conhecido como "espelho infinito".

Uma das maneiras mais simples de criar mágica é com ilusões de óptica, que usam a repetição de linhas, formas e curvas para dar a impressão de profundidade ou movimento. O desejo de explorar a estranha magia das ilusões motivou um movimento chamado op art (diminutivo de "arte óptica" em inglês), que floresceu nos anos 1960. Para um efeito surpreendente, papéis de parede op art podem criar um espaço com paredes que parecem vibrar; azulejos geométricos podem ser usados para um piso nesse estilo. Pôsteres e tapetes podem causar a mesma sensação numa escala menor. Ilusões de óptica têm se tornado uma forma cada vez mais comum de arte de rua. Recentemente, uma dupla de mãe e filha de artistas indianas, Saumya Pandya Thakkar e Shakuntala Pandya, usaram essa técnica para criar faixas de pedestres que pareciam tridimensionais para os motoristas, criando a ilusão de que as pessoas passavam por uma série de ilhas flutuantes no meio da rua.[16]

Outro fenômeno óptico com raízes ancestrais e apelo moderno é a iridescência, uma brincadeira com as cores que pode ser encontrada na superfície de uma poça de óleo, nas asas de uma borboleta e dentro da concha de um molusco. Materiais iridescentes costumavam ser considerados mágicos, talvez por causa da maneira como as cores mudam e se transformam. Os maias usaram tinta misturada com mica, um mineral perolado, para pintar um de seus templos de modo que brilhasse ao sol.[17] Os antigos egípcios usavam sombra de olhos feita de pigmentos cintilantes em honra de Hórus, o deus do céu.[18] Mas essa maquiagem tinha um estranho efeito colateral: os minerais nela continham íons que estimulavam a produção de óxido nítrico pela pele, que aumentava a resposta do sistema imunológico a bactérias. Pesquisadores especulam que quem a usava ficava protegido de infecções que poderiam ter contraído durante a cheia anual do Nilo. A tradição da maquiagem "mágica" continua em muitos tutoriais on-line para visuais inspirados em sereias ou unicórnios, que usam pigmentos iridescentes para criar um brilho reluzente.

Além da cosmética, a iridescência é mais frequentemente associada a produtos infantis, como vestidos de princesa e livros com adesivos. Mas o efeito luminoso também tem um lado sofisticado. Desde o século VII, artesãos usaram fios de trama contrastantes para fabricar tecidos que mudam de cor, de modo a parecer que brilham mesmo sendo feitos de lã ou algodão comum. Esses tecidos com frequência aparecem na decoração de hotéis ou em vestidos de tapete vermelho. Muitos cristais têm efeito iridescente, o que pode explicar por que costumamos vê-los como dotados de poderes mágicos. Um dos materiais iridescentes mais antigos é o vidro dicroico, que consiste em vidro misturado a metal, ou coberto com uma fina camada de metal. Os romanos o usavam no século IV, e a Nasa avançou em seu desenvolvimento para usá-lo em seu ônibus espacial. Agora é empregado por Eliasson em seus caleidoscópios e por designers para fazer luminárias, mesinhas de centro e joias leves, com um brilho opalescente.

Quer sejam os movimentos ilusórios de uma tela de op art ou as cores das penas de um pavão, elementos mágicos têm uma qualidade elusiva que parece escapar ao nosso controle. A ambiguidade inerente à mágica nos arrasta para um espaço no limiar entre as emoções, que pode ser agradável ou estranho, dependendo da situação. Imagine que você esteja em um campo, sozinho e distante de abrigo. Então algo escuro que parece uma nuvem assoma no horizonte. Como você se sente? Agora se imagine no mesmo campo, mas substitua a nuvem por um anel com as cores do arco íris. Como se sente agora? São ambos eventos estranhos e misteriosos, mas um inspira medo, e o outro, deslumbramento. Temperar a magia com outras estéticas a mantém no lado alegre do espectro. Quando brincar com iridescência e ilusões, use elementos da estética da energia, mantendo os tons leves e claros. Ao trabalhar com espelhos, incorpore elementos da harmonia e da diversão. Distorções, como as de uma casa de espelhos, podem ser incômodas. Simetrias fazem os reflexos parecerem equilibrados, enquanto arestas arredondadas os impedem de se tornar irregulares ou afiados.

DESLUMBRAMENTO QUE NUNCA CESSA

A mágica pode ser cativante, deslumbrante, sublime. Mas o que a torna tão atraente é a ruptura da membrana entre o possível e o impossível, despertando nossa curiosidade em relação ao mundo em que vivemos. Quando nos maravilhamos, somos incitados a nos indagar e a procurar respostas. Isso nos motiva a aprender e a explorar.

Durante minha pesquisa, fiquei surpresa ao descobrir que a mágica desempenhou um papel importante como combustível da inovação e do progresso, embora a história com frequência se silencie nesse ponto.[19] O historiador de Oxford Keith Thomas aponta que a curiosidade propelida pela astrologia inspirou as pessoas na busca por melhores modos de mensurar os movimentos das estrelas e dos planetas, dando forma à ciência da astronomia. O pai da química moderna, Robert Boyle, foi originalmente um alquimista. Seus primeiros experimentos não pretendiam provar a existência dos átomos; ele queria transformar chumbo em ouro. Nikola Tesla, cujo trabalho com motores de indução levou ao sistema de corrente alternada que fornece energia a casas e prédios, teve sua curiosidade sobre a eletricidade despertada por um incidente mágico na infância.[20] Durante um período frio e seco, ele descobriu que, quando fazia carinho no gato da família, as costas dele se transformavam em uma "folha de luz" e começavam a soltar fagulhas. A visão era tão alarmante que a mãe de Tesla insistiu que ele parasse de brincar com o animal, com medo de que pegasse fogo. Tesla afirmou que essa breve experiência foi tão impressionante que continuou alimentando seu interesse nos estudos sobre eletricidade oitenta anos depois.

Em meio ao culto da produtividade e da eficiência que domina nossa vida, a magia parece um luxo, como sonhar acordado ou brincar. Longe de ser uma distração, contudo, ela pode ser o catalisador da descoberta. A alegria que encontramos na mágica deriva de um impulso mais profundo rumo à expansão da mente e à melhora da condição humana. Na raiz de nosso amor por arco-íris, cometas e vaga-lumes está um pequeno reservatório de crença de que o mundo é maior e mais impressionante do que podemos imaginar. Se quisermos ser criativos e inspirados, nos permitir alimentar esse reservatório é vital. Como o poeta inglês Eden Phillpotts escreveu: "O universo é cheio de coisas mágicas esperando pacientemente que nossos sentidos se afiem".[21] O deslumbramento nunca cessa — basta que estejamos dispostos a procurar por ele.

9. Celebração

Todos os dias, grandes ônibus vermelhos traçam rotas circulares pela ilha de Manhattan, carregando viajantes em um eficiente tour pelos destinos mais atraentes da cidade. Eles fazem paradas no Empire State e no Rockefeller Center, na Broadway e na Times Square. Também param para ver os dioramas e os dinossauros do Museu de História Natural e as docerias que se alinham nas ruas de Little Italy. Param no zoológico e no carrossel do Central Park, e no lago cheio de barcos a vela de brinquedo que as crianças pilotam por controle remoto. A parada mais feliz da cidade, contudo, não é em nenhum desses amados pontos turísticos. Não pode ser encontrada em guias de viagem ou a bordo de ônibus de turismo. Mas passar uma manhã inteira lá é ficar imerso na felicidade mais contagiante que a cidade tem para oferecer. Localizado na Worth Street número 141, esse lugar é o Escritório do Escriturário da Cidade, conhecido informalmente como a prefeitura.

Nas manhãs durante a semana, é possível encontrar casais de todas as idades e com todos os históricos fazendo fila para se casar, cercados por amigos radiantes, pais orgulhosos e menininhas pululando em vestidos de cetim. As noivas usam vestidos curtos ou compridos, sáris ou quimonos, roupas de grávida ou macacões. Vendedores de rua oferecem buquês e alianças, caso alguém tenha esquecido. Por muitos anos, para ir ao trabalho eu tinha que passar por essa cena movimentada, e nas manhãs de verão, se não estivesse atrasada, me demorava observando as portas giratórias liberando os recém-casados para o mundo. Alguns erguiam os braços enquanto amigos lhes davam um banho de confete. Outros se beijavam apaixonadamente para uma foto. Um dia, passei bem a tempo de ver uma banda de metais acompanhar um casal dos degraus da prefeitura até um restaurante próximo, onde iam comemorar em um almoço com a família.

Celebrações são o ponto alto da alegria em nossa vida. Comemoramos casamentos e parcerias, vitórias e colheitas, crescimentos e recomeços. Nesses momentos a alegria parece extravasar, e temos uma vontade irresistível de chamar os outros para que se juntem a nós em nosso deleite. Quer seja com uma multidão de centenas no salão de festas de um hotel ou com poucos membros da família em um piquenique no parque, os maiores momentos de alegria nos levam a uma experiência comunitária. Fazemos uma pausa nas atividades diárias para brindar, dançar, comemorar e nos regozijar. Deixamos de lado preferências, desejos e ansiedades pessoais para mergulhar na onda de alegria coletiva.

E por que fazemos isso? Do ponto de vista evolutivo, a comemoração parece bastante fútil. O banquete e a festa desperdiçam energia e recursos valiosos, ao mesmo tempo que nos afastam de nossos empreendimentos produtivos. No entanto, todas as culturas comemoram, assim como algumas espécies de animais. Quando elefantes se reencontram depois de algum tempo separados, eles pisam firme, excitados, urinam, batem as presas, movimentam as orelhas e entrelaçam trombas.[1] Dão a volta um no outro e enchem o ar com o som extático de suas trombas, roncos e rugidos. Lobos também são conhecidos por suas reuniões barulhentas.[2] Eles uivam de maneira exuberante quando a matilha volta a se reunir depois de uma caçada, em um coro harmônico que pode durar dois minutos ou mais. O animal que mais comemora é também nosso parente mais próximo, o chimpanzé. O primatologista Frans de Waal descreveu a típica celebração do chimpanzé, marcando a entrega de galhos frescos de amoreira, faia e liquidâmbar ao seu reduto.[3] Quando os chimpanzés avistaram o cuidador trazendo a comida, começaram a gritar, atraindo a atenção de todos os animais da vizinhança. A isso se seguiu uma onda selvagem de beijos e abraços e um aumento de cem vezes no contato corporal amigável entre os animais. Depois, eles se sentaram juntos para desfrutar da recompensa. As rígidas hierarquias que definem a vida social dos chimpanzés se extinguiram por um tempo e todos puderam participar do festim.

Que nossa propensão à festividade seja compartilhada por essas espécies altamente inteligentes levanta uma intrigante possibilidade. Talvez a celebração não seja apenas uma indulgência prazerosa, mas sirva a um propósito mais profundo na vida. O que a torna única é o fato de ser uma forma distintamente social de alegria. Embora às vezes celebremos sozinhos, dançando ou tomando uma taça de espumante, com mais frequência fazemos isso acompanhados. Em seu melhor, a celebração cultiva uma atmosfera de prazer inclusivo. Quem comemora emite uma energia eufórica, lançando um halo sobre todos os presentes e os conectando à fonte principal de júbilo. O resultado é uma sensação de pertencimento e afinação, em que por alguns momentos todos os indivíduos estão unidos na mesma alegria efervescente.

Essa ressonância emocional nos aproxima, fortalecendo a comunidade e os laços entre ela. Pesquisas demonstram que comemorar eventos positivos com outros aumenta a sensação de que essas pessoas estarão presentes quando enfrentarmos dificuldades no futuro.[4] E isso também aumenta nossa própria alegria. Pessoas que comemoram eventos positivos com outros regularmente são mais felizes que aquelas que guardam as boas notícias para si mesmas;[5] casais que celebram as boas-novas um do outro são mais felizes no relacionamento. Somos até mais propensos a rir na presença de outros.[6] Como Mark Twain colocou: "O pesar cuida de si próprio; mas, para se desfrutar do pleno valor da alegria, é preciso ter alguém com quem a dividir".[7] Celebrar com outras pessoas leva a felicidade de um momento a um nível ainda mais alto.

No entanto, conforme o coração da nossa vida social migra para a internet, encontramos menos momentos e espaços para experimentar esse tipo de alegria. Muitas ocasiões para comemorar foram reduzidas a posts no Facebook dizendo "Parabéns!" ou "Feliz aniversário!", acentuados por emojis de champanhe estourando ou confete — se o remetente não estiver muito atrasado para uma reunião. Na dificuldade de equilibrar trabalho e vida familiar, com o simulacro da conexão providenciado pelas redes sociais, é fácil negligenciar oportunidades de comemoração. Não consigo deixar de pensar o que estamos perdendo quando relegamos esses momentos de festa ao mundo virtual. O que a experiência física de se regozijar com outros tem de especial que apara as arestas da vida em comunidade? E como podemos usar a estética da celebração para cultivar mais alegria compartilhada em nosso cotidiano?

SE REUNINDO

Para o arquiteto David Rockwell, a importância da celebração ficou clara quando ele ainda era jovem. Perdeu o pai quando era pequeno e, depois que a mãe voltou a casar, a família se mudou para uma cidadezinha na costa de Nova Jersey. Algumas de suas primeiras memórias felizes envolvem um espaço vazio acima da garagem que servia como ponto de encontro para as reuniões festivas daquela pequena comunidade. "Estava sempre ocupado com competições de cães que eu fazia com os animais da vizinhança", ele me contou uma tarde, "ou decorado como casa mal-assombrada no Halloween. Ou fazíamos caça aos ovos na Páscoa, ou uma feirinha para recolher fundos para o tratamento da distrofia muscular." Usando objetos garimpados, ele e os quatro irmãos transformavam o espaço com cenários radicalmente diferentes para as festividades. "Sabe aquelas persianas rolô?", ele perguntou. "Com elas, conseguíamos fazer pisos móveis e uma esteira para transportar coisas. Cordas e baldes podiam criar toda uma paisagem acima da cabeça. Era o epítome da minha ideia de alegria."

Essas lições iniciais sobre o poder da experiência comunal continuam a ressoar em Rockwell, depois de mais de trinta anos projetando espaços festivos de reunião: restaurantes como o Rosa Mexicano e o Union Square Cafe; hotéis como o Andaz, em Maui, e o New York Edition; e cenários para peças da Broadway como *The Rocky Horror Show*, *Kinky Boots* e *Hairspray*. "Aprendi cedo, com a morte do meu pai e a mudança, que havia certas coisas que não eram confortáveis, e que criar espaços para a expressão de um momento específico trazia alegria", ele disse. Um comentário surpreendente para um membro de uma profissão que foca tão firmemente na permanência. No entanto, como Rockwell apontou, comemorações podem deixar impressões que duram — às vezes mais do que prédios.

Rockwell estava pensando em criar um ambiente de comemoração em 2008, quando pediram que fizesse o cenário de uma das premiações mais antecipadas e ostensivas do ano: a cerimônia de entrega do Oscar. "Olhando para o Oscar de 1935", ele disse, "o que havia de mais surpreendente era como celebrava a comunidade." Essas primeiras cerimônias não foram realizadas em teatros, mas em hotéis. Embora fossem grandes, tinham uma atmosfera de convívio. Os convidados sentavam em volta de mesas e bebiam champanhe, em vez de ficar em assentos de frente para o palco. Com o tempo, a produção foi transferida para teatros e foi sendo cada vez mais direcionada para a transmissão televisiva. "O que aconteceu foi que o show ficava no palco, enquanto a comunidade ficava ali", disse Rockwell, enquanto rascunhava um desenho em perspectiva do teatro, traçando o abismo entre o palco e o público com uma caneta esferográfica. "A cerimônia se tornou algo ritualizado, que não reconhecia a presença do público." Isso fazia com que parecesse mais uma apresentação que uma festa, situação agravada pelo fato de que as pessoas saíam constantemente do teatro durante os intervalos comerciais para beber, e estrelas que perdiam iam embora assim que os vencedores eram anunciados. No meio da noite, o teatro já tinha metade dos assentos vazios.

"Então arrancamos os seiscentos assentos da orquestra e aproximamos o público, de modo que a experiência fosse sobre ele." Agora meros quatro degraus separavam os convidados dos apresentadores. O palco foi reformado para que a frente ficasse circular, e as fileiras de assentos radiassem a partir dela em anéis concêntricos. Isso aproximou os apresentadores do público e deu à produção um ar mais comunal. Também refletiu de forma inteligente as convenções dos anfiteatros e das arenas esportivas, em que os assentos são dispostos em fileiras arredondadas para possibilitar tanto a visão da ação (seja no campo ou no palco) quanto dos espectadores em volta. Rockwell também sugeriu colocar uma banda no palco para tocar durante os intervalos e que a iluminação fosse mantida baixa, como em uma casa noturna. O resultado foi que os convidados de fato quiseram ficar ali, e muito mais estrelas permaneceram até o fim da noite.

O trabalho de Rockwell no Oscar destaca o fato de que o ingrediente mais importante de qualquer celebração são as pessoas. Emoções são naturalmente contagiosas, e a alegria ainda mais.[8] Nós a "pegamos" um do outro através das emoções faciais, do tom de voz e dos gestos. (Acho que isso ajuda a explicar por que uma cabine fotográfica anima tanto uma festa, em especial se as fotos tiradas forem sendo expostas: ela chama a atenção para os rostos alegres do grupo.) Uma boa festa não só tem uma lista de convidados animados, mas cria condições que potencializam a tendência inerente da alegria de se espalhar.

Se você for o anfitrião de uma festa para assistir ao Oscar, em vez da premiação em si, como pode fazer isso? A conversa com Rockwell me fez perceber que a proximidade física é vital. Em grandes multidões, como em um desfile ou festival, as pessoas trombam naturalmente. Mas em grupos menores a conexão só acontece se houver uma proximidade razoável. Se você já foi a um baile de escola em um ginásio enorme e ficou de pé num canto, se sentindo desconfortável, enquanto esperava algum corajoso animar a pista, sabe qual é a sensação. Ninguém quer que as pessoas se sintam apertadas ou desconfortáveis; você quer tornar as interações inevitáveis. Isso é uma boa notícia para qualquer um que pense não ter espaço suficiente para receber convidados. Na verdade, o problema é quando há espaço demais. Uns anos atrás, ajudei a organizar um evento em um espaço muito grande para a quantidade de pessoas que ia ocupá-lo. Por sorte, um talentoso arquiteto com quem trabalhava deu um jeito de encolher o lugar pela metade usando apenas telas e vasos de plantas. O salão ficou animado e vivo, em vez de esparso e frio.

Outra ideia vem da escritora e diretora Nora Ephron, que considerava a mesa redonda essencial para um jantar festivo, porque reunia as pessoas em uma única conversa. Também permitia aos convidados ver a expressão facial um do outro, de maneira parecida com os assentos dispostos no estilo de anfiteatro para a cerimônia do Oscar de 2008. Um truque relacionado é posicionar um espelho grande no cômodo em que você costuma receber mais gente: ele reflete o grupo e amplifica a atmosfera alegre.

Se você não tem um modo físico de tornar seu espaço mais íntimo, Rockwell diz que é possível conseguir essa transformação com a luz. "A luz define os limites do seu mundo", ele diz. Como vimos na estética da energia, a luz atrai as pessoas, de modo que um forte contraste entre luz e escuridão pode criar um perímetro artificial que mantém os convidados próximos. Você pode fazer isso colocando um pendente baixo sobre a mesa de jantar, por exemplo, ou pendurando luzinhas que delineiem os limites de uma celebração ao ar livre.

Roupas também podem promover a sensação de unidade, do mesmo modo que o espaço. Torcedores vestem uniformes e pintam o rosto de acordo com as cores do time.

Formandos usam beca e capelo. Madrinhas e padrinhos de casamento muitas vezes usam vestidos e buquês, gravatas e flores de lapela parecidos. Mesmo uma simples reunião pode ser transformada em uma ocasião festiva com um tema. Quando todo mundo está usando roupas estilo anos 1980 ou trajes vermelhos e verdes no Natal, há uma sensação de harmonia visual que faz as pessoas se sentirem instantaneamente parte de algo maior do que elas. Quando o grupo adota uma identidade compartilhada, os indivíduos começam a se tratar de modo diferente.[9] Estudos demonstram que, quando acreditamos estar entre pessoas que compartilham uma afiliação, ficamos mais confortáveis de ter menos espaço pessoal e exibimos mais confiança. Nos comportamos menos como desconhecidos e mais como membros de uma tribo.

MÚSICA E DANÇA

Era o verão depois de eu ter completado 21 anos, e eu estava nas nuvens: por três meses, moraria e trabalharia em Paris. Mal falava uma palavra de francês quando cheguei. Embora tenha sido uma aventura excitante, também foi surpreendentemente solitário. Depois do trabalho, eu caminhava pelas ruas no longo crepúsculo, observando os cafés e as pessoas no parque. Então, numa noite de junho, saí do escritório para uma cidade infestada pela música. Havia uma banda de jazz tradicional em Saint-Germain e um coral do lado de fora da Saint-Sulpice, um quarteto de música clássica em um jardinzinho e uma banda de reggae em frente a um café. E havia outros músicos também — não profissionais, só pessoas que tinham um instrumento e sabiam tocá-lo. Eles carregavam seus violões, acordeões e violinos e paravam nas esquinas, preenchendo o ar com uma alegre cacofonia.

O festival com o qual havia deparado era o Fête de la Musique, uma celebração do solstício de verão que transformava o dia mais longo do ano na maior festa da cidade. Melodias e risadas reverberavam pelas ruas. As pessoas dançavam e cantavam junto. Casais mais velhos transformavam os paralelepípedos das ruas em pista de dança, girando juntos em passos treinados, enquanto crianças pululavam em volta deles. Logo eu estava dançando também, ao lado de inúmeros outros espectadores. E, embora estivesse entre desconhecidos, de repente não me sentia tão só.

"A música lava da alma a poeira do cotidiano",[10] escreveu o romancista alemão Berthold Auerbach, ilustrando a maneira como algumas poucas notas podem transformar um cenário comum em uma festa. O ritmo flui por nossos músculos, despertando a vontade de dançar ou só se balançar segundo as vibrações à nossa volta. Na verdade, só ouvir já ativa as centrais de movimento do cérebro, mesmo que o corpo se mantenha parado, motivo pelo qual com frequência nos pegamos batucando ou tamborilando no ritmo sem nos darmos conta.[11] Quando inserida em uma situação social, a música produz efeitos ainda mais misteriosos. Em um estudo patrocinado pela Apple e pela Sonos (duas empresas que admitem interesse em promover o consumo de música), as filmagens de câmeras posicionadas em casas revelaram que seus moradores ficavam 12% mais próximos quando havia música tocando num cômodo.[12] Quando neurocientistas monitoraram pessoas tocando uma breve melodia juntas no violão, descobriram que os padrões de atividade cerebral delas ficaram sincronizados.[13] De modo similar, estudos demonstraram que o canto coordenava os batimentos cardíacos dos membros de um coral.[14] A música parece criar uma sensação de unidade em um nível psicológico.

Cientistas chamam esse fenômeno de sincronia, e descobriram que ela pode motivar comportamentos surpreendentes.[15] Em estudos com pessoas cantando ou se movendo de maneira coordenada com outras, pesquisadores notaram que elas se tornavam significativamente mais propensas a ajudar um colega com a carga de trabalho ou sacrificar seu ganho pessoal pelo benefício do grupo. Quando os participantes se balançavam em cadeiras no mesmo ritmo, desempenhavam melhor tarefas colaborativas do que se o fizessem em ritmos diferentes.[16] A sincronia tira o foco das nossas necessidades e o leva para as necessidades do grupo. Em reuniões sociais grandiosas, isso pode levar a uma sensação eufórica de unidade — chamada de "efervescência coletiva"[17] pelo sociólogo francês Émile Durkheim —, que promove uma imersão de êxtase e altruísmo na comunidade. Através da alegria de cantar a música favorita ou arrasar na pista de dança, nos tornamos mais generosos e afinados com as necessidades daqueles que nos rodeiam.

Isso ajuda a explicar por que a música e a dança são aspectos tão essenciais e duradouros das comemorações. De acordo com o historiador William H. McNeill, o prazer de "manter o mesmo ritmo"[18] teve papel crítico no sentido de permitir aos humanos formar grandes sociedades cooperativas — papel talvez mais importante que o da linguagem. Com as palavras, nossos ancestrais puderam comunicar suas necessidades e concordar sobre regras e objetivos compartilhados. Mas em termos de construir uma harmonia emocional e motivar pessoas a priorizar as necessidades do grupo em vez dos desejos pessoais, a linguagem se mostrou lamentavelmente inadequada. Já a música e a dança semeavam um sentimento de comunidade em nível visceral. Unidas no mesmo ritmo, as pessoas não apenas pensavam em si mesmas como parte do grupo; viam, ouviam e sentiam a harmonia que se estendia para além dos limites do próprio corpo.

Ondas de som e passos de dança não deixam fósseis, então é difícil precisar quando e como nossos antepassados começaram a se unir dessa forma. Mas evidências anedóticas sugerem que cerimônias festivas com canto e dança já aconteciam muito antes do advento da escrita, talvez há 25 mil anos. Uma pesquisa conduzida por Iegor Reznikoff, cientista que estuda acústica na Universidade de Paris, sugere que muitos desenhos de cavernas do Paleolítico Superior eram usados como cenário para celebrações rituais.[19] Um dia, Reznikoff estava cantarolando enquanto caminhava por um sítio pré-histórico e notou que os pontos com a maior concentração de pinturas produziam ecos ressonantes não muito diferentes daqueles de uma capela românica. Medindo sistematicamente o número e a duração de ecos em diferentes lugares em cavernas por toda a França e os montes Urais, ele confirmou que os pontos mais decorados também produziam os ecos mais significativos, indicando que poderiam ter sido cenário de ritos primitivos, escolhidos para amplificar as músicas e os cantos do grupo.

Embora hoje façamos distinção entre rituais religiosos e festividades seculares, na vida pré-histórica a maior parte das celebrações continha elementos de ambos. Antropólogos acreditam que, 8 mil anos antes de Cristo, tais reuniões era uma parte bem estabelecida da vida nas primeiras civilizações do Oriente Próximo e do sul da Europa. Centenas de pinturas nas paredes e peças de cerâmica do período Neolítico contêm representações de figuras dançando, com os braços esticados e as pernas levantadas.[20] Em geral dispostas em roda, às vezes de mãos dadas, a posição corporal parelha das figuras e até o espaçamento sugerem que estavam se movimentando no mesmo ritmo. Algumas usavam máscaras ou cocares, ou agitavam gravetos ou ramos folhosos, em indicações primitivas do tipo de roupa e artefato sagrado que costumam definir as reuniões ritualísticas. O arqueólogo israelense Yosef Garfinkel nota que essas representações de dança são o mais antigo e o mais prevalente motivo da arte neolítica. Se as pessoas não devotavam uma energia significativa à dança durante o período, sem dúvida passavam bastante tempo pensando a respeito.

Por que representações de dança de repente se tornaram tão populares nos primórdios da civilização? Acontece que a onda da dança neolítica coincidiu com uma das mais significativas transições na história da vida humana: da convivência em pequenos bandos de caçadores-coletores a grandes comunidades agrárias.[21] Sem as limitações daquilo que podiam carregar, nossos ancestrais começaram a acumular posses, o que deu início à estratificação social e econômica. Ao se acomodar, as sociedades ganharam em riqueza e segurança, mas com esses benefícios vieram uma série de forças desestabilizadoras — iniquidade, ciúme, isolamento, desconfiança — que as sociedades caçadoras-coletoras tinham até então conseguido evitar. Nesse ponto de inflexão profundo da evolução da civilização humana, Garfinkel sugere, dançar pode ter sido uma alegre "cola" que manteve as novas sociedades intactas.

Até hoje, o ato de dançar e produzir música juntos tem o poder de nos conectar uns com os outros. Isso pode ser visto em casamentos, em que dois grupos diferentes de amigos e parentes se unem na pista de dança. Também se pode ver em festivais, como aconteceu comigo na noite em que dancei com desconhecidos nas ruas de Paris. Acontece até mesmo em protestos, quando as pessoas gritam e cantam em uníssono. As tradições de cantar "Parabéns a você", dançar em roda ou começar um trenzinho em festas podem parecer cafonas. Mas as repetimos inúmeras vezes porque fazem com que nos sintamos conectados em um nível visceral. A essência da celebração é o fato de ser uma forma participativa de alegria, em vez de passiva. A música e a dança engajam o corpo inteiro no júbilo, nos tirando das margens e levando para o centro da ação.

EXPLODINDO DE ALEGRIA

Alguns meses atrás, eu estava dirigindo por uma área abandonada do norte de Nova Jersey quando um vislumbre verde-limão chamou minha atenção. Era um daqueles bonecos de vento, basicamente uma biruta comprida com braços e rosto sorridente, dançando no canto de uma revendedora de carros. Ele se curvava para trás como se estivesse fazendo a dança da cordinha, e balançava os braços no melhor estilo discoteca. Se dobrava sobre si mesmo e então desdobrava, com os braços alegremente abertos. No fim de cada braço um tufo de fitas balançava, como se fossem suas mãozinhas. Era brega e ridículo, mas seus movimentos energéticos me fizeram rir. Em meio a shoppings esquálidos e garagens infinitas de carros velhos, era a coisa mais feliz à vista.

Uma rápida pesquisa no Google revelou que eu não era a única que achava o boneco de vento uma fonte de alegria. Inúmeros vídeos no YouTube mostravam pessoas dançando ao lado de um desses, tentando imitar seus curiosos movimentos fluidos. Alguns até usavam fantasias de bonecos de vento para demonstrar seu entusiasmo. Eu só não conseguia descobrir o motivo. O que havia naquele boneco que promovia aquele tipo peculiar de alegria kitsch e exuberante? Eu pensava nisso sempre que via um, mas foi só quando fiquei sabendo de sua inusitada procedência que comecei a entender melhor seu charme.

O boneco de vento tem só vinte anos, mas para compreender sua gênese temos que ir mais para trás, até o fim da Idade Média, quando as autoridades católicas tentavam reprimir o que consideravam um excesso de festividade nas igrejas locais. Inicialmente, as missas cristãs eram eventos animados. Dançar costumava estar na programação, e até mesmo padres participavam da folia. Como Barbara Ehrenreich aponta no livro *Dancing in the Streets* [Dançando nas ruas], os primeiros festivais medievais se deram dentro de igrejas, que não tinham bancos, deixando bastante espaço para a dança e a confraternização.[22] Os líderes religiosos toleraram esse comportamento durante a era medieval, mas, nos séculos XII e XIII, decidiram tentar controlar o comportamento arruaceiro e impor uma forma mais contida de veneração. Mas eles sabiam que não tinham como se livrar da celebração por inteiro. Então escolheram alguns dias como festivos e permitiram que neles as pessoas se divertissem tanto quanto quisessem — não nas igrejas, mas nas ruas. Longe dos olhos do clero, em alguns dias do ano as pessoas podiam escapar das regras estritas e das hierarquias que governavam a vida feudal, e uma atmosfera de hedonismo desenfreado prevalecia.

Então o Carnaval nasceu, e permanece assim até hoje: o mais selvagem dos festivais, celebrado todo ano em centenas de cidades nos dias que antecedem a Quaresma. Um dos mais exuberantes carnavais da atualidade é o da pequena nação de Trinidad e Tobago. Na capital Port of Spain, rios de foliões com fantasias exuberantes tomam as ruas, dançando e cantando no ritmo do calipso e da soca, em uma tradição local conhecida como *mas*. Diminutivo de "masquerade" [baile de máscaras], é um tipo de escultura viva que existe com o único propósito de animar a festa. Um ano, o desfile contou com mais de 3 mil dançarinos usando enormes asas de borboleta de todas as cores imagináveis, batendo alegremente no ritmo dos tambores. Outro ano, os foliões dançaram sob um dossel multicolorido que parecia se estender por quilômetros, ondulando com os movimentos das pessoas abaixo. Eles usavam colares enormes feitos de camadas de tecido branco, que envolviam seus corpos como água.

Embora esses desfiles pareçam espontâneos, os mais elaborados podem implicar meses de planejamento cuidadoso. Isso significa que, para alguns artistas, o Carnaval é mais que um feriado: é um estilo de vida. O mais famoso deles é um homem chamado Peter Minshall, que começou a carreira trabalhando no teatro e deixou Trinidad ainda jovem para estudar em Londres. Em 1973, ele tinha acabado de desenhar os cenários e os figurinos de uma produção de *A bela e a fera* da Companhia Escocesa de Balé quando sua mãe lhe pediu que voltasse a Trinidad para desenhar a fantasia da irmã mais nova dele, que seria a rainha do Carnaval juvenil. Minshall obedeceu, produzindo uma roupa de beija-flor iridescente com camadas em verde, azul e violeta que brilhavam ao sol. Foram necessárias doze pessoas e cinco semanas para que ficasse pronta, mas a fantasia foi um sucesso instantâneo. Décadas depois, o trabalho de Minshall se tornou sinônimo do Carnaval de Trinidad, de modo que ele é conhecido como "o homem da *mas*".

"A *mas* é uma expressão poderosa e comunicativa da energia espiritual e física dos seres humanos",[23] Minshall disse. O que ele faz é canalizar a liberação natural de energia e expandi-la, usando elementos de tamanho desproporcional para amplificar o corpo dos foliões, às vezes deixando-o inúmeras vezes maior que a escala humana. Uma de suas rainhas do Carnaval, apropriadamente chamada *Joy to the World* [Alegria ao mundo], usou asas de anjo magníficas com uma pintura de aquarela que se espalhava por seu corpo como uma aura colorida. Outro ano, o destaque do festival foi um personagem chamado *Firebird from Paradise* [Ave de fogo do paraíso], um homem vestido de dourado e adornado com enormes plumas vermelhas e laranjas, como se sua roupa estivesse produzindo fogo. Com o tempo, Minshall inventou mecanismos engenhosos que transformavam suas fantasias em uma espécie de marionete dinâmica. Foi o caso do personagem *Merry Monarch* [Monarca feliz], um esqueleto gigante com mais de 4,5 metros que tinha cabelos crespos multicoloridos caindo em cascata pelas costas e cujos ossos eram pintados com listras coloridas. O que a princípio parecia uma peça do cenário na verdade era usado por um dançarino que ficava abaixo dele, controlando a marionete gigante com varas ligadas a seus pés e pulsos. Cada movimento do dançarino era ecoado em escala maior pela enorme marionete.

Observando os foliões nessas criações deslumbrantes, me dei conta de que as fantasias de Minshall não se resumem a algo grande e chamativo. São projetadas com inteligência para amplificar a forma natural do corpo em estado de intensa alegria. Em um momento como esse, nosso corpo se abre.[24] Erguemos os braços em triunfo. Pulamos com as pernas abertas em júbilo. O corpo vai de pequeno a grande conforme a alegria corre do centro do coração para nossas extremidades. E é exatamente isso que as criações de Minshall fazem. Comentando sobre a fantasia de beija-flor que criou para a irmã, ele disse uma vez: "A princípio, ela não parecia nada. Só um pequeno triângulo azul e turquesa balançando entre as carruagens com plumas e brilhos, uma pequena barraca dançando por aí. Então o beija-flor ganhou vida, como uma safira explodindo".[25] Com asas e penas, leques e babados, as criações de Minshall traçam linhas radiantes a partir do corpo como luz emanando de uma estrela.

Formas radiantes há tempos são parte do figurino comemorativo em diferentes culturas. O traje tradicional festivo do povo waghi de Papua-Nova Guiné inclui um enorme cocar feito de penas de quatro tipos diferentes de aves-do-paraíso.[26] Em Burkina Fasso, membros do povo bobo usam máscaras funerárias feitas de fibras longas e retorcidas de cores vivas, como vermelho ou roxo, que ficam penduradas pela extensão do corpo.[27] Quando agitadas pela dança, as fibras criam um movimento giratório espetacular e selvagem cuja intenção é afastar os espíritos malignos. Um exemplo mais atual e americano são os pompons que as animadoras de torcida agitam. Os adornos fulgurantes chamam a atenção, atraindo o olhar do espectador para as extremidades do corpo e maximizando o impacto da comemoração. Ao potencializar os gestos intrínsecos à celebração, esses figurinos e acessórios tornam a alegria dos foliões mais visível e contagiosa em meio à multidão.

Como a rolha de champanhe saindo, movimentos de explosão sugerem a liberação de uma energia sob pressão, que espelha o repentino extravasar de alegria durante uma celebração. Não surpreende que com frequência usemos elementos com esse ímpeto para criar um clima de comemoração. Fogos de artifício são mestres nisso — historiadores acreditam que sejam usados desde o ano 200 a.C., com origem na China. Os primeiros eram apenas pedaços de bambu jogados em uma fogueira.[28] Conforme os bolsos de ar naturais do bambu se expandiam, soltavam um estouro alto que, conforme a crença da época, podia espantar os maus espíritos. Alquimistas chineses acrescentaram a pólvora e na década de 1830 artesãos italianos acresceram cor, resultando nos estouros e brilhos deslumbrantes que os americanos agora associam com o Dia da Independência. Os punhados de arroz que se costuma jogar nos recém-casados ou os confetes que atiramos ao ar são maneiras mais simples de atingir o mesmo efeito. Algumas flores, como a do alho e a de cenoura selvagem, têm essa forma explosiva, assim como pompons e borlas, que podem dar um toque comemorativo à decoração de festas e espaços cotidianos.

A qualidade expansiva da estética da celebração reflete o fato de que nos arroubos da folia encontramos um espaço não apenas de comunhão, mas também de liberação: uma sensação de que a alegria transborda de nós, rompendo limites e trazendo à tona nosso verdadeiro eu. O Carnaval oferece um alívio das restrições do dia a dia, permitindo que emoções em geral sufocadas possam emergir. Ainda que, como a explosão de fogos de artifício, isso possa ser um pouco volátil, não acho que nos damos conta de quão necessária para o bem-estar é a liberação visceral de uma festa como o Carnaval. Sem ela, fica fácil nos convencermos de que a persona responsável, racional e profissional que incorporamos a maior parte do tempo é a soma total de quem somos. A batida regular de tambor das celebrações primitivas servia não apenas para conectar as pessoas umas às outras, mas também para lhes dar acesso a um lado mais efusivo e instintivo delas mesmas. Como as redes sociais controlam nossa identidade, há um desejo crescente por espaços que nos permitam escapar das restrições que definem tanto da nossa existência. O apelo atemporal do Carnaval e a popularidade crescente de festivais como o Burning Man consistem no fato de que, na explosão selvagem de emoção da multidão, nos sentimos livres para ser quem quisermos.

Sob essa luz, artistas carnavalescos como Minshall desempenham um papel importante na cultura, criando oportunidades para essa liberação extasiante de energia. Seu trabalho manifesta a emoção da ocasião de modo tangível, facilitando uma espécie de catarse coletiva. Talvez seja por isso que, em meados dos anos 1990, o trabalho de Minshall tenha chamado a atenção de profissionais envolvidos no planejamento da Olimpíada de Atlanta.[29] Se alguém sabia como criar uma alegre celebração para milhões de pessoas no mundo todo, era ele, que foi contratado como diretor artístico da cerimônia de abertura. Para esse evento, Minshall desenhou uma série de esculturas dinâmicas maiores que qualquer coisa já criada por ele. Eram como suas marionetes gigantes, mas, em vez de operadas por dançarinos, seriam propelidas pelo ar. Para trazê-las à vida Minshall se voltou a Doron Gazit, artista de Los Angeles, que usou um mecanismo de ventilador para criar as figuras dançantes. As esculturas resultantes, que Minshall chamou de *Tall Boys* [Garotos altos], tinham quase vinte metros de altura e dançavam em êxtase, os corpos balançando e gingando como os dançarinos de Trinidad que tomavam as ruas no Carnaval.

A cerimônia de abertura foi um sucesso. Depois, Minshall voltou a Trinidad e continuou sonhando com performances de Carnaval cada vez mais grandiosas. Enquanto isso, Gazit decidiu patentear a tecnologia das esculturas infláveis, licenciando-a para shows do intervalo e eventos corporativos. As imitações começaram a aparecer, e logo havia homens de vento se agitando em estacionamento de shoppings, dançando do lado de fora de lojas de eletrônicos e sambando perto de bancas de hortifrúti, onde costumam fazer jornada dupla como espantalhos.

Bonecos de vento podem ser cafonas, mas, com sua dança incansável, concentram a exuberância inebriante do Carnaval e a levam aos cenários mais improváveis. Conforme repetem seus gestos expansivos de celebração de novo e de novo, nos dão um lembrete excêntrico de que a alegria pode surgir a qualquer momento.

FAÍSCA E CLARÃO

Num Dia da Independência alguns anos atrás, me vi em um avião, decolando do JFK. Sempre amei olhar pela janela durante voos noturnos, conforme a aeronave levanta e se afasta das luzes brilhantes do panorama urbano. Mas aquela noite, enquanto pressionava o nariz contra a janelinha redonda de plástico, notei algo ainda mais espetacular: pequenos estouros de fogos de artifício coloridos se espalhando pela paisagem. A princípio, vi apenas uma sequência deles perto d'água, onde o oceano escuro encontra a terra iluminada. Conforme o avião subia, no entanto, os fogos passaram a estar em toda parte. Cada comunidade tinha seu próprio show: dos parques do Brooklyn às cidades costeiras de Long Island, as faíscas brilhantes faziam o mundo parecer efervescente.

Do momento em que nossos ancestrais dançaram pela primeira vez em torno do fogo, com cinzas cintilando no céu escuro, celebrações nos inspiraram a iluminar a noite. De fogos de artifício a lanternas, de velas de bolo a fogueiras, ocasiões festivas afastam as sombras e abrem espaço na escuridão para a alegria. É difícil imaginar agora, em um mundo tomado pela energia elétrica, como era raro e especial ver o mundo iluminado à noite. Mas até o advento dos postes de rua a gás, no começo do século XIX, a maior parte das cidades ficava completamente escura depois do pôr do sol. Só em ocasiões especiais, como no aniversário do imperador na China ou nos dias santos na Europa, as pessoas viam luz à noite na era medieval.[30]

A interação dinâmica entre luz e escuridão permanece um traço definidor de nossas celebrações. Embora pudéssemos encher nossas festas de claridade se assim quiséssemos, a luz forte e constante costuma acabar com o clima. Em vez disso, somos atraídos por luzes que lampejam, dançam e, acima de tudo, faíscam. "A faísca acorda o olho", disse David Rockwell, que encomendou uma cortina com 200 mil cristais Swarovski para o Oscar, criando um pano de fundo cintilante para as joias brilhantes usadas pelos convidados. Uma pequena faísca é capaz de tornar uma experiência imediatamente mais festiva, seja na decoração cintilante, seja acendendo velas de estrelinhas numa noite de verão.

No entanto, de acordo com Rockwell, a faísca é um elemento em declínio em nossa vida. "Acho que há uma conexão muito próxima entre a faísca e o clarão, como entre o amor e o ódio", ele disse. Ambos vêm de superfícies brilhantes e reflexivas, mas, enquanto o clarão é duro e distrai, a faísca é mais delicada e viva. "Com as telas e o LED, há uma tendência a ler o ambiente de maneira muito chapada", Rockwell explica. "Acho que o mundo se tornou mais indistinto por ter eliminado a faísca em sua tentativa de eliminar o clarão." Ele acredita que isso pode explicar por que as experiências digitais dificilmente são tão festivas quanto as pessoais. "A faísca não existe nesse mundo", ele disse, gesticulando para o próprio telefone, "porque é filtrada pela tela."

Como recapturamos a faísca? Conforme eu pensava na alegria dos fogos de artifício, me dei conta de que ela nada mais é que uma explosão de luz. O prazer dos fogos de artifício é passageiro, mas podemos criar uma versão mais duradoura dele com elementos que capturam a qualidade explosiva da luz em forma estática. Os lustres da Metropolitan Opera House de Nova York, por exemplo, figuram padrões de cristais cintilantes que à distância lembram galáxias. Os "sputniks",[31] como são carinhosamente chamados, foram inspirados em parte por um livro sobre o Big Bang. Talvez eles sejam uma das razões por que sempre parece tão excitante ir a uma apresentação no Met, ainda que, como eu, você não seja muito fã de ópera. Versões menores desses pa-

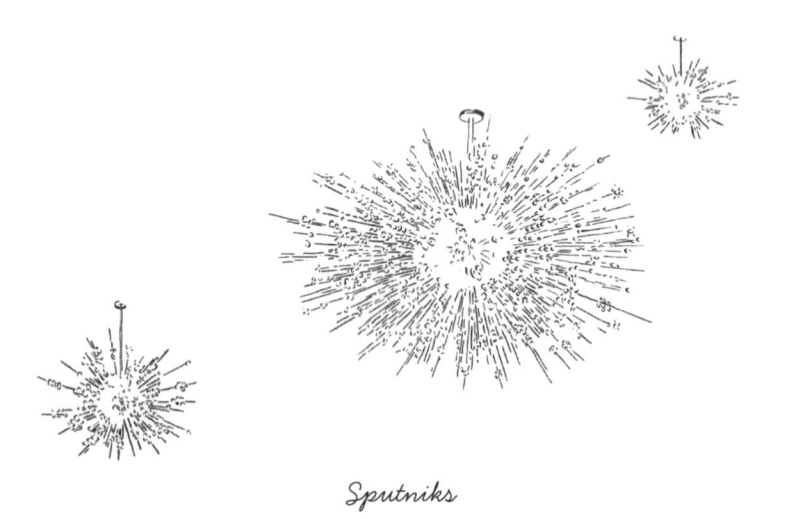

Sputniks

drões de cristais cintilantes podem criar uma atmosfera festiva em casa. Para algo mais anos 1970, um globo de discoteca espelhado pode refletir a luz de um modo animado.

Materiais reflexivos de todos os tipos podem criar faíscas: guirlandas e fitas metálicas, festões, lantejoulas, strass, lamê e, é claro, purpurina. "O glitter celebra", a falecida atriz e escritora Carrie Fisher disse uma vez em uma entrevista. "É feliz. Faz parecer que você está a fim de se divertir."[32] Ativista fervorosa da saúde mental, Fisher era conhecida por usar purpurina quando estava se sentindo para baixo, como uma maneira de se animar. Quando dava autógrafos, às vezes jogava uma pitada de brilho nos fãs. Sou testemunha do poder da purpurina de criar uma sensação festiva. Comprei há pouco tempo um par de sapatos cobertos de glitter dourado. Embora minha intenção fosse usá-los em ocasiões especiais, comecei a fazê-lo quando ia resolver pendências na rua, para animar dias comuns. Descobri que as pessoas olham para os sapatos e sorriem como se assumissem que estou comemorando alguma coisa. O que, em troca, faz com que eu sinta que estou mesmo.

A GAROTA DAS BEXIGAS

Jihan Zencirli nunca esperou que algo fosse surgir de seu gosto por bexigas. A primeira vez foi um presente de aniversário para a melhor amiga. Ela encomendou uma bexiga gigante de uma loja da Etsy e fez uma borla grande e colorida com retalhos de tecido e fitas que tinha em casa. Então a encheu de hélio, prendeu a borla e marchou com a criação pelas ruas até a festa. Com quase um metro de diâmetro, o balão flutuava acima dela como uma lua festiva.

"Cheguei cedo, umas seis e meia", Zencirli lembrou. "A frente do restaurante estava cheia de casais mais velhos e famílias." Ela riu ao relembrar os rostos espantados, os pescoços se virando para olhar melhor, os sorrisos e os olhares. As pessoas ficaram ainda mais surpresas quando ela entrou no restaurante. Dentro do espaço, a enorme bexiga parecia não a lua, mas o sol, o foco em torno do qual toda a atividade girava. Ela a prendeu à cadeira da melhor amiga. "A noite toda, as pessoas paravam para conversar com ela e perguntavam da bexiga. Se tornou uma parte importante da nossa noite." A reação à bexiga causou uma impressão indelével em Zencirli. "Foi a primeira vez que experimentei como era ter alguma coisa que chama tanto a atenção", ela disse. "Eu via as pessoas olhando para minha amiga e para esse objeto que lhes trazia tanta alegria."

Depois disso, Zencirli começou a carregar balões com frequência. Ela dirigia um fusca que tinha o porta-malas perfeito para guardar uma única bexiga gigante, então todo dia enchia uma e a levava consigo. "Virei a garota das bexigas, e as pessoas da vizinhança me reconheciam na rua", contou. Um dia, uma mulher que havia visto Zencirli com uma bexiga em um bar foi atrás dela com o carro na rua e implorou que levasse suas criações para uma festa que ia dar em comemoração ao aniversário do marido. Ela empurrou um punhado de notas pela janela da suv. Foi a primeira encomenda de Zencirli.

Sobrecarregada, ela montou uma caravana com sete amigos para ajudá-la a levar todas as bexigas para o evento. Acabou sendo um sucesso, e Zencirli logo conseguiu outros clientes. Naquela época, ela ainda tinha um trabalho em tempo integral, e a produção dos balões era um projeto paralelo. Ela abriu um site simples, Geronimo Balloons, com pagamento pelo PayPal. Não havia nem fotos nele. Então um blogueiro conhecido de Los Angeles escreveu sobre suas bexigas gigantes, e no dia seguinte Zencirli acordou com 30 mil dólares em novos pedidos. "De bexigas!", disse, ainda incrédula. Ela não tinha nem pensado em incluir os impostos no valor.

A partir disso a Geronimo Balloons explodiu. Zencirli refinou o design, produzindo as borlas de franjas de papel de seda, às vezes acrescentando elementos dourados ou prateados. As bexigas se tornaram as queridinhas dos organizadores de eventos e editores de revistas, e com frequência eram vistas sobre a cabeça de futuras mamães em chás de bebê ou substituindo as flores ao longo do corredor em cerimônias de casamento. O preço era alto, entre cinquenta e 75 dólares por bexiga, mas cada uma era tão enorme e festiva que podia transformar uma sala sozinha. "As pessoas ficam tão felizes em recebê-las que nunca recebi uma reclamação", Zencirli disse. Ela acabou pedindo demissão, se mudou para Los Angeles e contratou uma equipe para atender a demanda. Agora, alguns anos depois, bexigas gigantes com borlas decoradas se tornaram lugar-comum, e Geronimo é meio que sinônimo delas.

Assisti à proliferação da Geronimo Balloons com interesse e um pouco de curiosidade. Uma bexiga de hélio é alegre por si só — ao mesmo tempo transcendente e brincalhona —, mas fazer uma maior e acrescentar uma rabiola de fitas leva a diversão a outro nível. Comecei a notar que objetos desproporcionalmente grandes costumam aparecer em contextos comemorativos. Nos parques de diversões, quando as pessoas ganham no jogo da argola ou acertam a bola no buraco certo, o prêmio é um bicho de pelúcia gigante, às vezes maior do que o ganhador. E nas cerimônias para os sortudos da loteria que às vezes são transmitidas pela tv local, sempre é entregue um cheque enorme representando a quantia em questão. Uma garrafa *magnum* de champanhe é mais festiva que duas garrafas comuns, assim como uma limusine em comparação com dois carros. No Natal, algumas pessoas levam uma árvore inteira, em tamanho natural, para dentro de casa — quanto maior, melhor. Mas por que coisas em tamanho aumentado parecem mais alegres?

Elementos em larga escala sinalizam que algo diferente e importante está acontecendo na vida da comunidade. Bexigas, números (em uma festa de aniversário), corações (no Dia dos Namorados), blocos de brincar (em chás de bebê) e outros objetos gigantes se destacam por suas diferenças em relação à decoração cotidiana. Refeições em tamanhos maiores também desempenham esse papel, com a vantagem de poderem ser compartilhadas. Como Julia Child notoriamente disse: "Uma festa sem bolo é só uma reunião". Um porco assado, uma tigela de ponche, uma fonte de chocolate ou champanhe são outros exemplos de comida e bebida escalonados para criar um foco de celebração. O mesmo princípio se aplica a roupas, em especial para mulheres. Na corrida de cavalos Royal Ascot, em Londres, elas usam chapéus enormes, decorados com penas e laços. Alguns homens usam cartola. Se esse tipo de evento não está na sua programação, um maxicolar, uma coroa florida ou um anel de pedra grande são outros toques festivos desproporcionais.

Coisas grandes expressam uma grande alegria. Funcionam como um núcleo para a festividade, um farol que atrai as pessoas. É fácil subestimar a importância disso. Há pouco tempo, eu estava relembrando velhas histórias com uma amiga quando percebemos que em determinado ano de nossa infância nossas famílias de repente extinguiram a árvore de Natal. Embora continuássemos cantando músicas típicas, pendurássemos luzinhas e abríssemos presentes nos anos que se seguiram, a celebração nunca pareceu tão alegre quanto nos anos anteriores. Sem um foco, a comemoração não tem centro de gravidade. Ao longo da história, as âncoras tangíveis da celebração — fogueiras, festins, mastros e desfiles de carro alegórico — tiveram um poder magnético de nos manter fisicamente próximos. Elas nos fazem esquecer as preocupações e diferenças, nos sustentam na alegria do momento.

Nos últimos anos, Jihan Zencirli expandiu a estética da celebração. Ela reduziu as vendas diretas e no atacado, deixando o mercado de bexigas gigantes com borlas para seus imitadores, e começou a criar instalações em grande escala. Para o décimo aniversário do blog de uma amiga, ela cobriu a fachada de um prédio em San Francisco com uma enxurrada de bexigas multicoloridas. Elas caíam do telhado como espuma multicolorida transbordando da banheira, roçando o toldo do mercado de hortifrúti três andares abaixo. Para celebrar a Parada do Orgulho Gay de Nova York, em 2017, Zencirli criou uma enorme parede de arco-íris, com mais de 10 mil balões de diferentes tamanhos e tons. Na fachada da Hollywood Sunset Free Clinic, um estabelecimento de saúde sem fins lucrativos em Los Angeles, ela fez uma instalação surpresa apenas por diversão; dava a impressão de que o prédio tinha sido enfeitado com chicletes e doces.

Zencirli é contratada por empresas e indivíduos, em geral para comemorar ocasiões significativas como aberturas ou aniversários. Mas ela tem uma regra firme: só trabalha em lugares visíveis para o público — nunca em casas ou jardins particulares —, para que os transeuntes possam ter a chance de experimentar a alegria resultante de seu trabalho. Parece um gesto tão singular e generoso, mas em grande parte da história humana a celebração foi algo público. Das fogueiras comunitárias às igrejas e às ruas, uma festa para um implicava um festival para todos. Tornando pública uma parte de cada comemoração, Zencirli a vira do avesso. A festa não é mais exclusiva de seus anfitriões e dos poucos sortudos na lista de convidados. Está lá para todo mundo aproveitar.

No coração da comemoração há certo paradoxo matemático: quanto mais compartilhamos alegria, mais ela cresce. A implicação disso é que deveríamos administrar a alegria de um jeito completamente diferente de como administramos o dinheiro. Deveríamos gastá-la em toda chance que tivermos. O que a celebração faz, com música e fogos de artifício, bexigas gigantes e purpurina, é transmitir nossa alegria ampla e longamente, para que outros possam se juntar a nós. Porque, quanto mais generosos somos com ela, mais temos dela para nós.

* 10. Renovação *

Dia 24 de março de 2012: meu aniversário de 32 anos, e quando o formigamento começou. No começo, eram só como alfinetadas no gordinho do pé esquerdo, como se minhas pernas tivessem adormecido. Eu movimentava os dedos e girava o tornozelo, então a sensação passava. Mas voltou inúmeras vezes nos próximos dias, às vezes em um pé, às vezes em outro. Ocasionalmente, eu me agachava para sentir o pé e ele estava adormecido. Se fosse esperta, teria marcado uma consulta naquele dia, ou ligado para meus pais, ambos médicos. Em vez disso, tentei ignorar e me atirei no trabalho.

Era um bom lugar para se esconder. Eu tinha um emprego que amava e uma equipe entusiasmada, feliz em ficar até tarde para concretizar os projetos mais complicados com que qualquer um de nós já havia se envolvido. Eu tomava café, almoçava e jantava na mesa do escritório na maior parte dos dias, ou fazia a refeição direto da embalagem no aeroporto ou em carros alugados. Respondia aos clientes assim que acordava e antes de apagar as luzes à noite. Desse modo, conseguia me esconder do aplicativo de relacionamentos cheio de perfis de homens que eu tinha certeza de que seriam tão avessos a compromisso quanto o último com quem eu havia saído. Conseguia escapar da enxurrada de convites de casamento e anúncios de gravidez que enchiam minha caixa de mensagens, lembretes de que meus amigos viviam "como adultos", algo que eu mesma não parecia capaz de fazer. E conseguia evitar os folhetos sobre congelamento de óvulos que minha ginecologista me entregara na última consulta, os quais ainda não tivera coragem de olhar. Mas não conseguia me esconder do meu corpo, que insistia em ir comigo onde quer que eu fosse e enviar ondas de alfinetadas para minhas extremidades várias vezes ao dia. Se a causa fosse algo terrível, eu ainda não estava pronta para ouvir. No entanto, a mensagem geral era clara: eu estava estagnada.

Sonhamos com um tipo durável de felicidade, um estado de êxtase que, uma vez encontrado, tem a consistência do granito. E, embora haja muito que possamos fazer para recriar um reservatório de alegria que nos ajude a amplificar os altos e abafar os baixos da vida cotidiana, às vezes precisamos aceitar que a alegria se movimenta de um jeito imprevisível em nossa vida. Sempre haverá aspectos fora do nosso controle: as demandas dos chefes e clientes, os humores dos parceiros e familiares, as flutuações da economia, da política, do tempo. Desafios aparecem de fontes inesperadas. As coisas que desejamos nem sempre chegam no momento que reservamos para elas. Às vezes, mesmo que consigamos aquilo que almejamos, não ficamos felizes como havíamos imaginado. Nesses momentos é fácil se sentir um pouco perdido ou empacado, ou ter a sensação de que a alegria de alguma forma nos esqueceu ou passou batido por nós.

Era assim que eu me sentia há seis anos, quando ia e voltava do trabalho todos os dias esperando que num golpe de sorte minha vida fosse transformada no que sempre sonhei que seria. Não foi o caso, mas outra coisa aconteceu. Me pediram para dar um workshop em Dublin, e vi nisso uma oportunidade de viagem de fim de semana. Quando estava verdadeiramente animada com a aventura, cancelaram o evento. Eu já tinha passado muitas horas acordada até tarde procurando pousadas no interior da Irlanda, e quando cheguei em casa aquela noite vi os sites ainda abertos no navegador. Conferi as minhas milhas e, sem pensar, segui em frente com a viagem.

O nordeste ainda estava aconchegado sob o manto cinza do inverno, mas o resto da Irlanda já estava de um verde fluorescente, com a chegada da primavera. Não havia superfície que não estivesse coberta de grama ou líquen, ou ramo desprovido de uma corola de folhas. Samambaias nasciam de tufos de musgo oliva nos troncos das árvores cobertos de algas. A grama subia na direção do céu, indecorosamente. As lentilhas-d'água ignoravam os limites de seu lugar, traçando um caminho rendado até as entradas de carro, num carpete alegre e pantanoso. Na minha primeira tarde lá, ficava esfregando os olhos o tempo todo. Parecia que havia entrado em um clichê de sonho.

Nos dias que se seguiram, explorei a paisagem verdejante em caminhadas preguiçosas com Dumpling, o terrier hedonista do dono da pousada, cujo corpinho baixo desaparecia em meio ao mato cheio de dentes-de-leão e reaparecia salpicado nas bordas lamacentas da lagoa. Quando me cansava, me recolhia em um canto da biblioteca com um bule de chá forte e fatias grossas de pão preto, com as janelas mais parecendo um papel de parede verde. Então voltava para o frenesi de clorofila: esmeralda e jade, verde-mar e menta.

Quando embarquei no voo de volta, me sentia uma pessoa diferente. Sabia que estava regressando à mesma vida que tinha deixado para trás alguns dias antes. Meus pés ainda formigavam, tinha um verão cheio de casamentos pela frente e ninguém para me acompanhar. Mas estava esperançosa como não ficava havia muito tempo. Me peguei pensando nas coisas que minha falta de apego na época me possibilitava fazer. Passei sábados inteiros lendo revistas na cama sem culpa, me inscrevi para fazer aula de dança caribenha, comecei a planejar minha próxima viagem sozinha. Por fim, criei coragem para ir à médica e descobri que o formigamento era benigno — um sintoma de ansiedade que começou a aliviar quase no mesmo instante em que as palavras saíram da boca dela.

No capítulo sobre liberdade, vimos como a natureza pode restaurar nossos recursos emocionais, repondo as reservas que a vida cotidiana esgota. Isso era parte do efeito que eu havia experimentado na Irlanda, com certeza, mas a sensação era mais ampla e profunda. Não se tratava apenas de restauração, mas de uma renovação completa. Em vez de me sentir sobrecarregada com tudo o que eu desejava e não conquistava, era como se a lousa tivesse sido apagada e eu estivesse recomeçando de onde estava, imperfeita, mas completa.

Encontramos a alegria da renovação em muitos momentos e contextos diferentes. Superar um vício ou descobrir uma nova fé pode culminar numa sensação de renovação, de renascimento. Experiências de quase morte também podem fazer isso, tal qual ter uma segunda chance depois de um erro terrível. Um momento de renovação comum surge quando filhos ou netos nascem: as pessoas costumam descrever o prazer de redescobrir o mundo através dos olhos inocentes de uma criança, com a chegada de uma nova onda de admiração diante de alegrias já conhecidas. Também há muitos momentos menores que nos dão a sensação de novidade e potencial. Um bom corte de cabelo pode fazer isso, assim como uma leva de roupas recém-lavadas ou um banho quente com uma esponja de esfoliação. A limpeza pode ser um caminho para a renovação. Um dos meus dias favoritos do ano é quando uma tropa de homens se balançando em cordas como se fossem Tarzan chega para lavar as janelas do meu prédio, e eu passo a ver um mundo fresquinho que tinha escapado da minha memória.

Assim como há momentos pessoais de renovação, também há coletivos; a primavera na Irlanda, com seu verde hiperbólico, sem dúvida é um deles. Me fez pensar nas palavras do poeta místico persa Jalaluddin Rumi:

> *We began*
> *as a mineral. We emerged into plant life*
> *and into the animal state, and then into being human,*
> *and always we have forgotten our former states,*
> *except in early spring when we slightly recall*
> *being green again.*[1] *

A primavera restaura nossa consciência do tempo e, mais ainda, da possibilidade. O degelo da terra dura, o fluxo da seiva, a explosão de milhões de botões — à medida que a terra lenta acelera, sentimos a energia do recomeço no entorno, e nossa atenção se volta para o futuro. Somos lembrados de como é excitante saber que a alegria vem correndo na nossa direção, e de que devemos esperá-la de braços abertos.

* "Começamos/ como mineral./ Emergimos em forma vegetal/ e estado animal, então em seres humanos,/ e sempre esquecemos nossos estados anteriores,/ exceto na chegada da primavera, quando lembramos vagamente/ que somos verdes de novo." (N. T.)

Encontrar a felicidade não é questão de criar uma experiência perfeitamente equilibrada do mundo, em que a tristeza nunca se intromete. É questão de pegar a onda da alegria, tentar descobrir como se levantar depois de ser derrubado. Na renovação, encontramos uma espécie de resiliência, uma habilidade de se recuperar das dificuldades reacendendo o otimismo e a esperança que surgem dentro de nós quando acreditamos que a alegria vai voltar. O que descobri na Irlanda foi uma paisagem que me fez sentir renovada por dentro. Me perguntei que outras paisagens teriam aquele efeito, e se existem qualidades que podemos importar para nosso entorno para cultivar momentos de renovação na vida cotidiana.

NEVASCA DE FLORES

A frente de flores se move para o norte através do Japão, como uma maré cor-de-rosa, começando na ilha de Okinawa em fevereiro, varrendo o arquipélago e por fim alcançando as montanhas de Hokkaido em algum momento de maio. A previsão das cerejeiras em flor parece o típico mapa do tempo, mas em tons de rosa e fúcsia. Retratam a florescência gradual do país em faixas rosadas. Em cada prefeitura, meteorologistas estudam os botões nas árvores de amostra designadas, oferecendo atualizações diárias da projeção de tempo para a florada do ano. O primeiro dia da estação das cerejeiras é anunciado quando há cinco ou seis flores abertas na árvore de amostra. A florada dura quase duas semanas.

Como a previsão do tempo, a projeção da florada é conhecida por ser pouco confiável, e foi com receio que pousei no aeroporto Narita no fim do dia 3 de abril, quase uma semana depois do pico previsto em Tóquio. Na viagem de trem para a cidade, fiquei olhando pelas janelas à procura de sinais de que não estava atrasada demais, mas vi só o borrão da neblina da tempestade que havia passado e o reflexo das luzes do trem no vidro. Logo estava em Shibuya, saindo da estação para o caos de luzes e gente. Procurei por árvores em meio aos prédios e placas, atravessando a multidão de passageiros e jovens animados. Nada. Foi só quando subi as escadas de uma passarela carregando a mala que avistei um pequeno aglomerado de cerejeiras, cheias do que pareciam ser bolas de algodão, iluminadas pelo brilho das placas de LED. Corri na direção delas, ouvindo o som das rodinhas da mala logo atrás, com o rosto radiante. Então eu não tinha chegado tarde demais.

Acordei na manhã seguinte em uma paisagem que parecia ter se aberto, como um sofá com o estofado saindo. Nas ruas estreitas ao longo do rio Meguro, margeado de ambos os lados por cerejeiras, galhos escuros carregados de flores pendiam sobre a água, lançando reflexos rosados na superfície verde-amarronzada. Havia flores por toda parte, leves e espumosas, às vezes emergindo das laterais dos troncos. Lanternas cor-de-rosa haviam sido penduradas na rua, e barracas temporárias vendiam taças de espumante rosê nas calçadas. Nos restaurantes, pétalas de cerejeiras eram esmagadas nos *mochi*, bolinhos de arroz doce, e infundidas no chá gelado. Nas lojas de conveniência, encontrei Kit Kat rosa-claro e Pepsi de flor de cerejeira, com uma tonalidade chocante que quase parecia brilhar. As pessoas caminhavam aturdidas enquanto pétalas caíam suavemente à sua volta, ondeando e tremulando. Os lixeiros de uniforme azul estavam cobertos delas. Um executivo por quem passei tinha uma pétala grudada bem no meio da testa.

A abertura das flores das cerejeiras, ou *sakura*, cria uma espécie de frenesi no Japão. No breve momento em que essas árvores estão floridas, uma cultura conhecida por sua reserva e discrição se abre e se torna mais leve. Os japoneses se atiram na alegria efervescente do período, tirando uma folga do trabalho para se reunir para o *hanami*, um tradicional piquenique para observar as flores, que data do século VIII. No parque Ueno, onde há mais de mil cerejeiras, homens de terno e mulheres de vestido deitam sobre lonas azuis ou verdes e ficam olhando para as copas. Grupos de amigos se reúnem para rir e conversar, se alternando para tirar fotos uns dos outros, com o rosto perto das flores. Crianças se esticam para pegar as pétalas que caem. Uma garotinha deitou de costas e mexeu os braços como se estivesse fazendo um anjo na neve. Com as cerejeiras em flor, as pessoas tiram suas máscaras, sorrindo amplamente nos parques e nas ruas.

Assistir ao país mergulhando de cabeça no deleite da *sakura* foi um lembrete de que, embora as flutuações da alegria sejam imprevisíveis, o planeta tem um ritmo de renovação que sempre a traz de volta para nós. Enquanto a Terra completa sua trajetória anual em torno do sol e gira em seu próprio eixo todos os dias, nós que viajamos com ela estamos sujeitos a uma série de ciclos da natureza. Não conseguimos sentir o movimento do planeta diretamente, mas o vemos nas oscilações de luz e cor, temperatura e textura, que influenciam nosso entorno. A abertura dos botões, o nascer do sol, o ritmo das marés: esses eventos recorrentes nos lembram da natureza cíclica do tempo e criam uma cadência confiável e subjacente da alegria.

A noção do tempo como cíclico tem sido uma verdade inerente à maior parte da evolução humana. A conexão dos nossos ancestrais com a terra tornou inevitável a consciência dos padrões que ela seguia. Nenhum caçador-coletor teria deixado de notar a alteração na luz da lua conforme atravessava suas fases ou perderia a oportunidade apresentada pela lua cheia de perseguir uma presa noturna. Nenhum agricultor antigo poderia se dar ao luxo de ignorar os sinais sutis de degelo ou o prolongamento da luz do dia que anunciava o início da estação de crescimento do plantio. As primeiras civilizações codificaram esses ciclos em seus calendários, pontuados com festivais sazonais que pediam às divindades condições favoráveis e ajudavam a sincronizar as atividades da comunidade para garantir uma colheita farta.[2] Esse conceito cíclico do tempo permanece na religião e na filosofia de muitos nativos e de muitas culturas orientais. Mas no Ocidente nossa consciência dos ciclos foi obscurecida por uma visão linear do tempo, que enfatiza começos e fins e defende o progresso em detrimento da repetição.

Por que o tempo linear dominou o modo ocidental de pensar? Parte da razão é cultural, e tem a ver com o modo como o pensamento judaico-cristão descreve a história da humanidade não como uma roda, mas como uma trajetória distinta através do tempo.[3] Mas é igualmente importante notar que, conforme começamos a nos ver separados da natureza, construímos estruturas e sistemas que nos distanciam desses ritmos cíclicos. A eletricidade permite que sigamos nossa própria programação, obscurecendo as fases da lua e subtraindo de sentido o nascer e o pôr do sol. Em vez de moldar nosso apetite à colheita, moldamos a colheita ao nosso apetite. Temos morangos grandes e suculentos o ano todo, esquecendo que houve um tempo em que eles só davam em uma determinada época e tinham um gosto picante e adocicado. Nossos prédios aquecem e esfriam o ar de modo a garantir uma temperatura consistente independente do tempo lá fora. Nossos aparelhos reproduzem o som do pássaro que quisermos, onde quer que ele esteja em seu arco migratório. Desconectados desses ciclos naturais, nos esquecemos de que o tempo se move em círculos, não só em linhas.

Não que o tempo linear seja ruim. Nossa habilidade de aprender com nossos erros, crescer e inovar deriva da crença de que o tempo tem uma força propulsora e que podemos aproveitar a história para criar um futuro melhor. O problema é que a ênfase exagerada no tempo linear tende a amplificar a dor que sentimos quando nos falta alegria. Se vemos o futuro como um espaço em branco, incerto, então é difícil acreditar que ela vai voltar depois de um tempo. Cada queda no nível de alegria parece uma regressão, cada ponto baixo, uma estagnação. Mas se em vez disso confiássemos na repetição de certos prazeres a intervalos regulares, então a qualidade ondular da alegria se tornaria mais presente em nossa vida. Os ciclos criam uma simetria entre o passado e o futuro que nos lembra de que a alegria vai regressar.

Isso pode ser particularmente poderoso em momentos de perda ou dificuldade. Quando um terremoto devastador e um tsunami atingiram a região de Tōhoku, no Japão, em 2011, os sobreviventes estavam ressurgindo em meio aos destroços bem quando as cerejeiras começavam a florescer. Trabalhadores e moradores usando máscaras para proteger o corpo da radiação do reator nuclear de Fukushima, que fora avariado, se moviam sombriamente por entre as casas escancaradas de ponta-cabeça. Em meio às ruínas, no entanto, flores cor-de-rosa começaram a se abrir, como sempre fazem. No documentário *The Tsunami and the Cherry Blossom* [O tsunami e a flor de cerejeira], Lucy Walker captura o deslumbramento dos moradores locais quando descobrem que as árvores, que semanas antes tinham estado submersas, haviam sobrevivido e florescido. "A primavera vem quando é hora", diz um mestre da cerejeira, dono de um viveiro que cultiva a planta há dezesseis gerações. "Isso me faz acompanhar o ritmo do metrônomo da minha vida. A cerejeira nos guia."[4] As cerejeiras são surpreendentes porque florescem antes que qualquer folha apareça. Então, quando as flores surgem nos galhos nus, parecem simbolizar o que pode acontecer com cidades devastadas. Na simples alegria das flores, pessoas que tinham perdido tudo reencontraram a esperança e a resiliência.

Seja nos tempos bons ou ruins, o benefício dos ciclos é que nos dão algo pelo qual esperar, e essa antecipação pode ser um prazer por si só. Eis a resposta do Ursinho Pooh em *Ursinho Pooh constrói uma casa*, quando Cristóvão pergunta a ele sobre as coisas que mais gosta de fazer: "'Bem', disse Pooh, 'o que mais gosto de fazer...' Então ele teve que parar e pensar. Porque, embora comer mel fosse algo muito bom de fazer, havia um momento imediatamente antes de começar a comer que era melhor do que comer de fato, mas ele não sabia como se chamava".[5]

O sensível Pooh intui o que cientistas estão descobrindo só agora. Estudos mostram que um período de antecipação pode aumentar significativamente a alegria que encontramos na experiência.[6] Os pesquisadores acreditam que isso aconteça porque criamos simulações mentais detalhadas de eventos futuros, então imaginar a alegria por vir enche nosso cérebro de ricas sensações e possibilidades interessantes. Do mesmo modo, mesmo sexta-feira sendo um dia de trabalho, em geral é considerado mais animado que o domingo, que para muita gente traz consigo uma espécie de melancolia. Na sexta, temos todo o fim de semana à nossa frente, enquanto no domingo já estamos pensando na semana que virá. Ciclos criam momentos regulares de antecipação que trazem a alegria futura para o presente, garantindo que sempre tenhamos algo pelo que esperar.

Os japoneses são mestres em criar momentos de antecipação. Em vez de ter apenas quatro estações, eles têm 72. O calendário antigo japonês divide o ano em uma série de microestações, cada uma com quatro ou cinco dias de duração, e nomes que representam as pequenas mudanças no entorno.[7] "Animais hibernando abrem a porta" marca o finzinho do inverno, que pouco depois é seguido por "Lagartas se transformam em borboletas". Em junho, as "Ameixas ficam amarelas", e em outubro os "Gansos chegam" e os "Gafanhotos cantam". Os nomes me fizeram pensar em outros momentos sazonais que parecem despertar naturalmente o sentimento de renovação: o cobertor branco da primeira nevasca, uma chuva forte de abril, o rubor do nascer do sol e o brilho dourado da lua cheia. Há alegria no primeiro dia em que está frio o bastante para acender a lareira, no primeiro quente o suficiente para sair sem casaco e no primeiro piscar dos vaga-lumes no verão. Construindo a excitação com essas transições sutis, temos mais antecipação cíclica em nossa vida.

Construir um relacionamento próximo com os ciclos da terra é tão simples quanto se reconectar com a natureza. Os movimentos da fazenda para a mesa e dos alimentos produzidos localmente trazem uma maior consciência dos ciclos de crescimento para a hora da refeição, proporcionando a alegria de descobrir variedades ignoradas pela indústria alimentícia e o prazer de aprender a antecipar as breves e intensas temporadas de nossos alimentos favoritos. A recente proliferação dos mercados de produtores e do modelo da

Comunidade que Sustenta a Agricultura (csa) tornou essa alegria muito mais amplamente acessível. Até as opções alimentícias produzidas em massa começaram a apresentar ingredientes mais sazonais em seus sabores de edição limitada. É claro que a horticultura cria naturalmente uma consciência dos ciclos, sobretudo através de vegetais perenes que surgem por conta própria a cada ano, nos alertando para as mudanças das estações. Plantas de sombra também podem ter seus próprios ciclos. Uma das minhas favoritas é a oxális, parente do trevo irlandês, com folhas roxas que abrem pela manhã para dar bom-dia e se fecham à noite, quando o sol se põe. Rituais e artesanatos sazonais, como entalhar abóboras para o Halloween ou cobrir a casa com luzes e decorações para as festas de fim de ano, também podem ser fonte desse tipo de alegria.

Embora prazeres sazonais possam ser intensos, também têm um caráter agridoce. "Quando vejo as cerejeiras em flor, sinto alegria e tristeza ao mesmo tempo", uma jovem chamada Aya me disse, dirigindo o olhar melancólico para uma árvore carregada. Quase imediatamente depois de abrir, as pétalas das árvores delicadas começam a cair. Embora aos olhos ocidentais possa parecer que isso diminui a alegria, para os japoneses é uma maneira de elevá-la. A frase "mono no aware", difícil de ser traduzida, indica de maneira geral a gentil tristeza das coisas. É usada para descrever a pontada de prazer que coexiste com a consciência de sua natureza passageira. Ela traz consigo uma estranha percepção de que a intensidade da alegria que sentimos é diretamente proporcional à perda que logo vai se seguir. No Ocidente, tendemos a evitar esses prazeres passageiros. Fui lembrada de algo que a florista Sarah Ryhanen disse quando a encontrei em seu estúdio. "A primeira pergunta que fazem quando se é dono de uma floricultura é: 'Quanto tempo vai durar?'" Ela deu de ombros, como se compreendesse o ímpeto que leva à questão, mas também se sentisse frustrada por ele. "Às vezes, a mais linda experiência com uma flor é breve, como com essas rosas do campo. Elas são assim frágeis porque colocam toda a sua energia na produção de um aroma inebriante, o que significa que não vão durar mais de 24 horas na mesa da sua cozinha. Mas as 24 horas em que você sente o cheiro delas são maravilhosas."

Nossos esforços para prolongar a alegria às vezes diminuem sua intensidade. Por exemplo, quando escolhemos flores geneticamente modificadas pela durabilidade em vez de variedades de vida curta pelo aroma. Em vez de evitar a natureza transitória de sua estação favorita, os japoneses mergulham nela. Fiquei surpresa ao descobrir que a vasta maioria das cerejeiras plantadas em Tóquio e ao redor do Japão são de uma única espécie, a Yoshino. Escolhendo plantar um único tipo de árvore, os japoneses criaram uma paisagem que se abre em um único momento de glória, anunciando a chegada da primavera não com um fluxo constante de diferentes flores, mas com um único espetáculo abundante.

E, embora esse início venha de uma só vez, ele não termina. As flores foram ficando mais rosadas ao longo dos dias que passei ali, um sinal de que estavam se preparando para cair. Quando o vento batia, as pétalas flutuavam em grandes nuvens que os japoneses chamam de *hanafubuki*, que significa "nevasca de flores". Elas aterrissavam em pequenas pilhas nos cantos da rua, que os carros levantavam ao passar, em miniciclones, e no rio, que parecia polvilhado de confetes. As pessoas apertavam o passo, cientes de que era hora de volta à vida normal. Mas, conforme se apressavam em meio à neve de pétalas, eu já podia ver um toque de antecipação e da alegria inevitável das flores por vir.

O PODER DAS FLORES

Mas e quanto às flores em si? O que há nelas que inspira tamanho ardor? A pergunta me veio enquanto lia o artigo "How Flowers Changed the World" [Como as flores mudaram o mundo], do escritor e cientista Loren Eiseley, que oferece uma descrição apavorante da Terra antes da evolução das plantas floríferas, 100 milhões de anos atrás. "Para onde quer que se olhasse", ele escreve, "dos polos ao equador, só seria possível ver o verde monótono, escuro e frio de um mundo cuja vida vegetal não possuía qualquer outra cor."[8] Consegue imaginar isso? Nada de cerejeiras às margens do rio Meguro, nenhum campo de tulipas marcando as planícies holandesas. Nada de jacintos ladeando as estradas, cravos envoltos em celofane ou peônias nos buquês das noivas. Não haveria dezenas de espécies de rosas nas estufas dos jardins botânicos e, na verdade, nem jardins botânicos. Nada de vestidos floridos, dos nenúfares de Monet, das margaridas no papel de parede da cozinha da vovó.

Um mundo sem flores parece opaco, distópico — não exatamente morto, mas tampouco vivo de verdade. No entanto, elas não enchem a barriga, nem nos protegem do frio. E, embora algumas poucas variedades sejam úteis como tempero ou por suas propriedades medicinais — o açafrão é extraído da *Crocus sativus*, enquanto a calêndula é boa para a pele —, a aplicação mais comum das flores é estética. Elas emprestam seu aroma a sabonetes líquidos e perfumes. Adornam casas e jardins. São dadas de presente, oferecidas como tributo e usadas para embelezar as celebrações. O gosto pelas flores remonta pelo menos aos egípcios, que construíam enormes jardins ornamentais em volta de seus palácios e templos.[9] As flores eram importantes em seus ritos funerários e banquetes, quando os convidados usavam botões de lótus no cabelo e os anfitriões decoravam os jarros de vinho com guirlandas de flores. Os jardins das antigas sociedades chinesa, asteca e romana também tinham flores. A tarefa de ocupar esses espaços com espécies selecionadas estimulava as trocas comerciais e até a conquista.[10] No século XVII, o frenesi da tulipa mostrou como as flores podem levar as pessoas à loucura.[11] Durante três anos, um único bulbo de uma variedade considerada valiosa era mais caro que uma casa inteira. Hoje, estima-se que sejam gastos ao ano 55 bilhões de dólares com flores no mundo.[12]

Por que, entre os variados produtos da natureza, damos tanta atenção às flores, que, embora lindas, são inúteis? Tive uma chance de refletir a respeito uma manhã de sábado de outubro, quando fui visitar o mercado de flores de Nova York. Eu ia dar uma festa para comemorar o aniversário de setenta anos da minha mãe, e precisava comprar flores para os arranjos. Por todo o quarteirão da rua 28, entre a Sexta e a Sétima Avenidas, fornecedores se alinhavam na calçada com seus produtos: buquês gordos de rosas, hastes delgadas de orquídeas e incontáveis outras variedades. Mulheres bem-vestidas de sobretudo tinham os braços cheios de próteas de aparência tropical e heléboros mais invernais, e se deslocavam habilmente pelas calçadas lotadas com as compras embrulhadas em papel debaixo do braço.

Enquanto passava pelas diferentes barracas, com um balde vermelho nas mãos, sentia certa excitação: era como andar por um jardim de uma grande e bem cuidada propriedade, com o diferencial de que podia pegar o que quisesse. Então me dei conta de que havia diferentes estéticas da alegria operando ali. O ranúnculo, a ilustração perfeita da energia, chamou minha atenção primeiro, numa explosão de cores fortes divididas em fileiras de amarelo, laranja, coral e pink. A harmonia ficava evidente na simetria intricada de diferentes flores. Algumas eram pequenas e abundantes; outras eram arredondadas e divertidas; outras ainda eram uma explosão comemorativa, parecendo um pompom. Algumas tinham a transcendência da luz, outras eram iridescentes e mágicas, e outras ainda guardavam surpresas, como uma cor escondida que só aparecia quando estavam completamente abertas. Ao fim do passeio, olhei para o balde e vi um microcosmo da paisagem da alegria.

Tudo isso seria mais do que suficiente para explicar nosso afeto único pelas flores. Mas, depois de trazê-las para casa e arranjá-las em vasos, notei outra coisa. Embora flores venham em diferentes formas — de copos e cones, estreladas ou aglomeradas —, todas têm uma qualidade expansiva, se aproveitando da energia da luz solar e da água para se abrir e revelar seu interior para o mundo. Com o desabrochar de suas pétalas, vem uma energia dinâmica que sugere emergência e transformação. O termo "florescer" é bastante usado no sentido de prosperidade ou desenvolvimento, de conferir distinção e fazer brilhar. As flores simbolizam uma espécie de verve que não pode ser contida, uma força vital que sempre encontra uma saída.

A ligação entre flores e florescimento não é apenas metafórica. Para nossos ancestrais caçadores-coletores, as flores forneciam informações valiosas sobre a paisagem: davam dicas da futura localização de frutos e sementes várias semanas ou meses antes de estarem disponíveis. Flores eram uma espécie de prévia da comida, e os humanos espertos o bastante para notá-las eram capazes de planejar seu retorno para se refestelar com as frutas maduras antes que pássaros ou outros rivais o fizessem. Com o tempo, a apreciação das plantas pode ter representado tal vantagem em termos de sobrevivência que se tornou um atributo intrínseco à humanidade, tão universal que ser indiferente às flores é reconhecido como sinal de depressão. Em um mundo onde conseguimos nossas frutas no setor de hortifrúti do mercado, e não nas árvores, perdemos a conexão consciente entre flores e comida. Mas o prazer que nos dão vem de uma antecipação anacrônica, como dica para esperar uma alegria futura.

Comprar flores avulsas pode parecer uma extravagância, e sei que muita gente que adora fazê-lo tem dificuldade de justificar o gasto. Mas o efeito de uma simples flor sobre o espaço pode ser dramático. Pense em como o pequeno vaso que costumava vir no painel do fusca mudava toda a atmosfera do interior do carro. Flores levam o dinamismo da natureza ao contexto mais estático do mundo produzido pelo homem. As almofadas do sofá não mudam de cor com as estações. Nossos tapetes não ganham vida. A luz dos abajures não aumenta e diminui de intensidade ao longo da noite, como o luar. Embora a natureza estática dos objetos à nossa volta produza conforto e previsibilidade, também drena nossa conexão com a vibração da terra. É o oposto do crescimento fervoroso na Irlanda e da profusão de flores de cerejeira no Japão. Em momentos em que nossa vida parece empacada, um ambiente inanimado pode agravar o problema silenciosamente.

Leves e efervescentes, as flores têm uma energia que destrói a inatividade. Curiosamente, o efeito permanece mesmo quando elas não são reais. Diante das telas de Georgia O'Keeffe figurando crisântemos ou orquídeas, sente-se o mesmo poder delicado de quando se tem uma flor na mão. Quase todas as eras do design tiraram proveito do fato, usando elementos florais na decoração, seja em bordados, entalhes, pinturas ou esculturas. Amo flores de papel: elas estão voltando à moda, mas têm raízes nas tradições mexicana, chinesa e na Inglaterra vitoriana.[13] São baratas e divertidas de fazer. Ao contrário da maior parte das flores artificiais, podem ser facilmente recicladas quando começam a ficar velhas. Motivos florais são muito comuns em tecidos e papéis de parede, e há poucos limites nas maneiras como podem ser incorporados ao espaço cotidiano.

Outra abordagem usa a forma floral de um modo mais refinado. Por exemplo, a poltrona *Swan* [Cisne], do designer dinamarquês Arne Jacobsen, e muitas peças do designer francês Pierre Paulin têm formas alargadas, como uma corola, imitando sutilmente a expansão de um botão ao florescer. Embora estampas florais às vezes possam ter uma aparência exagerada, tais cadeiras parecem sóbrias o bastante para figurar em escritórios, de modo que essa alegria pode chegar até mesmo a lugares com uma atmosfera mais contida. Uma das criações florais de que mais gosto é a poltrona *Cabbage* [Repolho], da equipe japonesa Nendo. Trata-se de um cilindro de folhas de papel que o proprietário vira para um lado ou outro, alterando seu formato. Outros objetos decorativos podem ter essa mesma qualidade floral. Por exemplo, muitos lustres pendentes têm forma de flor, assim como os grandes chapéus tribais camaroneses que se popularizaram como peças de decoração de parede nos últimos anos. A moda também oferece exemplos de formas florais usadas para criar uma sensação de leveza e energia. Saias rodadas e de estilo peplum e mangas boca de sino são especialmente populares na primavera, quando espelham as formas das flores se abrindo.

Elementos florais criam uma espécie de primavera eterna em nosso entorno. No entanto, há um paradoxo aí. Flores sugerem transformação, mas papéis de parede e poltronas não mudam em nada. Se a fonte da alegria das flores está em sua qualidade dinâmica, por que congelá-las no tempo não destrói seu apelo? Mesmo quando estática, a forma florescente sugere um impulso na direção de um mundo mais abundante. Flores pintadas não substituem nosso envolvimento com os ciclos do mundo, mas ajudam a criar uma sensação esperançosa, incluindo lembretes da primavera nos invernos da alegria.

CURVAS ÓBVIAS

Será que flores e formas florais são a única maneira de trazer a estética da renovação a ambientes fechados? Voltei a pensar na minha viagem para a Irlanda. Não havia muitas flores abrindo na época, mas a paisagem transbordava potencial. É claro que isso se devia em grande parte à abundância da cor verde. Mas haveria outra razão? O que mais dava vida àquele terreno tão primaveril?

Obtive essa resposta através de um objeto improvável: uma molheira, fotografada em branco e preto, presa com uma tachinha vermelha acima da mesa do meu colega de escritório. Toda vez que passava por ela, parava e dava uma olhada. Isso foi no meu primeiro ano estudando design e, embora eu ainda não soubesse que aquele objeto era um clássico, percebia que era especial. Por alguns minutos todos os dias, eu olhava para ela e tentava entender o porquê. Não era como qualquer outra molheira que eu já tivesse visto. Parecia que os extremos de uma folha comprida tinham sido curvados para se encontrar, criando uma cama suspensa arredondada para o molho. As extremidades se encontravam no topo, então se inclinavam suavemente para fora, sugerindo lábios franzidos. Era uma forma voluptuosa, que devido à cerâmica branca parecia descompromissada e moderna. Mais que qualquer outra coisa, a molheira me impactava porque parecia viva, como se estivesse em processo de crescimento.

Foi assim que conheci o trabalho de Eva Zeisel, um ícone do design moderno da metade do século xx. Ela nasceu em 1906, em uma família de classe média-alta na Hungria. Quando criança, passava o tempo no enorme jardim que rodeava sua casa em Budapeste, chegando a dormir ao ar livre com o cachorro em algumas noites mais quentes. Foi nesse jardim que seus primeiros impulsos criativos se revelaram.[14] Zeisel usou a casa do jardineiro como oficina para produzir peças de cerâmica arredondadas no estilo tradicional húngaro; a superfície delas era preta, porque queimavam no forno subterrâneo que ela mesma construíra. Embora não fosse considerado apropriado para mulheres de seu status social se envolverem no artesanato, com dezessete anos ela desafiou as convenções e se tornou aprendiz de um dos últimos mestres ceramistas do sistema de guildas. Ganhou experiência fazendo peças para produção em massa na Alemanha e depois na Rússia, mas sua vida sofreu uma reviravolta sombria quando, aos 29 anos, foi presa sob a falsa acusação de conspirar para assassinar Ióssif Stálin.[15]

Depois de quase quinze meses encarcerada, grande parte no confinamento da solitária, ela foi solta e deportada para Viena, indo pouco depois para Nova York.

Zeisel logo ganhou fama nos Estados Unidos por criar utensílios de mesa com formas exuberantes que atendiam às necessidades práticas do cotidiano. Ela se tornou a primeira designer a ter uma exposição individual no Museu de Arte Moderna de Nova York, e na metade do século xx já tinha feito seu nome. Quando morreu, aos 105 anos, em 2011, ainda produzia, e muitas de suas peças são consideradas itens de colecionador. Seu trabalho tem uma qualidade irresistível e palpável. Como um crítico comentou em 1946: "Suas silhuetas bem definidas e rítmicas não são apenas agradáveis ao olhar, mas exercem uma forte atração, que leva os dedos a querer tocá-las e levantá-las".[16] Confesso que quando Jean Richards, filha de Zeisel, me convidou para ir ao estúdio da mãe em seu refúgio em Rockland County, me vi paralisada, pega entre o desejo de tocar tudo e o medo de quebrar alguma coisa. Por sorte, Richards nem pareceu notar, e foi me passando um fluxo constante de bules, canecas e açucareiros. "Ela queria que todas as suas peças fossem tocadas", a filha disse enfaticamente. Senti certo frisson, como se estivesse segurando peças musicais.

Para me ajudar a compreender o que tornava o trabalho de Zeisel tão alegre, me voltei a Olivia Barry, que foi a assistente nos últimos doze anos de vida da ceramista. Era ela quem pegava os rascunhos da designer mais velha e passava a limpo, refinando as formas de acordo com os padrões precisos de Zeisel e preparando-as para a produção. Ao longo do tempo trabalhando com Zeisel, Barry começou a notar algo estranho: todas as curvas nos rascunhos coincidiam com uma série de *templates* conhecidos como curva francesa. Trata-se de uma espécie de estêncil com formato de arabesco usado por designers para traçar arcos suaves em seus projetos. Pense na borda de uma urna ou em uma taça de vinho vistos de perfil: para que a curva se incline nos pontos exatos e não seja apenas rugosa ou irregular, é preciso mais do que uma mão firme. Para desenhar a forma correta, designers em geral produzem uma curva a partir de seções de diferentes curvas francesas — já nos projetos de Zeisel, Barry sempre parecia achar um *template* que se encaixasse à perfeição. "Um dia eu disse a ela: 'Eva, isso é engraçado, mas sempre há uma curva francesa para o seu desenho'." Então a ceramista respondeu: "Querida, isso é porque fazemos curvas muito óbvias".

Perguntei o que aquilo significava. Barry pensou por um minuto, então arriscou: "Acho que ela queria dizer que são mais agradáveis de olhar. Talvez sejam naturais, talvez estejam conectadas a equações matemáticas de alguma forma". Ela deu de ombros. "As óbvias são as melhores."

No contexto do design da época, contudo, as curvas de Zeisel eram tudo menos óbvias. Na verdade, sua escolha de usar curvas já foi pouco convencional. As décadas de 1940 e 1950 constituíram o auge do modernismo, que se devotava a linhas e ângulos retos e tinha uma aversão quase alérgica às formas orgânicas. Embora a ceramista abraçasse os contornos claros e a sensibilidade prática dos modernistas, a paleta de formas restritiva deles a desagradava, por sentir que resultava em um design frio e sem alma. "O programa do movimento modernista tornava impossível expressar sentimentos", ela disse. "Seguindo os princípios modernistas, os designs do último século perderam o apelo emocional. O processo se tornou sensato, em vez de sensível."[17] Os modernistas não teriam refutado tais acusações. Eles aspiravam a um estilo de design racionalista, livre de floreios sentimentais. Para eles, os ângulos retos exemplificavam a precisão e a pureza; para Zeisel, que acreditava que o design devia ser vívido, variado e evocativo, curvas eram indispensáveis.

Mas não qualquer tipo de curva. No capítulo 5, vimos que elas podem ter uma qualidade divertida e até efervescente. Designers chamam esse tipo de curva, que pode ser encontrada em uma bola de praia ou em um bebê rechonchudo, de neutra, porque a razão da curvatura não se altera ao longo de sua extensão. Zeisel usou isso em seu trabalho (e de fato se inspirou no bumbum dos bebês). Mas a maior parte de suas peças exibia linhas mais alongadas e sensuais. Ela via um tipo de curva em particular como o mais essencial e expressivo: a curva composta, também conhecida como curva em S.

O estúdio de Zeisel era o paraíso das curvas em S, do trio de sinos de cerâmica que pendia de um suporte de madeira na parede, passando pelas alças dos jarros e dos bules, ao perfil gracioso daquela molheira. Enquanto observava todas aquelas curvas, me dei conta de que Olivia Barry estava certa quanto à conexão com a natureza. Curvas em S são onipresentes em seres vivos, em particular plantas. Na extremidade de uma folha de carvalho, no contorno de uma pera ou no jovem ramo de uma videira, encontramos curvas sinuosas que sugerem crescimento, germinação e transformação. A própria Zeisel reconheceu a influência do crescimento em seu trabalho, quando disse que tinha desenhado a série *Museum* de modo que suas peças parecessem "crescer a partir da mesa".[18] Curvas em S nos mostram que a paisagem está viva e em constante mudança. Isso é parte do que torna a primavera tão excitante (na Irlanda e em qualquer outro lugar). A terra plana e vazia ganha vida com curvas, e temos a sensação de que, se voltarmos em alguns dias, o cenário estará completamente diferente. Usando essas curvas, o trabalho de Zeisel tira sua qualidade dinâmica do mundo natural e a leva para o mundo do homem, infundindo uma sensação de potencial em objetos do cotidiano.

Formas orgânicas emprestam a fluidez do mundo vivo aos nossos ambientes. Plantas e flores podem fazer isso, assim como formas mais abstratas que incorporam a curva em S. Objetos produzidos em rodas ou em tornos mecânicos, como cerâmica e pernas de mesa de madeira com detalhes, em geral têm um perfil curvilíneo. Assim como objetos de ferro, madeira ou arame moldados. Babados e recortes curvados adicionam uma curva em S a roupas e tecidos. Como acontece com as flores, não é preciso uma dose muito grande desses elementos para dar uma sensação de frescor ao espaço. Mesmo toques sutis, como a curva de um encosto de cadeira ou o arco de uma alça, podem fazer algo parecer inerte ou vivo.

Na visão de Zeisel, as beiradas e as extremidades de um objeto eram particularmente importantes. No livro *On Design* [Sobre design], ela usa o edifício Chrysler como exemplo, e reflete sobre como seria se seu elegante topo pontiagudo fosse substituído por um telhado reto. "Quando as formas culminam em contornos vigorosos, como partes do todo, um objeto parece algo vivo — uma concha, vagem ou flor", ela afirmou. Contudo, "prédios, tinteiros, vasos ou jarros que parecem ter sido cortados a esmo têm uma aparência incompleta, inacabada, insatisfatória".[19] Formas orgânicas se afunilam, alargam ou enrolam nas extremidades. Uma borda plana sugere um evento súbito, talvez dramático. Quando toquei no assunto com Olivia Barry, ela se virou espontaneamente para o vaso ao lado da mesa a que estávamos sentadas, com um grande tufo de uma gramínea ornamental. "Olhe para isto", ela disse. "É tão lindo, se curvando do jeito certo." Barry arrancou algumas folhas e as dispôs na mesa, separando-as com as pontas dos dedos. "Ah, assim!", ela explicou, apontando para um par de crescentes delicadas. "São apenas curvas, mas perfeitas." Olhar para as folhas de gramíneas me lembrou de que em geral é no fim da haste que estão localizados os hormônios que estimulam a divisão celular na planta. Aplainar o topo de uma forma, assim como aparar uma haste, remove a força dinâmica e torna a aparência mais estática. A diferença é que, enquanto as plantas sempre encontram uma maneira de continuar crescendo, formando novos brotos a partir da ferida, os objetos produzidos pelo homem, uma vez cortados, permanecem assim.

Depois que Zeisel abriu meus olhos para o poder que uma simples linha tem de sugerir vitalidade, comecei a notar outras estéticas que implicavam dinamismo e mudança. A espiral, por exemplo, também está profundamente associada ao crescimento. Darwin observou que, conforme as plantas crescem, suas extremidades se movem em oscilações espirais com uma forma circular ou elíptica.[20] Em 80% das plantas, as folhas também crescem em um padrão espiral.[21] Alguns moluscos, como o náutilo, têm esse desenho, assim como os chifres dos carneiros e a cóclea, no ouvido interno. Espirais (e hélices, termo técnico para uma espiral que se move em três dimensões em vez de duas) podem ser encontradas na prefoliação da samambaia, nas pétalas da alcachofra, nos frutíolos do abacaxi e nas brácteas da pinha. Muitas delas apresentam uma razão de expansão relacionada à sequência de Fibonacci, um grupo de números matematicamente significativo no qual cada um é a soma dos dois que o antecedem (0, 1, 1, 2, 3, 5, 8, 13, 21, 34, 55). Dividir dois Fibonacci sucessivos leva a uma constante conhecida como proporção áurea (aproximadamente 1,61803), que os historiadores acreditam ter sido usada pelos antigos egípcios na construção das pirâmides de Gizé e pelos antigos gregos no Partenon.[22] Apesar desses usos da proporção áurea serem debatidos com fervor, a razão e as espirais a que se relaciona têm inspirado fascinação por pelo menos 2 mil anos. Seja na forma da escada-caracol, das serpentinas da cerâmica ou do tapete trançado, espirais conferem um tipo poderoso de dinamismo ao espaço. Um detalhe extraordinário em espiral aparece no teto da Casa Batlló, de Antoni Gaudí, em Barcelona, com cumes esculpidos que se assemelham a um redemoinho. Mas talvez a espiral mais famosa da arquitetura seja o prédio em forma de saca-rolhas do Museu Guggenheim, na Quinta Avenida, em Manhattan. Seu arquiteto, Frank Lloyd Wright, o descreveu como "uma onda curva que nunca é interrompida",[23] capturando a essência da energia crescente que está no centro da renovação estética.

RENOVANDO A ALEGRIA

Nunca deixo de me alegrar quando vejo uma florzinha despontando de uma rachadura na calçada, se impondo vividamente por entre os retângulos sólidos da cidade moderna. Embora se levante sozinha em um lugar a que claramente não pertence, ela não tem consciência disso e parece não se incomodar com os obstáculos apresentados pelo espaço em que por acaso brotou. Faz o seu melhor para capturar os raios de sol e a água da chuva, e abre suas pétalas em um sorriso para o céu. Se não for pisoteada, pode durar o suficiente para espalhar sementes pelo concreto, e, com um pouco de sorte e uma boa brisa, algumas delas podem encontrar suas próprias rachaduras onde se instalar. No ano que vem, talvez essa flor tenha a companhia de seus filhos, e um tímido início de campo terá nascido.

Foi uma variação desse processo que transformou o High Line, que vimos no capítulo 3, de uma ferrovia desativada em um jardim secreto. Originalmente construída para que trens de carga chegassem às fábricas e aos depósitos no oeste de Nova York, ela esteve ativa até 1980. Nos anos 1990, a estrutura estava tão abandonada que moradores locais defendiam sua demolição. Conforme o paisagista James Corner conta: "A maioria das pessoas tinha visto apenas a parte inferior do High Line, que era só uma estrutura de aço grande e pesada, enferrujada e gotejante, escura e úmida. Ninguém sabia que havia um lindo tapete verde em cima dela". Espalhadas pelo vento ou excretadas pelos pássaros que passavam, as sementes aterrissaram na madeira podre dos trilhos e criaram raízes. "Havia parreiras, gramíneas, flores perenes e estranhos arbustos lá em cima", disse Corner. "Era algo mágico. Era impossível não se impressionar com a resiliência da natureza, ao ser capaz de dar corpo a um parque cheio de vida em uma paisagem desolada." Inspirada por esse éden que se criou sozinho, teve início uma fundação com o propósito de transformá-lo em um parque urbano. Arquitetos do mundo todo foram convidados para enviar ideias de projeto. Muitos designers trataram o lugar como uma tela em branco, um local como qualquer outro para desenvolver do zero. Para Corner, no entanto, que estava encantado com a transformação que já tinha começado, intervir o mínimo possível parecia a coisa certa a fazer. Embora muitas mudanças sutis tenham sido feitas para facilitar o acesso, criar um sistema de plantio e de coleta de água, e aumentar a biodiversidade da vegetação, o High Line parece um espaço parado em seu processo de revitalização, uma continuação do que a natureza começou sozinha.

Usando apenas os mais básicos elementos e tempo, a natureza se apropria de qualquer espaço no qual os humanos perderam interesse, preenchendo-o com uma demonstração luxuriosa de flora e fauna. Na selva cambojana perto de Angkor Wat, os templos do século XII Beng Mealea e Ta Prohm se erguem à sombra de árvores cujas raízes engolem como uma teia as pedras cuidadosamente dispostas. No terreno baldio deixado pelo colapso do reator de Tchernóbil em 1986, ainda considerado inseguro para habitação humana, a paisagem de ervas daninhas abriga espécies como lobos e linces. A partir de fins, a renovação promove recomeços. A partir de destruição, criação. Essa estética nos lembra de que nada é irremediável neste mundo, nada está tão arruinado que não haja esperanças.

Na renovação, talvez encontremos a expressão mais clara da verdade subjacente a todas as estéticas deste livro: que o impulso na direção da alegria equivale a um impulso na direção da vida. Daquela primeira revelação da ligação ancestral entre cores vivas e maturação à simplicidade da curva em S, essa correlação se comprovou verdadeira. A alegria evoluiu para o claro propósito de nos voltar a condições que nos encorajem a florescer. É nosso guia interno para as coisas que nos animam, estimulam e sustentam. Para resumir, é a alegria que faz a vida valer a pena.

No entanto, por alguma razão, decidimos que ela é supérflua — a cobertura do bolo, mais do que uma parte integral dele. Dividimos a vida em cestos de "necessidades" e "vontades", e, embora as origens da alegria residam em destacar o que é essencial para nossa sobrevivência, ela passou a ser um luxo, algo que nos permitimos apenas se todas as necessidades já foram satisfeitas. O problema é que sem alegria podemos sobreviver, mas não prosperamos. Se raramente rimos ou brincamos, se nunca temos lances de magia, vislumbres de transcendência, explosões de celebração, então não importa quão bem alimentados e confortáveis estejamos, não estamos vivos de verdade.

Ao aceitarmos a ideia de que a alegria não é essencial, ela logo desocupa sua posição central em nossa vida. O objetivo do trabalho se torna ganhar infinitamente em produtividade, ignorando a alegria da criação e da produção. A escola se torna um impulso direcionado a resultados, em vez de um lugar de exploração ou aventura. Sistematicamente, a alegria é retirada dos lugares em que passamos a maior parte dos dias. E o mesmo acontece com o ambiente físico. Prédios se apresentam como telas para expor status, ideologias ou identidades de marca, em vez de espaços para cultivar a alegria. Conforme a alegria se move para a periferia do nosso mundo, para parquinhos e praias, reservas naturais e lojas de doces, o resto parece definhar.

A noção de renovação ambiental agora é bem aceita. Embora persista um debate quanto a como reparar os danos que causamos a ecossistemas frágeis com nosso desenvolvimento desenfreado e nosso apetite voraz por recursos naturais, há um amplo consenso de que tal renovação é necessária para que sobrevivamos e floresçamos no planeta. O que precisamos agora é de uma revitalização similar no mundo construído pelo homem, uma renovação humanística que se compare à renovação natural que já está em curso. Precisamos trazer a alegria de volta ao coração da nossa vida. Precisamos trazer nosso mundo de volta à vida.

A beleza da renovação está no fato de que ela tem seu próprio impulso, consequência da ambição incansável da vida de perdurar e se propagar. A vida se multiplica, assim como a alegria. A qualidade contagiosa da alegria torna sua dispersão tão eficiente quanto a da erva daninha mais prolífica. Mesmo os menores esforços — um mural, uma luva de tricô em um parquímetro, uma única flor — podem ser o começo de uma espiral ascendente capaz de transformar uma comunidade, um bairro, uma vida. Consertar o mundo é algo ambicioso, mas renová-lo não é nem de perto tão desafiador. A lição que a renovação nos ensina é que coisas grandes vêm de pequenas sementes. E embora eu nunca teria suspeitado oito anos atrás, quando comecei a escrever este livro, não é absurdo acreditar que das sementes da nossa própria alegria o mundo todo pode renascer.

Kit de ferramentas da alegria

"Cada um de nós é um artista", disse o filósofo irlandês John O'Donohue, porque "todo mundo está envolvido, gostando ou não, na construção de seu mundo."[1] Neste livro, vimos como pessoas com históricos muito diferentes estão fazendo exatamente isso. Com tinta e marca-texto, fios e flores, elas constroem um mundo mais alegre. E agora é a sua vez.

Este capítulo foi pensado para ajudar você a traduzir as ideias deste livro para o seu cotidiano. Não importa se seu desejo é transformar completamente sua vida, encarar um projeto específico (como redecorar um cômodo ou dar uma festa) ou apenas polvilhar um pouco mais de alegria aqui e ali: estes exercícios vão te ajudar a descobrir como trazer mais alegria ao seu mundo.

Pode ser interessante tirar uma cópia das planilhas fornecidas para poder reutilizá-las. (Você também pode baixá-las em inglês na seção "Resources" de Astheticsofjoy.com.) Trabalhando com essas ferramentas, descobri que as respostas tendem a mudar ao longo do tempo, dependendo do que está acontecendo na vida das pessoas e do que precisam em um momento específico. Nada está escrito em pedra, então se sinta livre para adaptar os exercícios de acordo com suas necessidades e divirta-se!

PASSO 1: ENCONTRE SUA ALEGRIA

Os exercícios nesta seção foram pensados para ajudar a refletir sobre o significado de alegria para você e para descobrir em torno de que estética da alegria você gravita.

DIÁRIO DA ALEGRIA

Mantenha um diário da alegria enquanto segue com sua vida normalmente esta semana. Use-o para anotar qualquer momento em que se sentir alegre. Preste atenção a quando você sorrir ou gargalhar, quando sentir vontade de dizer "Eba!" ou "Nossa!", ou quando tiver consciência de uma sensação agradável e sutil. Você também pode incluir nele quaisquer lembranças alegres que vierem à mente. Para cada momento, anote:

- Onde você está.

- Com quem está.

- O que está fazendo.

- Que imagens, sons, cheiros, texturas ou sabores estão associados à sua sensação de alegria.

No fim da semana, procure por padrões. Você pode anotá-los na planilha Encontrando a alegria, na p. 344.

O objetivo deste exercício é ajudar você a identificar as diferentes fontes de alegria na sua vida e a compreender um pouco mais os motivos pelos quais elas te trazem alegria. Use seu Diário da alegria como apoio. Há um breve exemplo na próxima página, mas se sinta livre para usar quanto espaço precisar.

Quando tiver preenchido a planilha, registre as estéticas da alegria listadas na coluna da direita. Quais delas devem vir primeiro? Tudo bem não identificar um padrão claro — só significa que muitas estéticas da alegria diferentes te deixam feliz!

NOTA: Conforme fizer o exercício, pode encontrar exemplos de coisas que te trazem alegria *no momento*, mas têm uma influência negativa em sua alegria no longo prazo. Por exemplo, "comer biscoitos" é uma atividade que me traz alegria, mas, se fizesse isso o tempo todo, na verdade faria com que eu me sentisse menos alegre. Outros exemplos podem incluir beber álcool, assistir TV, fumar, comprar, encontrar o ex, e por aí vai. Recomendo anotar na planilha com um sinal de negativo (-) aquelas atividades que você gostaria de fazer com moderação, e com um X aquelas que prefere evitar por completo. Compreender a que estéticas esses comportamentos estão ligados pode ajudar a identificar alternativas construtivas e que lhe façam bem.

ENCONTRANDO A ALEGRIA: EXEMPLO

Lugares

Podem estar próximos ou distantes, ser da sua vida atual ou do passado.

Onde me sinto mais alegre?	O que eles têm de alegre?	Que estéticas os definem?
Havaí	sol, calor, tropical	energia, liberdade
gramado do Brooklyn Bridge Park	natureza selvagem, pássaros	liberdade, renovação
café do outro lado da rua	papel de parede, cores destacadas	abundância, energia
casa da Katie	plantas e área externa	liberdade

Pessoas

Podem ser pessoas que você conhece ou conheceu, ou famosos que admira.

Quem são as pessoas mais alegres que você conhece?	O que elas têm de alegre?	Que estéticas personificam?
Albert	criança interior ativa	diversão
Jean	paixão pela natureza	liberdade, energia
Shelly	sempre fazendo coisas diferentes	surpresa
Iris Apfel	se cerca de coisas vibrantes	abundância, energia

Coisas

Você pode incluir objetos que já teve e não tem mais.

Quais são os objetos mais alegres na minha casa?	O que eles têm de alegre?	Que estéticas exibem?
canecas salpicadas	padrão e textura	abundância
cadeiras amarelas	amarelo!	energia
pôster de melões	feliz e colorido	energia
livros organizados por cor	vibrantes, porém organizados	energia e harmonia
sapatos com glitter	lembram festa	celebração
colar de pompons	despretensiosos e inesperados	diversão, surpresa

Atividades

Podem ser coisas que faz agora ou que costumava fazer.

Que atividades me deixam mais alegre?	O que elas têm de alegre?	Que estéticas estão presentes nelas?
cantar	melodia e ritmo	harmonia
entrar na água (nadar, andar de caiaque, mergulhar)	me sinto leve e livre	liberdade, transcendência
viajar	novas sensações	abundância
pintar	todas as cores!	energia

ENCONTRANDO A ALEGRIA: PLANILHA

Lugares

Podem estar próximos ou distantes, ser da sua vida atual ou do passado.

Onde me sinto mais alegre?	O que eles têm de alegre?	Que estéticas os definem?

Pessoas

Podem ser pessoas que você conhece ou conheceu, ou famosos que admira.

Quem são as pessoas mais alegres que você conhece?	O que elas têm de alegre?	Que estéticas personificam?

Coisas

Você pode incluir objetos que já teve e não tem mais.

Quais são os objetos mais alegres na minha casa?	O que eles têm de alegre?	Que estéticas exibem?

Atividades

Podem ser coisas que faz agora ou que costumava fazer.

Que atividades me deixam mais alegre?	O que elas têm de alegre?	Que estéticas estão presentes nelas?

DESMANCHA-PRAZERES

Este exercício é igual ao anterior, mas um pouco menos divertido. Ainda assim, pode ser útil na identificação de coisas que roubam sua alegria.

Lugares	
Onde me sinto menos alegre?	O que esse lugar tem que rouba minha alegria?

Coisas	
Quais são os objetos menos alegres na minha casa?	O que eles têm que rouba minha alegria?

Atividades	
Que atividades me dão menos alegria?	O que elas têm que rouba minha alegria?

Olhe para sua planilha Encontrando a alegria e liste abaixo tudo o que você gostaria de ter em maior quantidade na sua vida. Então olhe para a planilha Desmancha-Prazeres e liste tudo o que gostaria de reduzir. Não é preciso quebrar a lista em categorias (mas você pode fazer isso, se quiser) — é mais um apanhado para ajudar a identificar, só de bater o olho, o que pode levar mais alegria à sua vida.

Mais	Menos
–	–
–	–
–	–
–	–
–	–

MAIS OU MENOS: EXEMPLO

Mais	Menos
– cores	– cinza
– canto e música	– móveis de madeira escura
– brilho	– bagunça
– clima tropical	– TV (tanto o objeto quanto o ato de assistir)
– sol e luz quente	
– natureza	– arte em branco e preto
	– meia-luz

Um bom momento para fazer sua lista de Mais ou Menos é no contexto de mudança: antes de ir para um novo apartamento ou outra cidade, quando estiver procurando emprego ou for comprar roupas. Nessas horas, é importante se lembrar do que te dá alegria e de como pode mantê-la no centro da vida. Você também pode preencher a planilha com a pessoa com quem mora para descobrir sobreposições nas suas prioridades, que podem ser usadas como âncoras para decorar o espaço compartilhado.

Exercício extra: Faça um painel, no Pinterest ou não, da seção Mais da sua planilha para ter uma referência visual do que te dá alegria.

Exercício extra: Faça listas de Lugares a visitar, Pessoas a ver, Atividades a experimentar, para que possa mantê-las à mão quando estiver planejando uma viagem ou tiver tempo livre.

PASSO 2: FAÇA SUA PRÓPRIA ALEGRIA

A essa altura, você já deve ter alguma noção das coisas e das estéticas que te dão alegria. Mas como aplicar esse conhecimento? Esta seção contém exercícios para ajudar na transição da inspiração à ação, criando mais alegria no dia a dia.

É bom ter um "projeto" específico em mente. Pode ser:

- Um espaço físico (redecorar um quarto, reformar uma casa, revigorar a baia do escritório)

- Um objeto (fazer um pôster ou um site, escolher um presente, iniciar um projeto de artesanato, como uma colcha de retalhos)

- Uma coleção de objetos (atualizar um guarda-roupa, pendurar quadros nas paredes, montar um look especial)

- Uma ocasião (planejar um casamento, um evento corporativo ou até um jantar)

- Uma experiência intangível (planejar férias ou fazer um planejamento de atividade física)

LOCALIZADOR DE ESTÉTICA

Se você já sabe em que estética quer focar, sinta-se livre para ir direto para a planilha Projeto Alegria da p. 353. Caso contrário, use esta ferramenta para descobrir que estéticas vão ajudar você a criar o tipo de alegria que quer ter no seu projeto. Se for repaginar algo que já existe, comece com o próximo passo, Corrigir. Se seu projeto envolve criar algo completamente novo, vá para Sentir, na próxima página.

CORRIGIR

Que palavras descrevem a sensação que esse espaço ou essa coisa lhe dá agora? Circule as que descrevem os sentimentos relacionados que você quer mudar. Então procure pela estética que corresponde às palavras escolhidas. Tente focar em duas ou três quando estiver decidindo que mudanças fazer.

desbotado	vazio	limitado	instável	sóbrio
lúgubre	estacado	rígido	desorganizado	reprimido
seco	ameno	artificial	caótico	severo
frio	espartano	restritivo	opressivo	estressante
energia	**abundância**	**liberdade**	**harmonia**	**diversão**
chato	pesado	comum	isolado	imóvel
monótono	carregado	singelo	solitário	sem vida
previsível	incômodo	banal	maçante	preso
simplificado	denso	básico	silencioso	arrastado
surpresa	**transcendência**	**magia**	**celebração**	**renovação**

SENTIR

Como você quer que seja esse espaço, esse evento ou essa coisa que está criando? Circule as palavras que descrevem melhor a sensação de quando o projeto estiver completo. Então procure pela estética que corresponde à sua escolha. Foque em duas ou três como inspiração.

vibrante	estimulante	relaxado	equilibrado	espontâneo
estimulante	suntuoso	irrestrito	ancorado	divertido
revigorante	multifacetado	espaçoso	pacífico	brincalhão
exuberante	luxurioso	viçoso	rítmico	criativo
energia	**abundância**	**liberdade**	**harmonia**	**diversão**
ousado	leve	etéreo	vivaz	dinâmico
peculiar	elevado	assombroso	comunal	sensorial
inesperado	arejado	intrigante	deslumbrante	estimulante
extravagante	inspirador	encantador	efervescente	vívido
surpresa	**transcendência**	**magia**	**celebração**	**renovação**

Esta planilha vai guiar você por uma série de passos para tornar sua inspiração estética uma realidade.

Passo 1: elementos-chave

Escolha até três estéticas para usar como inspiração no projeto. Usando a Paleta da alegria (p. 356) como referência, liste os elementos que pode querer incluir em cada uma das suas estéticas principais. Pode ser útil dar uma olhada na seção Elementos característicos primeiro, então revisar quaisquer seções específicas relevantes ao seu projeto (por exemplo, Decoração e ambiente para um espaço físico, Atividades e experiências para um evento etc.).

Passo 2: elementos de apoio

Acrescente quaisquer elementos alegres de outras estéticas que você sabe que quer ter nesse projeto. Esse também é um bom momento para anotar elementos que já são parte do espaço ou da coisa que está criando (por exemplo, se o lugar tem pé-direito alto ou espelhos embutidos).

Passo 3: combinações

Esta é a parte divertida! Olhando para os elementos alegres que listou, como pode combiná-los para criar projetos únicos e alegres? O objetivo é chegar a uma lista de quatro a seis ideias específicas que combinam aspectos de diferentes estéticas de maneiras que fazem *você* feliz. Veja os exemplos nas páginas seguintes para se inspirar.

Passo 4: resumo

Quando tiver as combinações, um tema deve começar a emergir. Anote-o e faça uma breve descrição, com uma ou duas frases. Você pode usar isso para ajudar outros a entender sua visão do projeto e como um lembrete constante para si mesmo de dar vida ao projeto.

Passo 5: plano

Agora é hora de fazer um plano para executar seu projeto. Abaixo de Acrescentar, comece uma lista de tudo o que vai precisar fazer, pegar emprestado ou comprar. Abaixo de Mudar, anote os itens já existentes que você vai precisar deslocar, repintar ou fazer qualquer tipo de ajuste para que funcionem dentro do novo design. Abaixo de Remover, inclua aquilo que for vender, doar ou descartar.

PLANILHA PROJETO ALEGRIA

PROJETO ALEGRIA:

PASSO 1: ELEMENTOS-CHAVE

Estética 1	Estética 2	Estética 3
–	–	–
–	–	–
–	–	–
–	–	–
–	–	–

PASSO 2: ELEMENTOS DE APOIO

–

–

–

–

PASSO 3: COMBINAÇÕES

	+		=	
	+		=	
	+		=	
	+		=	
	+		=	

PASSO 4: RESUMO

Tema:

Descrição:

PASSO 5: PLANO

Acrescentar	Mudar	Remover
–	–	–
–	–	–
–	–	–
–	–	–
–	–	–

PLANILHA PROJETO ALEGRIA: EXEMPLO DE ESPAÇO

PROJETO ALEGRIA: REDECORAR A SALA DE ESTAR

PASSO 1: ELEMENTOS-CHAVE

Abundância	*Liberdade*	*Harmonia*
– Papel de parede	– Motivos da natureza	– Linhas de simetria
– Texturas em camadas	– Plantas	– Espelhos
– Tecidos artesanais	– Área externa	– Grupos de objetos similares
– Muita arte	– Balanço	– Padrões fortes

PASSO 2: ELEMENTOS DE APOIO

- Mesinha de centro redonda (Diversão)
- Cores variadas (Energia)
- Iluminação quente e forte (Energia)

PASSO 3: COMBINAÇÕES

Papel de parede + motivos da natureza = papel de parede de selva

Muita arte + grupos de objetos similares = galeria na parede

Plantas + linhas de simetria + espelhos = vasos de plantas emoldurando um espelho grande para criar dois eixos de simetria

Padrões fortes + tecidos artesanais = almofadas estampadas

Cores variadas + balanço = cadeira de balanço vermelha contrastando com o papel de parede

PASSO 4: RESUMO

Tema: Alegria na selva

Uma sala inspirada na selva que equilibra natureza e uma sutil harmonia, usando simetrias fortes para ancorar a abundância de padrões e texturas naturais

PASSO 5: PLANO

Acrescentar	*Mudar*	*Remover*
– Almofadas	– Trocar tecido do sofá	– Mesa de centro grande e
– Plantas	– Reunir quadros para a galeria	quadrada
– Papel de parede de selva	– Mover espelho grande	– Poltrona bege
– Cadeira de balanço	– Adaptar duas mesinhas	
	laterais redondas como	
	mesa de centro nova	

PLANILHA PROJETO ALEGRIA: EXEMPLO DE EVENTO

PROJETO ALEGRIA: FESTA DE CINQUENTA ANOS DA JANIE

PASSO 1: ELEMENTOS-CHAVE

Transcendência
- Elevação
- Coisas que atraem o olhar para cima
- Cores e gradientes leves e celestes
- Materiais leves

Celebração
- Brilho
- Luzinhas piscantes
- Clima intimista
- Elementos de tamanho exagerado
- Formas explosivas
- Música e dança

PASSO 2: ELEMENTOS DE APOIO

- Texturas naturais (Liberdade)
- Formas redondas (Diversão)
- Luzes misteriosas (Magia)

PASSO 3: COMBINAÇÕES

Elevação + clima intimista = festa na casa da árvore!

Coisas que atraem o olhar para cima + luzes misteriosas = lanternas penduradas em galhos

Coisas que atraem o olhar para cima + brilho + música e dança = globo de discoteca

Elementos de tamanho exagerado + materiais leves = bolo com camadas e cobertura de marshmallow

PASSO 4: RESUMO

Tema: Discoteca nas árvores

Uma festa com pista de dança na casa na árvore para quinze dos amigos mais próximos de Janie, prestando tributo a seu amor pela dança e pela natureza, feita para que ela se sinta flutuando no ar em seu grande dia

PASSO 5: PLANO

Acrescentar
- Lanternas
- Bolo
- Globo de discoteca

Mudar
- Deslocar móveis e objetos na casa da árvore para abrir espaço para a pista

Remover
- Nada

"Como é maravilhoso que ninguém precise esperar um único momento antes de começar a melhorar o mundo", escreveu Anne Frank. O ato de criar é inerentemente otimista, e criar alegria mais ainda. Acrescentando alegria ao mundo à sua volta, você expressa a esperança de que amanhã pode ser um dia melhor, e a crença de que vale a pena tentar fazer isso. Você tem o conhecimento, as ferramentas e uma comunidade crescente de pessoas afins para te apoiar. O que acontece em seguida só depende de você.

Use estas páginas como referência quando for dar vida às estéticas da alegria no mundo à sua volta.

ENERGIA

Visual e sensação	Vibrante; colorido; quente; claro
Elementos característicos	Cores saturadas; pigmentos neon e fluorescentes; amarelo; luz do sol; iluminação dinâmica e vibrante
Decoração e ambiente	Acrescentar pequenos pontos de cores vivas e tintas fosforescentes; instalar lâmpadas de amplo espectro (trabalho) ou de luz quente (casa); pintar as paredes de branco ou cores leves; repintar e revitalizar móveis antigos; pintar um mural colorido ou comprar um removível; destacar com placas de neon ou outro tipo de iluminação decorativa
Traços arquitetônicos	Janelas que deixam entrar bastante luz solar; luminárias que permitem níveis variados de luz em determinado espaço
Moda	Roupas e acessórios coloridos, como casacos, roupas de academia, guarda-chuvas, galochas, lenços e sapatos
Espaços	Locais tropicais; museus de arte e galerias
Atividades e experiências	Participar de um festival das cores, como o Holi, ou jogar paintball; passear para ver arte de rua
Coisas a evitar	Cinza, bege e outros tons monótonos; iluminação chapada ou fraca

Visual e sensação	Maximizado; camadas; variado; texturizado; caleidoscópico
Elementos característicos	Arco-íris; multicolorido; poás ou listras; confete; sobreposição de estampas e texturas
Decoração e ambiente	Usar tecidos estampados ou texturizados, papel de parede e azulejos; preferir tecidos artesanais, como aqueles produzidos por comunidades tradicionais; sobrepor padrões múltiplos no espaço; usar paletas multicoloridas ou de arco-íris; exibir muitos objetos decorativos e obras de arte; acrescentar texturas como a do confete pintando ou usando estampas como a terrazzo
Traços arquitetônicos	Muitos acabamentos e molduras decorativas
Moda	Acessórios e joias sobrepostos; estampas diversas e combinantes; destaques em poás e listras
Espaços	Mercados de pulgas e brechós; hotéis grandiosos; lojas de doces e bufês
Atividades e experiências	Visitar um lugar que ative os sentidos: perfumaria, loja de temperos ou mercado
Coisas a evitar	Decoração minimalista

Visual e sensação	Natural; aberto; expansivo; selvagem; irrestrito
Elementos característicos	Espaço aberto (espaço negativo); prospecto e refúgio; verde; motivos e texturas naturais
Decoração e ambiente	Diminuir móveis excessivamente grandes; instalar balanços e escorregadores internos; acrescentar plantas; exibir objetos naturais como conchas, pedras e pinhas; decorar com flores do campo e folhagem (frescas ou secas); incorporar imagens e texturas naturais (de plantas e animais); usar um difusor com óleos essenciais; deixar tocando o canto de pássaros ou outros sons naturais; ter plantas perenes e gramíneas no jardim; pendurar comedouros para pássaros
Traços arquitetônicos	Abrir os andares (remover paredes em caso de reforma); janelas amplas; portas de vidro dando para áreas externas
Moda	Roupas largas e esvoaçantes; tecidos naturais
Espaços	Campos, praias e outros espaços naturais abertos; parques nacionais e refúgios de vida selvagem
Atividades e experiências	Andar descalço; caminhar (especialmente na natureza); fazer trilha, acampar ou andar de caiaque; se exercitar ao ar livre; aprender a coletar alimentos
Coisas a evitar	Materiais e texturas artificiais (como plástico e concreto); mobília desproporcionalmente grande

HARMONIA

Visual e sensação	Ordenado; simétrico; padronizado; equilibrado; fluido
Elementos característicos	Padrões (repetidos ou geométricos); simetria bilateral, radial ou fractal; repetição; ritmo
Decoração e ambiente	Agrupar objetos similares; criar ou enfatizar linhas de simetria; usar espelhos para destacar a simetria; organizar objetos em grades; coordenar cores para relacionar espaços; unificar uma coleção com cabides, ímãs ou tachinhas combinando; optar por padrões para destaque; pendurar móbiles; dividir por cores; organizar livros segundo código de cores; não tumultuar, principalmente a entrada de casa
Traços arquitetônicos	Plantas baixas fortemente simétricas; janelas e portas bem-feitas e bem posicionadas, aumentando a percepção de simetria
Moda	Tecidos estampados; silhuetas simétricas
Espaços	Prédios tradicionais (como igrejas e templos), que tendem a exibir mais simetria
Atividades e experiências	Ir a uma apresentação ou aula de dança; andar de bicicleta e de patins ou surfar, ou fazer outra atividade que teste o equilíbrio
Coisas a evitar	Espaços desorganizados ou desordenados; bagunça

Visual e sensação	Redondo; curvo; fofo
Elementos característicos	Círculos e esferas; bolhas; volteios, laços e ondas; poás
Decoração e ambiente	Escolher móveis, tapetes e lustres circulares e esféricos; procurar mobília com cantos arredondados; manter bolas, bexigas e bambolês à mão para brincar à vontade; decorar com utensílios e objetos fofos; destacar com pompons; usar olhinhos de plástico para um pouco de extravagância
Traços arquitetônicos	Plantas baixas com circuitos; tetos em arcos, abóbadas ou domos; janelas vigias
Moda	Saias rodadas; tecidos com poás; pompons como acessórios ou ornamentos
Espaços	Parques de diversão, feiras e parquinhos; prédios curvos
Atividades e experiências	Manter uma bola perto da mesa ou no carro para brincar à vontade; fazer atividades com movimentos curvos, como ioga, natação, bambolê e dança havaiana; passar tempo com crianças ou animais de estimação
Coisas a evitar	Cantos ou ângulos pronunciados

SURPRESA

Visual e sensação	Ousado; incongruente; chamativo; imperfeito
Elementos característicos	Contraste; explosões de alegria; esconde e mostra; brincar com proporção e escala
Decoração e ambiente	Incluir cores vivas e estampas em lugares inesperados (dentro de gavetas ou armários); acrescentar elementos contrastantes, como azulejos ou pratos de cores diferentes; fazer padrões imperfeitos, como carimbos de batata; escolher móveis que brinquem com as noções de escala e proporção; escolher objetos decorativos com design peculiar e excêntrico; consertar objetos quebrados com fita adesiva ou cola coloridas; esconder bilhetes ou objetos para que pessoas queridas os encontrem
Traços arquitetônicos	Casas móveis; recantos secretos e outros espaços escondidos
Moda	Roupas com forro colorido; meias ou roupas de baixo extravagantes; esconder lembranças nos bolsos
Espaços	Lojas de 1,99 e brechós; ruas da cidade (em bairros onde é possível andar)
Atividades e experiências	Planejar uma viagem ou excursão para um amigo ou membro da família sem revelar o destino; dar uma festa surpresa; dar uma volta na cidade (se for seguro) sem escolher um destino específico, só seguindo o que lhe parece interessante; dispor uma instalação temporária no seu bairro sem dizer a ninguém quem fez
Coisas a evitar	Surpresas alarmantes ou desagradáveis

Visual e sensação	Leve; elevado; arejado; flutuante
Elementos característicos	Elevação; gestos para cima; cores e gradientes leves e celestes; objetos e materiais leves
Decoração e ambiente	Pintar as paredes e o teto de cores leves para que os cômodos pareçam mais altos; pintar os espaços de azul ou usar gradientes para dar a sensação de céu; usar lustres e outros objetos decorativos pendentes para atrair os olhos para cima; manter a decoração pendurada leve; escolher móveis leves com pernas longas; decorar com materiais translúcidos e leves; pontuar com móveis ou objetos infláveis, como boias ou bexigas
Traços arquitetônicos	Lugares elevados; lofts, patamares e vigias com janelas de canto; pé-direito alto; claraboias e clerestórios
Moda	Tecidos e silhuetas leves e fluidos
Espaços	Casas na árvore e torres; sacadas, telhados e montes; estruturas infláveis
Atividades e experiências	Subir as escadas para ter uma vista elevada ou olhar pela janela se estiver num andar alto; reservar tempo para olhar as nuvens ou as estrelas; escolher um assento na janela no avião; voar de balão ou parapente, esquiar ou escalar uma montanha; pular num trampolim
Coisas a evitar	Mobília ou elementos arquitetônicos pesados; espaços subterrâneos

MAGIA

Visual e sensação	Luminoso; etéreo; elusivo; prismático
Elementos característicos	Ilusões de óptica; iridescência; luzes e movimentos misteriosos; cores translúcidas; desafio às leis da física
Decoração e ambiente	Pendurar um prisma em uma janela ensolarada; suspender objetos decorativos usando linha de pesca para que pareçam que estão levitando; escolher tintas e tecidos feitos de materiais iridescentes como madrepérola, mica etc.; instalar um mural ou papel de parede op art; usar espelhos para brincar com os reflexos; escolher luminárias com cúpula multifacetada ou feitas de vidro dicroico; colocar um cata-vento, uma biruta ou um sino dos ventos no jardim; substituir a calha de água por uma corrente
Traços arquitetônicos	Lugares com padrões pouco convencionais de clima: vento, neblina, características geotérmicas
Moda	Estampas estilo op art; materiais e tecidos iridescentes ou holográficos
Espaços	Lugares selvagens com forças invisíveis, como as baías bioluminescentes de Porto Rico, os gêiseres de Yellowstone etc.
Atividades e experiências	Procurar por arco-íris em copos d'água e poças; pegar vaga-lumes no verão; ver um show de mágica ou aprender truques com cartas para surpreender os amigos; empinar pipa, velejar ou fazer windsurfe; reservar um tempo para olhar chuvas de meteoros ou eclipses
Coisas a evitar	Mágica assustadora ou desagradável

CELEBRAÇÃO

Visual e sensação	Faiscante; festivo; efervescente; abrangente
Elementos característicos	Faíscas e purpurina; luzes cintilantes; formas explosivas; objetos de tamanho exagerado; música e dança
Decoração e ambiente	Criar um clima intimista com iluminação ou móveis que aproximam as pessoas; dispor os assentos de modo que as pessoas possam ver umas às outras; ter um ponto de atenção numa festa, como uma bexiga gigante, um bolo grande, uma fogueira ou uma árvore de Natal; tocar música forte e rítmica que convide a cantar, bater palmas e dançar; usar pequenos pontos de iluminação — velas, tochas ou luzinhas penduradas — para criar um efeito pisca-pisca; acrescentar faíscas com toques em metal, purpurina ou lantejoulas; decorar com formas explosivas, como borlas e pompons; pendurar um globo de discoteca
Traços arquitetônicos	Espaços intimistas, que não sejam grandes demais e não fiquem muito expostos
Moda	Materiais brilhantes (como lantejoulas ou lamê) e toques de purpurina; formas explosivas, como colares radiantes; roupas e acessórios combinando ou temáticos
Espaços	Cartórios; festivais locais; vitrines de Natal
Atividades e experiências	Estourar uma *piñata* ou usar fogos de artifício e velas de estrelinhas; ir a um show, cantar no karaokê ou sair para dançar; procurar oportunidades de cantar e dançar em grupo: corais, aulas de dança, aulas de academia baseadas em dança; usar roupas festivas enquanto cumpre seus afazeres; dar uma festa sem motivo
Coisas a evitar	Espaços grandes ou claros demais

✳ RENOVAÇÃO

Visual e sensação	Estimulante; dinâmico; sazonal; vivo
Elementos característicos	Flores; formas em expansão; curvas em S e espirais; elementos sazonais
Decoração e ambiente	Colocar vasos de flores nos cômodos; plantar árvores e arbustos que dão flores, ou que se mostrem vibrantes sazonalmente; escolher papel de parede, peças de decoração e tecidos com motivos florais; selecionar móveis e toques com formas em expansão e florescimento, como cadeiras que sugerem pétalas e lustres pendentes; procurar por objetos com forma de espiral ou curva em S e extremidades curvadas ou que se alarguem; escolher toques em espiral, como tapetes trançados e potes de cerâmica; decorar para celebrar os feriados e a chegada das estações
Traços arquitetônicos	Escadas-caracol; paredes curvadas e recantos
Moda	Silhuetas curvas, como saias rodadas, saias peplum e colares grandes e circulares; babados ou curvas
Espaços	Jardins botânicos
Atividades e experiências	Assistir ao nascer ou pôr do sol, ou olhar para a lua cheia; montar um calendário de prazeres sazonais; comer em restaurantes estilo "da fazenda para a mesa" ou entrar para uma CSA (Comunidade que Sustenta a Agricultura); cultivar um jardim ou visitar o jardim botânico; decorar com flores ou folhas de outono secas
Coisas a evitar	Formas estáticas e limitadas

Agradecimentos

Este livro foi escrito durante anos, e ao longo do caminho tive a sorte de contar com colaboradores que não apenas o elevaram acima de qualquer medida como trouxeram muita alegria à minha vida. Desde o começo, meu agente, Richard Pine, foi um defensor incansável da causa da alegria, combinando um espírito leve com séria dedicação a trazer novas ideias ao mundo. Richard viu o livro que estava no meu coração, às vezes com mais clareza do que eu mesma, e me ajudou a colocá-lo no papel. Sou grata a ele e a todos da InkWell, principalmente Eliza Rothstein, Lyndsey Blessing e William Callahan.

Minha editora, a incomparável Tracy Behar, demonstrou sua paixão por este projeto a cada passo do caminho. Ela fez mágica com este livro, infundindo a cada página uma energia que tornou as palavras mais lúcidas e vibrantes. Eu não poderia imaginar uma parceira melhor para trazê-lo à vida. Todo mundo que conheci na Little, Brown contribuiu com seu entusiasmo, seu discernimento e seu espírito generoso ao nosso trabalho. Sou profundamente grata a Reagan Arthur por acreditar no projeto e ficar tão animada com ele, e a muitos outros funcionários da editora, incluindo Peggy

Freudenthal, Mario Pulice, Carrie Neill, Ian Straus, Lauren Harms, Susan Betz e Jessica Chun, que ajudaram a moldar este livro e a compartilhá-lo com o mundo.

Fred Blumlein, meu conselheiro na Pratt, acompanhou este projeto desde os primeiros estágios com uma exuberância caridosa. Ashlea Sommer, Kiley Reid e Ian Shapira fizeram comentários muito úteis nos primeiros rascunhos, realizaram *brainstorms* comigo e ofereceram apoio moral. Daniel Stancato revisou o manuscrito com pente-fino e deu uma resposta inestimável quanto aos fundamentos científicos. Ginevra Drinka foi responsável pela pesquisa diligente e pelas fontes. Este livro não seria o mesmo sem a mentoria, o encorajamento e os comentários de Anne Kreamer, Kurt Andersen, Dacher Keltner, Allan Chochinov, Tina Roth Eisenberg, Virginia Postrel, Rob Walker e Adam Grant.

A IDEO apoiou este projeto com entusiasmo desde seus primórdios. Agradeço a Fred Dust, Tom Eich, Paul Bennett, Whitney Mortimer, Debbe Stern, Tim Brown, David e Tom Kelley, Jane Fulton Suri, Mitch Sinclair, Dan DeRuntz, Clark Scheffy, Michael Hendrix, Brendan Boyle, Mike Peng, Anna Moore Silverstein, Annette Ferrara, Erika Lee, Warit Tulyathorn, Karin Soukup, Alex Gallafent, Jason Baker, Ben Swire e Mollie West Duffy, entre os muitos membros da IDEO que deram uma contribuição generosa a este trabalho.

É impossível encontrar palavras para expressar minha gratidão às pessoas brilhantes e muito generosas que me cederam seu tempo e permitiram que seus estúdios e suas casas fossem usados neste livro. Obrigada por suas histórias, sua criatividade e sua alegria. Muitos ainda fizeram um esforço a mais para compartilhar conhecimento, criar conexões ou me acompanhar a lugares próximos e distantes, como Olivia Barry, Brent Brolin, Gabriele Chiave, Robert Conte, James

Corner, Melanie DeMore, Sylvie DiChristo, Andrew Evans, Bobby George, Twig George, Maggie Hartnick, Jean-Pascal Hesse, Jonas Hjorth, Sofie Juul Hjorth, Momoyo Homma, Matthew Hutson, Margaret Jankowsky, Gayatri Keskar, Takeyoshi Matsuda, Emmanuelle Moureaux, Mary Ann Pettway, Jenny-Sayre Ramberg, Jean Richards, Simone Roodnat, Sarah Ryhanen, Clark Scheffy, Anne Scholder, Ruth Lande Shuman, Fujiko Suda, Justina van Bakel, Ghislaine Viñas, Beth Viner, Marjolein Wintjes e and Jihan Zencirli.

É claro que nada disso teria sido possível sem minha família e meus amigos. Agradeço muito a meus pais, Michael e Jill, por despertarem a chama da minha curiosidade em relação ao mundo, por seu amor incondicional e abundante, por sua crença inabalável em mim. E agradeço a Cathy por seu encorajamento carinhoso e pelas conversas muito esclarecedoras ao longo dos anos. As sementes deste livro podem ser encontradas nas minhas influências da infância, como meus avós, que preenchiam meus verões com projetos manuais, viagens de carro e outras buscas felizes; como Jean, que alimentou meu gosto pela escrita e pela natureza; e Lola, a cola que manteve tudo junto. Também sou grata aos amigos e parentes que foram gentis e pacientes, desprendidos em seu amor e muito encorajadores durante os longos meses silenciosos em que coloquei as palavras no papel.

Acima de tudo, obrigada, Albert, meu grande amor e luz da minha vida. Sou grata por compreender a profundidade do meu comprometimento com este projeto e por apoiar minha determinação de ir até o fim com ele. Esta experiência me lembrou de que sou uma felizarda por ter encontrado um parceiro que nunca faz nada pela metade. Albert fez as críticas mais duras e os discursos motivacionais mais exaltados, deu as maiores risadas e os abraços mais apertados, e tornou até os dias mais difíceis uma alegria. Tudo o que produzo neste mundo é melhor porque você me ama e me deixa te amar.

Por último, estou em dívida com os leitores do meu blog, The Aesthetics of Joy. Desde 2009, vocês têm compartilhado inspiração, ideias, momentos de celebração e prazeres simples comigo. Muito obrigada por toda a alegria que trazem ao mundo.

Notas

INTRODUÇÃO [pp. 11-20]

1.   M. Boubekri et al., "Impact of Windows and Daylight Exposure on Overall Health and Sleep Quality of Office Workers: A Case-Control Pilot Study". *Journal of Clinical Sleep Medicine*, v. 10, n. 6, pp. 603-11, 2014. R. S. Zadeh et al., "The Impact of Windows and Daylight on Acute-Care Nurses' Physiological, Psychological, and Behavioral Health". *HERD: Health Environments Research & Design Journal*, v. 7, n. 4, pp. 35-61, 2014.

2.   J. Haviland-Jones et al., "An Environmental Approach to Positive Emotion: Flowers". *Evolutionary Psychology*, v. 3, n. 1, 2005.

1. ENERGIA [pp. 21-51]

1.   Architecture Foundation, *Architecture + Art: Edi Rama and Anri Sala*, arquivo de vídeo, 2009. Disponível em: <vimeo.com/8254763>.

2.   B. Campos et al., "What Is Shared, What Is Different? Core Relational Themes and Expressive Displays of Eight Positive Emotions". *Cognition and Emotion*, v. 27, n. 1, pp. 37-52, 2013.

3.   F. M. Adams; C. E. Osgood, "A Cross-Cultural Study of the Affective Meanings of Color". *Journal of Cross-Cultural Psychology*, v. 4, pp. 135-56, 1973.

4.   C. J. Boyatzis; R. Varghese, "Children's Emotional Associations with Colors". *Journal of Genetic Psychology*, v. 155, n. 1, pp. 77-85, 1994.

5. O. O'Brien, "Emotionally Vague: A Research Project About Emotion, Sensation and Feeling", 2006. Disponível em: <emotionallyvague. com>.

6. I. McBryde, "Goods from Another Country: Exchange Networks and the People of the Lake Eyre Basin". In: D. J. Mulvaney; J. P. White (Orgs.). *Australians to 1788*. Sydney: Fairfax, Syme and Weldon, 1987.

7. V. Finlay, *Color: A Natural History of the Palette*. Nova York: Random House, 2003.

8. A. Huxley, *The Doors of Perception*. Nova York: Harper Collins, 1952. [Ed. bras.: *As portas da percepção e Céu e inferno*. Trad. Marcelo Brandão Cipolla e Thiago Blumenthal. São Paulo: Biblioteca Azul, 2015.]

9. F. A. Geldard, *The Human Senses*. 2. ed. Nova York: John Wiley and Sons, 1972.

10. D. Osorio; M. Vorobyev, "Colour Vision as an Adaptation to Frugivory in Primates". *Proceedings of the Royal Society: Biological Sciences*, v. 263, n. 1370, 1996.

11. Y. Gilad et al., "Loss of Olfactory Receptor Genes Coincides with the Acquisition of Full Trichromatic Vision in Primates". *PLOS Biology*, v. 2, n. 1, p. e5, 2004.

12. Até agora, neurocientistas observaram que nos mamíferos tanto a projeção dos bulbos da retina quanto a do olfato tendem a convergir em áreas do cérebro que envolvem a experiência da emoção, como o córtex orbitofrontal. Ver D. Öngür; J. L. Price, "The Organization of Networks Within the Orbital and Medial Prefrontal Cortex of Rats, Monkeys and Humans". *Cerebral Cortex*, v. 10, n. 3, pp. 206-19, 2000.

13. J. Itten; F. Birren, *The Elements of Color*. Trad. de E. van Hagen. Nova York: John Wiley and Sons, 1970.

14. Comentários em "Supporting Edi Rama", *Edi Rama, Mayor of Tirana*, The 2004 Project, World Mayor. Disponível em: <www.worldmayor. com/worldmayor_2004/comments_rama.html>.

15. E. Rama, "Take Back Your City with Paint", maio 2012. Disponível em: <www.ted.com/talks/edi_rama_take_back_your_city_with_paint>.

16. Architecture Foundation, *Architecture + Art: Edi Rama and Anri Sala*.

17. "Supporting Edi Rama".

18. Architecture Foundation, *Architecture + Art: Edi Rama and Anri Sala*.

19. F. Léger, "On Monumentality and Color". In: G. Siegfried. *Architecture, You and Me: The Diary of a Development*. Cambridge, MA: Harvard University Press, 1943.

20. R. Küller et al., "The Impact of Light and Colour on Psychological Mood: A Cross-Cultural Study of Indoor Work Environments". *Ergonomics*, v. 49, n. 14, pp. 1496-507, 2006.

21. P. Barrett et al., "A Holistic, Multi-Level Analysis Identifying the Impact of Classroom Design on Pupils' Learning". *Building and Environment*, v. 59, pp. 678-89, 2013.

22. J. R. Stilgoe, *Outside Lies Magic: Regaining History and Awareness in Everyday Places*. Nova York: Bloomsbury, 1999.

23. G. Malin, "Inspiration Spotlight: Ellen Bennett", 8 fev. 2016. Disponível em: <www.graymalin.com/lifestyle/inspiration-spotlight-ellen-bennett>.

24. J. W. Goethe, *Goethe's Theory of Colours*. Trad. de C. L. Eastlake. Londres: John Murray, 1840. [Ed. bras.: *Doutrina das cores*. Trad. Marco Giannotti. São Paulo: Nova Alexandria, 2018.]

25. O. Sacks, *The Island of the Colorblind*. Nova York: Vintage, 1998. [Ed. bras.: *A ilha dos daltônicos*. Trad. Laura Teixeira Motta. São Paulo: Companhia das Letras, 1997.]

26. M. N. Mead, "Benefits of Sunlight: A Bright Spot for Human Health". *Environmental Health Perspectives*, v. 116, n. 4, 2008. R. J. Wurtman, "Biological Implications of Artificial Illumination". *Illuminating Engineering*, v. 63, n. 10, pp. 523-9, 1968. X. Yu et al., "TH17 Cell Differentiation Is Regulated by the Circadian Clock". *Science*, v. 342, n. 6159, pp. 727-30, 2013.

27. C. Alexander et al., *A Pattern Language: Towns, Buildings, Construction*. Oxford: Oxford University Press, 1977. [Ed. bras.: *Uma linguagem de padrões*. Trad. Alexandre Salvaterra. Porto Alegre: Bookman, 2012.]

28. L. Heschong et al., "Windows and Offices: A Study of Office Worker Performance and the Indoor Environment". *California Energy Commission*, 2003. M. Boubekri et al., "Impact of Windows and Daylight Exposure", pp. 603-11.

29. L. Heschong et al., "Daylighting in Schools: An Investigation into the Relationship Between Daylighting and Human Performance". Resumo para a Pacific Gas and Electric Company em prol do California Board for Energy Efficiency Third Party Program, 1999.

30. A. Joseph, "The Impact of Light on Outcomes in Healthcare Settings". Concord, CA: Center for Health Design, 2006.

31. R. N. Golden et al., "The Efficacy of Light Therapy in the Treatment of Mood Disorders: A Review and Meta-Analysis of the Evidence". *American Journal of Psychiatry*, v. 162, n. 4, pp. 656-62, 2005.

32. R. F. Riemersma-Van Der Lek et al., "Effect of Bright Light and Melatonin on Cognitive and Noncognitive Function in Elderly Residents of Group Care Facilities: A Randomized Controlled Trial". *JAMA*, v. 299, n. 22, pp. 2642-55, 2008.

33. R. N. Golden et al., op. cit.

34. F. Nightingale, *Notes on Nursing: What It Is, and What It Is Not*. Nova York: Appleton, 1980.

35. J. A. Veitch, "Psychological Processes Influencing Lighting Quality". *Journal of the Illuminating Engineering Society*, v. 30, n. 1, pp. 124-40, 2001.

36. H. Rossotti, *Colour: Why the World Isn't Grey*. Princeton, NJ: Princeton University Press, 1983.

37. Ibid.

2. ABUNDÂNCIA [pp. 52-84]

1. J. D. Balling; J. H. Falk, "Development of Visual Preference for Natural Environments". *Environment and Behavior*, v. 14, n. 1, pp. 5-28, 1982. Id., "Evolutionary Influence on Human Landscape Preference". *Environment and Behavior*, v. 42, n. 4, pp. 479-93, 2010.

2. R. A. Fuller et al., "Psychological Benefits of Greenspace Increase with Biodiversity". *Biology Letters*, v. 3, n. 4, pp. 390-4, 2007.

3. S. Tsuji, "Reversible Destiny Loft in Action: A Tentative Report from a Resident". In: L. Lambert (Org.). *The Funambulist Pamphlets: Arakawa + Madeline Gins*. Nova York: Punctum Books, 2014. v. 8.

4. G. Wallenstein, *The Pleasure Instinct: Why We Crave Adventure, Chocolate, Pheromones, and Music*. Nova Jersey: John Wiley and Sons, 2008.

5. H. Van Praag; G. Kemperman; F. H. Gage, "Neural Consequences of Environmental Enrichment". *Nature Reviews Neuroscience*, v. 1, n. 3, pp. 191-8, 2000.

6. G. Wallenstein, op. cit.

7. Ibid.

8. T. Field, "Massage Therapy Research Review". *Complementary Therapies in Clinical Practice*, v. 20, n. 4, pp. 224-9, 2014.

9. J. Turkewitz, "Climb In, Tune In: A Renaissance for Sensory Deprivation Tanks". *The New York Times*, 18 out. 2015. Disponível em: </www.nytimes.com/2015/10/18/us/climb-in-tune-in-a-renaissance-for--sensory-deprivation-tanks.html>.

10. O. J. Mason; F. Brady, "The Psychotomimetic Effects of Short--Term Sensory Deprivation". *Journal of Nervous and Mental Disease*, v. 197, n. 10, pp. 783-5, 2009.

11. T. D. Wilson et al., "Just Think: The Challenges of the Disengaged Mind". *Science*, v. 345, n. 6192, pp. 75-7, 2014.

12. J. A. Staal et al., "The Effects of Snoezelen (Multi-Sensory Behavior Therapy) and Psychiatric Care on Agitation, Apathy, and Activities of Daily Living in Dementia Patients on a Short Term Geriatric Psychiatric Inpatient Unit". *International Journal of Psychiatry in Medicine*, v. 37, n. 4, pp. 357-70, 2007. C. Gómez et al., "Characterization of EEG Patterns in Brain-Injured Subjects and Controls After a Snoezelen Intervention". *Computer Methods and Programs in Biomedicine*, v. 136, n. 1-9, 2016. G. A. Hotz et al., "Snoezelen: A Controlled Multi-Sensory Stimulation Therapy for Children Recovering from Severe Brain Injury". *Brain Injury*, v. 20, n. 8, pp. 879-88, 2006.

13. B. Cross, "Kicking the Antipsychotic Drug Habit at Long-Term Care Homes", 23 maio 2016. Disponível em: <windsorstar.com/news/local--news/kicking-the-antipsychotic-drug-habit-at- long-term-care-homes>.

14. B. Critton et al., *Evil People in Modernist Homes in Popular Films*. New Haven, CT: Number One, 2010.

15. C. Montgomery, *Happy City: Transforming Our Lives Through Urban Design*. Nova York: Farrar, Straus and Giroux, 2013.

16. M. Owens, "Going for Baroque". *The New York Times*, 12 ago. 2001. Disponível em: <www.nytimes.com/2001/08/12/magazine/style--going-for-baroque.html>.

17. C. Varney, *In the Pink: Dorothy Draper, America's Most Fabulous Decorator*. Nova York: Pointed Leaf Press, 2012.

18. Ibid.

19. A. Loos; A. Opel, *Ornament and Crime: Selected Essays*. Riverside, CA: Ariadne, 1998.

20. D. Dutton, *The Art Instinct: Beauty, Pleasure, and Human Evolution*. Nova York: Bloomsbury, 2009.

21. Diane Ackerman, citada em A. W. Schaef, *Meditations for Women Who Do Too Much*. San Francisco: Harper Collins, 1990.

22. S. Louvish, *Mae West: It Ain't No Sin*. Nova York: Macmillan, 2007.

3. LIBERDADE [pp. 85-117]

1. Para saber mais, ver D. Dutton, *The Art Instinct*. E. Dissanayake, "Komar and Melamid Discover Pleistocene Taste". *Philosophy and Literature*, v. 22, n. 2, pp. 486-96, 1998. V. Komar; A. Melamid, "Painting by Numbers: The Search for a People's Art". Entrevista a *The Nation*, 14 mar. 1994, pp. 334-48.

2. D. Dutton, *The Art Instinct*.

3. P. H. Kahn, "Developmental Psychology and the Biophilia Hypothesis: Children's Affiliation with Nature". *Developmental Review*, v. 17, n. 1, pp. 1-61, 1997.

4. R. Rosenzweig; E. Blackmar, *The Park and the People: A History of Central Park*. Ithaca, NY: Cornell University Press, 1992. N. Rich, "When Parks Were Radical". *The Atlantic*, set. 2016. Disponível em: <www.theatlantic.com/magazine/archive/2016/09/better-than-nature/492716>.

5. Para mais informações sobre o papel da savana na evolução do homem, ver S. Tucci e J. M. Akey, "Population Genetics: A Map of Human Wanderlust". *Nature*, v. 538, n. 7624, pp. 179-80, 2016.

6. D. Dutton, *The Art Instinct*.

7. G. H. Orians; J. H. Heerwagen, "Environmental Aesthetics". In: J. H. Barkow; L. Cosmides; J. Tooby (Orgs.). *The Adapted Mind: Evolutionary Psychology and the Generation of Culture*. Nova York: Oxford University Press, 1992. J. Appleton, *The Experience of Landscape*. Chichester, UK: John Wiley and Sons, 1986.

8. J. D. Balling; J. H. Falk, "Development of Visual Preference" e "Evolutionary Influence", 1986. R. S. Ulrich, "Aesthetic and Affective Response to Natural Environment". In: I. Altman e J. Wohlwill (Orgs.). *Human Behavior and Environment*. Nova York: Plenum, pp. 85-125, 1983. v. 6: Behavior and Natural Environment.

9. G. H. Orians; J. H. Heerwagen, op. cit.

10. E. O. Wilson, *Biophilia: The Human Bond with Other Species*. Cambridge, MA: Harvard University Press, 1984.

11. R. Ulrich, "View Through a Window May Influence Recovery from Surgery". *Science*, v. 224, n. 4647, pp. 224-5, 1984.

12. D. Li; W. C. Sullivan, "Impact of Views to School Landscapes on Recovery from Stress and Mental Fatigue". *Landscape and Urban Planning*, v. 148, pp. 149-58, 2016.

13. R. Kaplan, "The Role of Nature in the Context of the Workplace". *Landscape and Urban Planning*, v. 26, n. 1-4, pp. 193-201, 1993. Id., "The Nature of the View from Home: Psychological Benefits". *Environment and Behavior*, v. 33, n. 4, pp. 507-42, 2001.

14. K. Bowman, "Furniture Free Freak?", 25 fev. 2015. Disponível em: <nutritiousmovement.com/furniture-free-freak>.

15. S. R. Kellert; E. O. Wilson (Orgs.). *The Biophilia Hypothesis*. Washington, DC: Island, 1995.

16. R. S. Ulrich, "Health Benefits of Gardens in Hospitals", documento apresentado em Plants for People: International Exhibition Floriade, Haarlemmermeer, Holanda, 2002. P. James et al., "Exposure to Greenness and Mortality in a Nationwide Prospective Cohort Study of Women". *Environmental Health Perspectives*, v. 124, n. 9, 2016. D. S. Grigsby-Toussaint et al., "Sleep Insufficiency and the Natural Environment: Results from the US Behavioral Risk Factor Surveillance System Survey". *Preventive Medicine*, v. 78, pp. 78-84, 2015.

17. A. E. Van den Berg et al., "Green Space as a Buffer Between Stressful Life Events and Health". *Social Science and Medicine*, v. 70, n. 8, pp. 1203-10, 2010. M. P. White et al., "Would You Be Happier Living in a Greener Urban Area? A Fixed-Effects Analysis of Panel Data". *Psychological Science*, v. 24, n. 6, pp. 920-8, 2013. K. M. Beyer et al., "Exposure to Neighborhood Green Space and Mental Health: Evidence from the Survey of the Health of Wisconsin". *International Journal of Environmental Research and Public Health*, v. 11, n. 3, pp. 3453-472, 2014. I. Alcock et al., "Longitudinal Effects on Mental Health of Moving to Greener and Less Green Urban Areas". *Environmental Science and Technology*, v. 48, n. 2, pp. 1247-55, 2014.

18. G. N. Bratman et al., "Nature Experience Reduces Rumination and Subgenual Prefrontal Cortex Activation". *Proceedings of the National Academy of Sciences*, v. 112, n. 28, pp. 8567-72, 2015.

19. J. B. Jackson; E. H. Zube (Orgs.). *Landscapes: Selected Writings of J. B. Jackson.* Amherst: University of Massachusetts Press, 1970.

20. F. E. Kuo; W. C. Sullivan, "Environment and Crime in the Inner City: Does Vegetation Reduce Crime?". *Environment and Behavior*, v. 33, n. 3, pp. 343-67, 2001.

21. P. H. Hasbach, "Nature Imagery in Prisons Project: The Impact on Staff and Inmates in Solitary Confinement". Documento apresentado na 124ª convenção da American Psychological Association, Denver, 2016.

22. Para uma revisão, ver F. E. Kuo; W. C. Sullivan, "Aggression and Violence in the Inner City: Effects of Environment via Mental Fatigue". *Environment and Behavior*, v. 33, n. 4, pp. 543-71, 2001.

23. V. I. Lohr et al., "Interior Plants May Improve Worker Productivity and Reduce Stress in a Windowless Environment". *Journal of Environmental Horticulture*, v. 14, pp. 97-100, 1996. N. Weinstein; A. K. Przybylski; R. M. Ryan, "Can Nature Make Us More Caring? Effects of Immersion in Nature on Intrinsic Aspirations and Generosity". *Personality and Social Psychology Bulletin*, v. 35, n. 10, pp. 1315-29, 2009.

24. S. Lichtenfeld et al., "Fertile Green: Green Facilitates Creative Performance". *Personality and Social Psychology Bulletin*, v. 38, n. 6, pp. 784-97, 2012. S. Studente; N. Seppala; N. Sadowska, "Facilitating Creative Thinking in the Classroom: Investigating the Effects of Plants and the Colour Green on Visual and Verbal Creativity". *Thinking Skills and Creativity*, v. 19, pp. 1-8, 2016.

25. V. Saadatmand et al., "Effects of Natural Sounds on Pain: A Randomized Controlled Trial with Patients Receiving Mechanical Ventilation Support". *Pain Management Nursing*, v. 16, n. 4, pp. 483-92, 2015. D. Winterman, "The Surprising Uses for Birdsong", 8 maio 2013. Disponível em: <www.bbc.com/news/magazine-22298779>.

26. Q. Li et al., "A Forest Bathing Trip Increases Human Natural Killer Activity and Expression of Anti-Cancer Proteins in Female Subjects". *Journal of Biological Regulators and Homeostatic Agents*, v. 22, n. 1, pp. 45-55, 2008. Id., "Visiting a Forest, but Not a City, Increases Human Natural Killer Activity and Expression of Anti-Cancer Proteins". *International Journal of Immunopathology and Pharmacology*, v. 21, n. 1, pp. 117-27, 2008.

27. Id., "Effect of Phytoncide from Trees on Human Natural Killer Cell Function". *International Journal of Immunopathology and Pharmacology*, v. 22, n. 4, pp. 951-9, 2009.

28. S. L. Koole; A. E. Berg, "Lost in the Wilderness: Terror Management, Action Orientation, and Nature Evaluation". *Journal of Personality and Social Psychology*, v. 88, n. 6, pp. 1014-28, 2005.

29. J. M. Keynes, "Economic Possibilities for Our Grandchildren". In: _____. *Essays in Persuasion*. Nova York: Harcourt Brace, 1932. [Ed. port.: *Ensaios em persuasão*. Lisboa: Imprensa da Universidade de Lisboa, 2019.]

30. American Time Use Survey, 20 dez. 2016. Disponível em: <www.bls.gov/tus/charts>.

31. Mobile Consumer Habits Study, 2013. Disponível em: <pages.jumio.com/rs/jumio/images/Jumio—Mobile Consumer Habits Study-2.pdf>.

32. H. D. Thoreau, "Walking". *The Atlantic*, jun. 1862. Disponível em: <www.theatlantic.com/magazine/archive/1862/06/walking/304674>.

33. J. C. George, *Journey Inward*. Nova York: E. P. Dutton, 1982.

34. M. McCarthy, *The Moth Snowstorm: Nature and Joy*. Nova York: New York Review Books, 2015.

35. G. Monbiot, *Feral: Rewilding the Land, Sea, and Human Life*. Chicago: University of Chicago Press, 2014.

4. HARMONIA [pp. 118-52]

1. K. Kelly, *What Technology Wants*. Nova York: Penguin, 2010.

2. S. Pinker, *How the Mind Works*. Nova York: W. W. Norton, 2009. V. S. Ramachandran; W. Hirstein, "The Science of Art: A Neurological Theory of Aesthetic Experience". *Journal of Consciousness Studies*, v. 6, n. 6-7, pp. 15-41, 1999.

3. C. W. Tyler, "Empirical Aspects of Symmetry Perception". *Spatial Vision*, v. 9, n. 1, pp. 1-8, 1995.

4. C. E. Ross; J. Mirowsky, "Neighborhood Disorder, Subjective Alienation, and Distress". *Journal of Health and Social Behavior*, v. 50, n. 1, pp. 49-64, 2009.

5. K. Keizer; S. Lindenberg; L. Steg, "The Spreading of Disorder". *Science*, v. 322, n. 5908, pp. 1681-5, 2008.

6. H. P. Kotabe; O. Kardan; M. G. Berman, "The Order of Disorder: Deconstructing Visual Disorder and Its Effect on Rule-Breaking". *Journal of Experimental Psychology: General*, v. 145, n. 12, p. 1713, 2016.

7. V. S. Ramachandran; W. Hirstein, "Science of Art".

8. C. Varney, *In the Pink*.

9. R. S. Ulrich, "Aesthetic and Affective Response".

10. C. Alexander et al., *Pattern Language*.

11. C. Darwin, *The Descent of Man, and Selection in Relation to Sex*. Londres: John Murray, 1888. v. 1.

12. A. Pecchinenda et al., "The Pleasantness of Visual Symmetry: Always, Never or Sometimes". *PLOS One*, v. 9, n. 3, 2014.

13. A. Wilson e A. Chatterjee, "The Assessment of Preference for Balance: Introducing a New Test". *Empirical Studies of the Arts*, v. 23, n. 2, pp. 165-80, 2005. M. S. Treder, "Behind the Looking Glass: A Review on Human Symmetry Perception". *Symmetry*, v. 2, n. 3, pp. 1510-43, 2010.

14. A. D. J. Makin; A. Pecchinenda; M. Bertamini, "Implicit Affective Evaluation of Visual Symmetry". *Emotion*, v. 12, n. 5, pp. 1021-30, 2012. M. Bertamini; A. Makin; G. Rampone, "Implicit Association of Symmetry with Positive Valence, High Arousal and Simplicity". *I-Perception*, v. 4, n. 5, pp. 317-27, 2013.

15. A. D. Makin et al., "Symmetry Perception and Affective Responses: A Combined EEG/EMG Study". *Neuropsychologia*, v. 50, n. 14, pp. 3250--61, 2013.

16. T. K. Shackelford; R. J. Larsen, "Facial Asymmetry as an Indicator of Psychological, Emotional, and Physiological Distress". *Journal of Personality and Social Psychology*, v. 72, n. 2, p. 456, 1997.

17. D. Buss, *The Evolution of Desire: Strategies of Human Mating*. Nova York: Basic, 1994. Ver também G. Wallenstein, *The Pleasure Instinct*.

18. G. K. Humphrey; D. E. Humphrey, "The Role of Structure in Infant Visual Pattern Perception". *Canadian Journal of Psychology/Revue Canadienne de Psychologie*, v. 43, n. 2, pp. 165-82, 1989.

19. S. J. Tisdale (Org.), *Spider Woman's Gift: Nineteenth Century Diné Textiles*. Albuquerque, NM: Museum of New Mexico Press, 2011.

20. R. A. Cárdenas; L. J. Harris, "Symmetrical Decorations Enhance the Attractiveness of Faces and Abstract Designs". *Evolution and Human Behavior*, v. 27, n. 1, pp. 1-18, 2006.

21. M. S. Treder, "Behind the Looking-Glass".

22. C. Alexander et al., *Pattern Language*.

23. G. Wallenstein, *The Pleasure Instinct*.

24. S. Johnson, *Wonderland: How Play Made the Modern World*. Nova York: Macmillan, 2016. B. S. Akshaya, "Earliest Musical Instrument Discovered", 26 maio 2012. Disponível em: <www.ibtimes.co.uk/earliest--musical-instrument-discovered-345647>.

25. E. G. Schellenberg; S. E. Trehub, "Natural Musical Intervals: Evidence from Infant Listeners". *Psychological Science*, v. 7, n. 5, pp. 272-7, 1996.

26. M. V. Thoma et al., "The Effect of Music on the Human Stress Response". *PLOS One*, v. 8, n. 8, 2013.

27. N. A. Curry; T. Kasser, "Can Coloring Mandalas Reduce Anxiety?". *Art Therapy*, v. 22, n. 2, pp. 81-5, 2005.

28. M. Shermer, "Patternicity: Finding Meaningful Patterns in Meaningless Noise". *Scientific American*, v. 299, n. 5, 2008.

29. B. B. Mandelbrot, *The Fractal Geometry of Nature*. Nova York: W. H. Freeman, 1983.

30. R. P. Taylor et al., "Perceptual and Physiological Responses to Jackson Pollock's Fractals". *Frontiers in Human Neuroscience*, v. 5, 2011. A. J. Bies et al., "Aesthetic Responses to Exact Fractals Driven by Physical Complexity". *Frontiers in Human Neuroscience*, v. 10, 2016.

31. I. M. Rian et al., "Fractal Geometry as the Synthesis of Hindu Cosmology in Kandariya Mahadev Temple, Khajuraho". *Building and Environment*, v. 42, n. 12, pp. 4093-107, 2007.

32. R. Eglash, *The Fractals at the Heart of African Designs*, jun. 2007. Disponível em: <www.ted.com/talks/ron_eglash_on_african_fractals>.

33. J. Beardsley et al., *The Quilts of Gee's Bend*. Atlanta, GA: Tinwood, 2002.

34. Ibid.

5. DIVERSÃO [pp. 153-87]

1. S. Crawford, "The Archaeology of Play Things: Theorising a Toy Stage in the 'Biography' of Objects". *Childhood in the Past*, v. 2, n. 1, pp. 55--70, 2009.

2. S. Zielinski, "Five Surprising Animals That Play", 20 fev. 2015. Disponível em: <www.sciencenews.org/blog/wild-things/five-surprising-animals-play>. L. Sharpe, "So You Think You Know Why Animals

Play", 17 maio 2011. Disponível em: <blogs.scientificamerican.com/guest-
-blog/so- you-think-you-know-why-animals-play>.

3. S. Chevalier-Skolnikoff, "The Primate Play Face: A Possible Key to the Determinants and Evolution of Play". In: E. Norbeck (Org.). *The Anthropological Study of Human Play*. Rice University Studies, v. 60, pp. 9-29, 1974. J. H. Fowler; N. A. Christakis, "Dynamic Spread of Happiness in a Large Social Network: Longitudinal Analysis over 20 Years in the Framingham Heart Study". *BMJ*, v. 337, p. a2338, 2008.

4. K. L. Graham; G. M. Burghardt, "Current Perspectives on the Biological Study of Play: Signs of Progress". *Quarterly Review of Biology*, v. 85, n. 4, pp. 393-418, 2010.

5. S. Brown, "Discovering the Importance of Play Through Personal Histories and Brain Images: An Interview with Stuart L. Brown". *American Journal of Play*, v. 1, n. 4, pp. 399-412, 2009.

6. E. DeGeneres; J. Gallen; B. DeRonde, *Ellen DeGeneres, the Beginning*. HBO Home Video, 2000.

7. G. Thelia (Dir.), *Bounce: How the Ball Taught the World to Play* (filme). Estados Unidos, 2015.

8. L. Palumbo; N. Ruta; M. Bertamini, "Comparing Angular and Curved Shapes in Terms of Implicit Associations and Approach/Avoidance Responses". *PLOS One*, v. 10, n. 10, pp. e0140043, 2015.

9. M. Bar; M. Neta, "Visual Elements of Subjective Preference Modulate Amygdala Activation". *Neuropsychologia*, v. 45, n. 10, pp. 2191-200, 2007.

10. C. McCandless, *Feng Shui That Makes Sense: Easy Ways to Create a Home That Feels as Good as It Looks*. Minneapolis: Two Harbors, 2011.

11. "Indoor Gardening Tips from a Man Who's Very Scared of Plants" (episódio de série de TV). *Saturday Night Live*. Nova York: NBC, 2008. Disponível em: <www.nbc.com/saturday-night-live/video/googly-eyes-
-gardener/n12229?snl=1>.

12. M. L. Kringelbach, *The Pleasure Center: Trust Your Animal Instincts*. Nova York: Oxford University Press, 2009.

13. D. Barrett, *Supernormal Stimuli: How Primal Urges Overran Their Evolutionary Purpose*. Nova York: W. W. Norton, 2010.

14. M. L. Kringelbach et al., "On Cuteness: Unlocking the Parental Brain and Beyond". *Trends in Cognitive Sciences*, v. 20, n. 7, pp. 545-58, 2016.

15. Ibid. C. E. Parsons et al., "The Motivational Salience of Infant Faces Is Similar for Men and Women". *PLOS One*, v. 6, n. 5, pp. e20632, 2011.

16. G. D. Sherman; J. Haidt, "Cuteness and Disgust: The Humanizing and Dehumanizing Effects of Emotion". *Emotion Review*, v. 3, n. 3, pp. 245-51, 2011.

17. V. S. Ramachandran; W. Hirstein, "Science of Art".

18. D. Barrett, *Supernormal Stimuli*.

19. L. Miesler; H. Leder; A. Herrmann, "Isn't It Cute: An Evolutionary Perspective of Baby-Schema Effects in Visual Product Designs". *International Journal of Design*, v. 5, n. 3, 2011.

20. H. Nittono et al., "The Power of Kawaii: Viewing Cute Images Promotes a Careful Behavior and Narrows Attentional Focus". *PLOS One*, v. 7, n. 9, pp. e46362, 2012.

21. M. Butler, "Elie Wiesel Visits Disneyland", 27 jun. 2016. Disponível em: <www.tabletmag.com/jewish-arts-and-culture/206125/elie--wiesel-visits-disneyland>.

22. M. L. Slepian; N. Ambady, "Fluid Movement and Creativity", *Journal of Experimental Psychology: General*, v. 141, n. 4, 2012, pp. 625-9.

23. M. L. Slepian et al., "Fluid Movement and Fluid Social Cognition Bodily Movement Influences Essentialist Thought". *Personality and Social Psychology Bulletin*, v. 40, n. 1, pp. 111-20, 2014.

24. R. Booth, "Michael Gove Faces Rebellion over No-Curves Schools Plan". *The Guardian*, 31 dez. 2012. Disponível em: <www.theguardian.com/education/2012/dec/31/michael-gove-rebellion-no-curves--schools>.

25. D. Budds, "The School an Entire Town Designed: Rebuilding Sandy Hook Elementary", 26 ago. 2016. Disponível em: <www.fastcodesign.com/3062562/the-school-an-entire-town-designed-rebuilding--sandy-hook-elementary>.

26. A. Marashian, "For Antti Lovag Architecture Is a Form of Play: Spontaneous, Joyful, Full of Surprise". *AnOther Man*, pp. 302-7, primavera/verão 2008.

27. Ibid.

28. J. Hesse; L. Breydel, *The Palais Bulles of Pierre Cardin*. Paris: Assouline, 2012.

29. A. Marashian, op. cit.

30. J. Hesse; L. Breydel, op. cit.

31. Ibid.

32. R. Barthes, "La Couleur/Colour". In: _____. *Roland Barthes by Roland Barthes*. Trad. Richard Howard. Nova York: Hill and Wang, 1977.

6. SURPRESA [pp. 188-215]

1. D. Huron, *Sweet Anticipation: Music and the Psychology of Expectation*. Cambridge, MA: Massachusetts Institute of Technology Press, 2007.

2. B. L. Fredrickson; T. Joiner, "Positive Emotions Trigger Upward Spirals Toward Emotional Well-Being". *Psychological Science*, v. 13, n. 2, pp. 172-5, 2002. H. A. Wadlinger; D. M. Isaacowitz, "Positive Mood Broadens Visual Attention to Positive Stimuli". *Motivation and Emotion*, v. 30, n. 1, pp. 87-99, 2006.

3. A. P. Mcgraw; B. A. Mellers; P. E. Tetlock, "Expectations and Emotions of Olympic Athletes". *Journal of Experimental Social Psychology*, v. 41, n. 4, pp. 438-46, 2005. B. A. Mellers et al., "Decision Affect Theory: Emotional Reactions to the Outcomes of Risky Options". *Psychological Science*, v. 8, n. 6, pp. 423-9, 1997.

4. M. Sayeg, *How Yarn Bombing Grew into a Worldwide Movement*, nov. 2015. Disponível em: <www.ted.com/talks/magda_sayeg_how_yarn_bombing_grew_into_a_worldwide_movement>.

5. M. Wollan, "Graffiti's Cozy, Feminine Side". *The New York Times*, 18 maio 2011. Disponível em: <www.nytimes.com/2011/05/19/fashion/creating-graffiti-with-yarn.html>.

6. S. A. Adler; J. Orprecio, "The Eyes Have It: Visual Pop-Out in Infants and Adults". *Developmental Science*, v. 9, n. 2, pp. 189-206, 2006. S. A. Adler; P. Gallego, "Search Asymmetry and Eye Movements in Infants and Adults". *Attention, Perception, and Psychophysics*, v. 76, n. 6, pp. 1590-608, 2014.

7. M. Oliver, *Upstream: Selected Essays*. Nova York: Penguin, 2016.

8. B. Gopnik, "'Golden Seams: The Japanese Art of Mending Ceramics' at Freer". *The Washington Post*, 3 mar. 2009. Disponível em: <www.washingtonpost.com/wp-dyn/content/article/2009/03/02/AR2009030202723.html>.

9. A. Dillard, *Pilgrim at Tinker Creek*. Nova York: Harper Perennial Modern Classics, 2013.

10. L. Corbusier, *Letter to Henry Frugè*. Pessac, França, *c.* 1920.

11. D. Keltner; J. Haidt, "Approaching Awe, a Moral, Spiritual, and Aesthetic Emotion". *Cognition and Emotion*, v. 17, n. 2, pp. 297-314, 2003.

12. M. Mikulincer; P. Kedem; D. Paz, "Anxiety and Categorization: 1. The Structure and Boundaries of Mental Categories". *Personality and Individual Differences*, pp. 805-14, 1990. v. 11. K. J. Johnson; B. L. Fredrickson, "'We All Look the Same to Me': Positive Emotions Eliminate the Own--Race Bias in Face Recognition". *Psychological Science*, v. 16, n. 11, pp. 875--81, 2005. G. Rowe; J. B. Hirsh; A. K. Anderson, "Positive Affect Increases the Breadth of Attentional Selection". *Proceedings of the National Academy of Sciences*, v. 104, pp. 383-8, 2007. A. M. Isen; K. A. Daubman, "The Influence of Affect on Categorization". *Journal of Personality and Social Psychology*, v. 47, pp. 1206-17, 1984. C. A. Estrada; A. M. Isen; M. J. Young, "Positive Affect Facilitates Integration of Information and Decreases Anchoring in Reasoning Among Physicians". *Organizational Behavior and Human Decision Processes*, v. 72, n. 1, pp. 117-35, 1997.

13. J. Mroz, "Hand of a Superhero: 3-D Printing Prosthetic Hands That Are Anything but Ordinary". *The New York Times*, 16 fev. 2015. Disponível em: <www.nytimes.com/2015/02/17/science/hand-of-a-superhero.html>. J. Newman, "The Girl Behind the Sparkle-Shooting Prosthetic Arm Is Just Getting Started", 24 jan. 2017. Disponível em: <www.fastcompany.com/3067354/the-girl-behind-the-sparkle-shooting-prosthetic-arm-is- just-getting-sta>.

14. E. Diener; R. E. Lucas; C. N. Scollon, "Beyond the Hedonic Treadmill: Revising the Adaptation Theory of Well-Being". *American Psychologist*, v. 61, n. 4, p. 305, 2006.

7. TRANSCENDÊNCIA [pp. 216-46]

1. B. P. Meier; M. D. Robinson, "Why the Sunny Side Is Up: Associations Between Affect and Vertical Position". *Psychological Science*, v. 15, n. 4, pp. 243-7, 2004.

2. A. T. Poffenberger; B. E. Barrows, "The Feeling Value of Lines". *Journal of Applied Psychology*, v. 8, n. 2, p. 187, 1924.

3. D. Casasanto; K. Dijkstra, "Motor Action and Emotional Memory". *Cognition*, v. 115, n. 1, pp. 179-85, 2010.

4. G. Lakoff; M. Johnson, *Metaphors We Live By*. Chicago: University of Chicago Press, 2011.

5. C. Darwin, *The Expression of the Emotions in Man and Animals*. In: J. Cain; S. Messenger (Orgs). Londres: Penguin, 2009 [1872], p. 195.

6. Citado em R. P. Hallion, *Taking Flight: Inventing the Aerial Age from Antiquity Through the First World War*. Oxford: Oxford University Press, 2003.

7. Ibid.

8. J. Brox, *Brilliant: The Evolution of Artificial Light*. Boston: Mariner, 2010. J. Malanowski, "The Brief History of the Ferris Wheel", jun. 2015. Disponível em: <www.smithsonianmag.com/history/history-ferris-wheel-180955300>.

9. D. Dutton, *The Art Instinct*.

10. H. J. Birx (Org.), *21st Century Anthropology: A Reference Handbook*. Thousand Oaks, CA: SAGE, 2010. J. Welsh, "Apes' Simple Nests Are Feats of Engineering", 16 abr. 2012. Disponível em: <www.livescience.com/19708-primates-build-sleeping-nests.html>.

11. P. Henderson; A. Mornement, *Treehouses*. Londres: Frances Lincoln, 2005.

12. M. L. Slepian; E. J. Masicampo; N. Ambady, "Cognition from on High and down Low: Verticality and Construal Level". *Journal of Personality and Social Psychology*, v. 108, n. 1, pp. 1-17, 2015. K. Fujita et al., "Construal Levels and Self-Control". *Journal of Personality and Social Psychology*, v. 90, pp. 351-67, 2006. R. S. Friedman et al., "Attentional Priming Effects on Creativity". *Creativity Research Journal*, v. 15, n. 2-3, pp. 277-86, 2003.

13. A. Sims, "Inside Hedley and Bennett's FactoryPlayground, Whimsy Reigns", 15 fev. 2016. Disponível em: <food52.com/blog/15918--inside-hedley-bennett-s- factory-playground-whimsy-reigns>.

14. A. Cuddy, "Your iPhone Is Ruining Your Posture: and Your Mood". *The New York Times*, 12 dez. 2015. Disponível em: <www.nytimes.com/2015/12/13/opinion/sunday/your-iphone-is-ruining-your-posture-and--your-mood.html>.

15. K. Christoff et al., "Experience Sampling During fMRI Reveals Default Network and Executive System Contributions to Mind Wandering". *Proceedings of the National Academy of Sciences*, v. 106, n. 21, pp. 8719--24, 2009. R. E. Beaty et al., "Default and Executive Network Coupling Supports Creative Idea Production". *Scientific Reports*, v. 5, p. 10964, 2015.

16. X. Zhao; X. He; W. Zhang, "A Heavy Heart: The Association Between Weight and Emotional Words". *Frontiers in Psychology*, v. 7, 2016.

17. M. Dessauce, *The Inflatable Moment: Pneumatics and Protest in '68*. Princeton, NJ: Princeton Architectural Press, 1999. P. Sisson, "More Than Hot Air: The Lasting Impact of Inflatable Architecture", 21 jan. 2016. Disponível em: <www.curbed.com/2016/1/21/10844774/inflatable-architecture-geodesic-dome-design-legacy>.

18. D. Keltner; J. Haidt, "Approaching Awe".

19. Y. Bai et al., "Awe, the Diminished Self, and Collective Engagement: Universals and Cultural Variations in the Small Self". *Journal of Personality and Social Psychology*, v. 113, n. 2, pp. 185-209, 2017. M. N. Shiota; D. Keltner; A. Mossman, "The Nature of Awe: Elicitors, Appraisals, and Effects on Self-Concept". *Cognition and Emotion*, v. 21, n. 5, pp. 944-63, 2007. M. Rudd; K. D. Vohs; J. Aaker, "Awe Expands People's Perception of Time, Alters Decision Making, and Enhances Well-Being". *Psychological Science*, v. 23, n. 10, pp. 1130-6, 2012.

20. A. H. Maslow, *Religions, Values, and Peak Experiences*. Nova York: Penguin Compass, 1970.

21. D. Oberfeld; H. Hecht; M. Gamer, "Surface Lightness Influences Perceived Room Height". *Quarterly Journal of Experimental Psychology*, v. 63, n. 10, pp. 1999-2011, 2010.

22. R. Kennedy, "Into the Heart of Lightness". *The New York Times*, 15 jan. 2012. Disponível em: <www.nytimes.com/2012/01/15/arts/design/doug-wheeler-builds-infinity-environment-at- david-zwirner.html>.

23. I. L. Neubauer, "Chefchaouen: The Electric Beauty of Morocco's Incredible Blue City", 23 nov. 2016. Disponível em: <www.cnn.com/2015/08/03/travel/morocco-blue-city-chefchaouen>.

24. R. Hanbury-Tenison, *The Oxford Book of Exploration*. Oxford: Oxford University Press, 2010.

25. Revista *Time*, "Earthrise, William Anders, NASA, 1968". *100 Photographs: The Most Influential Images of All Time*. Disponível em: <100photos.time.com/photos/nasa-earthrise-apollo-8>.

8. MAGIA [pp. 247-77]

1. C. Cajochen et al., "Evidence That the Lunar Cycle Influences Human Sleep". *Current Biology*, v. 23, n. 15, pp. 1485-88, 2013.

2. G. M. Lepori, "Dark Omens in the Sky: Do Superstitious Beliefs Affect Investment Decisions?". Manuscrito não publicado. Copenhagen, Dinamarca: Escola de Administração de Copenhagen, Departamento de Finanças, 2009.

3. P. Kesebir; T. Pyszczynski, "Meaning as a Buffer for Existential Anxiety". In: A. Batthyany; P. Russo-Netzer (Orgs.). *Meaning in Positive and Existential Psychology*. Nova York: Springer, 2014. pp. 53-64.

4. K. I. Pargament; H. G. Koenig; L. M. Perez, "The Many Methods of Religious Coping: Development and Initial Validation of the RCOPE". *Journal of Clinical Psychology*, v. 56, n. 4, p. 519, 2000.

5. M. Hutson, *The Seven Laws of Magical Thinking: How Irrational Beliefs Keep Us Happy, Healthy, and Sane*. Nova York: Hudson Street, 2012.

6. T. Gunnell, "Modern Legends in Iceland Survey". Manuscrito não publicado. Reykjavik: Universidade da Islândia, 2007. Os números são uma média ponderada entre as parcelas da amostra de 2006 e 2007. O número de 58% inclui aqueles que responderam "certamente", "provavelmente" e "possivelmente".

7. N. Inalsingh (Dir.), *Huldufólk 102* (filme). Islândia, 2006.

8. M. Kaplan, *Science of the Magical: From the Holy Grail to Love Potions to Superpowers*. Nova York: Scribner, 2015.

9. A. W. Crosby, *Children of the Sun: A History of Humanity's Unappeasable Appetite for Energy*. Nova York: W. W. Norton, 2006.

10. K. Thomas, *Religion and the Decline of Magic*. Londres: Penguin, 1971.

11. J. B. Priestley, *Essays of Five Decades*. Nova York: Little, Brown, 1968.

12. O. Wilde, *A Woman of No Importance*. Urbana, IL: Projeto Gutenberg, 2014. Disponível em: <www.gutenberg.org/files/854/854-h/854-h. htm>. [Ed. bras.: "Uma mulher sem importância". In: _____. *A importância de ser prudente e outras peças*. Trad. Sonia Moreira. São Paulo: Companhia das Letras, 2011.]

13. R. Descartes, *The Passions of the Soul*, org. de J. Bennett. Disponível em: <www.earlymoderntexts.com/assets/pdfs/descartes1649part2. pdf>. [Ed. bras.: *As paixões da alma*. São Paulo: Martins Fontes, 2005.]

14. J. Bristol, "SANAA's Kazuyo Sejima Has Plans to Design a Reflective Japanese Express Train", 23 mar. 2016. Disponível em: <www.architecturaldigest.com/story/sanaas-kazuyo-sejima-design-reflective-japanese-express-train>.

15. R. P. Hallion, *Taking Flight*.

16. L. Stinson, "This Tricky Crosswalk Stops Drivers with an Optical Illusion", 25 abr. 2016. Disponível em: <www.wired.com/2016/04/crosswalk-tricks-drivers-optical-illusion>.

17. D. Hansford, "Ancient Maya Used 'Glitter' Paint to Make Temple Gleam". *National Geographic*, 7 fev. 2008. Disponível em: <news.nationalgeographic.com/news/2008/02/080207-maya-temple.html>.

18. M. Kaplan, op. cit.

19. K. Thomas, op. cit.

20. M. Seifer, *Wizard: The Life and Times of Nikola Tesla: Biography of a Genius*. Nova York: Citadel, 2016.

21. E. Phillpotts, *A Shadow Passes*. Londres: C. Palmer and Hayward, 1918.

9. CELEBRAÇÃO [pp. 278-306]

1. PBS, "Elephant Emotions", 14 out. 2008. Disponível em: <www.pbs.org/wnet/nature/unforgettable-elephants-elephant-emotions/5886>.

2. S. A. Johnson; A. Aamodt, *Wolf Pack: Tracking Wolves in the Wild*. Minneapolis: First Avenue, 1987.

3. F. De Waal, *Good Natured: The Origins of Right and Wrong in Humans and Other Animals*. Cambridge, MA: Harvard University Press, 1996.

4. S. L. Gable et al., "Safely Testing the Alarm: Close Others' Responses to Personal Positive Events". *Journal of Personality and Social Psychology*, v. 103, n. 6, pp. 963-81, 2012.

5. Id., "What Do You Do When Things Go Right? The Intrapersonal and Interpersonal Benefits of Sharing Positive Events". *Journal of Personality and Social Psychology*, v. 87, n. 2, pp. 228-45, 2004.

6. R. R. Provine, *Laughter: A Scientific Investigation*. Nova York: Penguin, 2001.

7. M. Twain, *Mark Twain: Selected Writings of an American Skeptic*. Amherst, NY: Prometheus, 1983.

8. E. Hatfield; J. T. Cacioppo; R. L. Rapson, "Emotional Contagion". *Current Directions in Psychological Science*, v. 2, n. 3, pp. 96-9, 1993.

9. F. Neville; S. Reicher, "The Experience of Collective Participation: Shared Identity, Relatedness and Emotionality". *Contemporary Social*

Science, v. 6, n. 3, pp. 377-96, 2011. D. Novelli; J. Drury; S. Reicher, "Come Together: Two Studies Concerning the Impact of Group Relations on Personal Space". *British Journal of Social Psychology*, v. 49, n. 2, pp. 223-36, 2010.

10. B. Auerbach, *On the Heights*. Trad. F. E. Bunnett. Leipzig: Bernhard Tauchnitz, 1867.

11. J. A. Grahn; M. Brett, "Rhythm and Beat Perception in Motor Areas of the Brain". *Journal of Cognitive Neuroscience*, v. 19, n. 5, pp. 893-906, 2007.

12. "Music Makes It Home", 9 fev. 2016. Disponível em: <musicmakesithome.com>.

13. U. Lindenberger et al., "Brains Swinging in Concert: Cortical Phase Synchronization While Playing Guitar". *BMC Neuroscience*, v. 10, n. 1, p. 22, 2009.

14. B. Vickhoff et al., "Music Structure Determines Heart Rate Variability of Singers". *Frontiers in Psychology*, v. 4, p. 334, 2013.

15. S. S. Wiltermuth; C. Heath, "Synchrony and Cooperation". *Psychological Science*, v. 20, n. 1, pp. 1-5, 2009. P. Valdesolo; D. Desteno, "Synchrony and the Social Tuning of Compassion". *Emotion*, v. 11, n. 2, pp. 262-6, 2011.

16. P. Valdesolo; J. Ouyang; D. Desteno, "The Rhythm of Joint Action: Synchrony Promotes Cooperative Ability". *Journal of Experimental Social Psychology*, v. 46, n. 4, pp. 693-5, 2010.

17. D. Páez et al., "Psychosocial Effects of Perceived Emotional Synchrony in Collective Gatherings". *Journal of Personality and Social Psychology*, v. 108, n. 5, pp. 711-29, 2015.

18. W. H. McNeill, *Keeping Together in Time: Dance and Drill in Human History*. Cambridge, MA: Harvard University Press, 1995.

19. I. Reznikoff, "The Evidence of the Use of Sound Resonance from Palaeolithic to Medieval Times". In: C. Scarre e G. Lawson (Orgs.). *Archaeoacoustics*. Cambridge: University of Cambridge, 2006. pp. 77-84. K. Than, "Stone Age Caves May Have Been Concert Halls". *National Geographic*, 2 jul. 2008. Disponível em: <news.nationalgeographic.com/news/2008/07/080702-cave-paintings.html>.

20. Y. Garfinkel, *Dancing at the Dawn of Agriculture*. Austin: University of Texas Press, 2003.

21. Ibid.

22. B. Ehrenreich, *Dancing in the Streets: A History of Collective Joy*. Nova York: Metropolitan, 2006.

23. D. Narine (Dir.), *Mas Man Peter Minshall* (filme). Estados Unidos, 2010.

24. E. A. Crane; M. M. Gross, "Effort-Shape Characteristics of Emotion-Related Body Movement". *Journal of Nonverbal Behavior*, v. 37, n. 2, pp. 91-105, 2013.

25. P. Ganase, "Lord of the Dance: Peter Minshall", outono 1992. Disponível em: <caribbean-beat.com/issue-3/lord-dance-peter-minshall>.

26. E. Dissanayake, *Homo Aestheticus: Where Art Comes From and Why*. Seattle: University of Washington Press, 1995.

27. C. Beckwith; A. Fisher, "Spinning Bobo Funeral Masks: Carol Beckwith and Angela Fisher", 1994. Disponível em: <www.google.com/cultural-institute/beta/u/0/asset/spinning-bobo-funeral-masks/uAFnj_SfRnNbVw>.

28. A. Stempian, "The Evolution of Fireworks", 1º jul. 2015. Disponível em: <ssec.si.edu/stemvisions-blog/evolution-fireworks>.

29. S. Greenspan (Prod.), *Inflatable Men* (podcast), 2 dez. 2014. Disponível em: <99percentinvisible.org/episode/inflatable -men>. S. Dean, "Biography of an Inflatable Tube Guy", 20 out. 2014. Disponível em: <medium.com/re-form/biography-of-an- inflatable-tube-guy-c3e8d4f04a63>.

30. J. Brox, *Brilliant*.

31. J. Barron, "Bright Lights of the Met Opera Lobby Are Put Out for Repair". *The New York Times*, 18 jul. 2008. Disponível em: <www.nytimes.com/2008/ 07/18/nyregion/18chandelier.html>.

32. C. Fisher, entrevista com M. Rochlin, dez. 2015-jan. 2016.

10. RENOVAÇÃO [pp. 307-37]

1. J. A. Rūmī, *The Essential Rumi*. Trad. C. Barks. Nova York: HarperCollins, 2004.

2. Y. Garfinkel, *Dancing at the Dawn of Agriculture*.

3. M. Eliade, *The Sacred and the Profane: The Nature of Religion*. Orlando, FL: Harcourt, 1987.

4. L. Walker (Dir.), *The Tsunami and the Cherry Blossom* (filme). Estados Unidos, 2011.

5. A. A. Milne, *The House at Pooh Corner*, ilus. de E. H. Shepard. Nova York: Penguin, 2009. [Ed. bras.: *Ursinho Pooh constrói uma casa*. São Paulo: Martins Fontes, 2018.]

6. J. Nawijn et al., "Vacationers Happier, but Most Not Happier After a Holiday". *Applied Research in Quality of Life*, v. 5, n. 1, pp. 35-47, 2010. H. H. Chun; K. Diehl; D. J. MacInnis, "Savoring an Upcoming Experience Affects Ongoing and Remembered Consumption Enjoyment". *Journal of Marketing*, v. 81, n. 3, pp. 96-110, 2017.

7. Heibonsha Limited, 72 Seasons, versão 1.1.0, aplicativo para celular, 2013. Disponível em: <itunes.apple.com>.

8. L. Eiseley, *The Immense Journey*. Nova York: Random House, 1946.

9. E. C. Semple, "Ancient Mediterranean Pleasure Gardens". *Geographical Review*, v. 19, n. 3, p. 420, 1929.

10. J. M. Bigelow, "Ancient Egyptian Gardens". *Ostracon*, v. 2, n. 1, p. 1, 2000.

11. S. L. Buchmann, *The Reason for Flowers: Their History, Culture, Biology, and How They Change Our Lives*. Nova York: Scribner, 2016.

12. C. Van Rijkswick, *World Floriculture Map 2016*, 2016. Disponível em: <research.rabobank.com/far/en/sectors/regional-food-agri/world_floriculture_map_2016.html>.

13. A. Azzarito, "Paper Flowers: The Global, Ancient Roots of a Contemporary Maker Fixation", 17 ago. 2017. Disponível em: <www.architecturaldigest.com/story/paper-flowers-the-global-ancient-roots-of-a-contemporary-maker-fixation>.

14. P. Kirkham; P. Moore; P. Wolfframm, *Eva Zeisel: Life, Design, and Beauty*. San Francisco: Chronicle, 2013.

15. Ibid.

16. E. Sheppard, "China Service Is Displayed in Modern Shapes". *New York Herald Tribune*, 17 abr. 1956. Disponível em: <www.nypl.org/collections/articles-databases/new-york-tribune-1841-1922>.

17. E. Zeisel, *On Design: The Magic Language of Things*. Nova York: Overlook Duckworth, 2011.

18. E. Sheppard, op. cit.

19. E. Zeisel, op. cit.

20. D. Chamovitz, *What a Plant Knows: A Field Guide to the Senses*. Nova York: Scientific American/Farrar, Straus and Giroux, 2012.

21. P. Ball, *Shapes*. Oxford: Oxford University Press, 2011.

22. R. Lawlor, *Homage to Pythagoras: Rediscovering Sacred Science*. In: C. Bamford (Org.). Hudson, NY: Lindisfarne, 1994.

23. P. Goldberger, "Spiraling Upward: Celebrating Fifty Years of Frank Lloyd Wright's Guggenheim". *The New Yorker*, 18 maio 2009. Disponível em: <www.newyorker.com/magazine/2009/05/25/spiralling-upward>.

KIT DE FERRAMENTAS DA ALEGRIA [pp. 339-66]

1. J. O'Donohue, "John O'Donohue: The Inner Landscape of Beauty". Entrevista a K. Tippett, *On Being with Krista Tippett*, 6 ago. 2015. Disponível em: <onbeing.org/programs/john-odonohue-the-inner--landscape-of-beauty>.

393